高等学校学前教育专业立体化教材

江苏省高等学校重点教材

U0682244

学前教育现代教育技术

主 编　佟元之　耿　杏

参 编　（按姓氏笔画排序）

　　　　王雪晶　刘　鹏　宋　爽

　　　　高子砚　顾　玮　蔡成军

主 审　马　玲

南京大学出版社

图书在版编目(CIP)数据

学前教育现代教育技术 / 佟元之,耿杏主编.—南京：南京大学出版社,2022.8(2023.1重印)

ISBN 978-7-305-26036-0

Ⅰ.①学… Ⅱ.①佟… ②耿… Ⅲ.①学前教育-教育技术学-高等职业教育-教材 Ⅳ.①G612 ②G40-057

中国版本图书馆 CIP 数据核字(2022)第 143342 号

内 容 提 要

本书共分六章,主要内容包括认识现代教育技术、现代教学媒体与环境、多媒体素材的采集与处理、多媒体课件设计与开发、互联网+教育应用以及信息化幼儿教育活动设计等内容。

本书根据幼儿教师的职业特点和专业发展要求编写,体系完整,内容新颖,与学前教育教学及其信息化应用紧密结合,运用幼儿教育理论和现代教育技术理论,构建以实践为导向的课程内容体系与评价标准。

本书可作为幼儿师范院校、普通高等学校以及职业教育院校的学前教育专业的现代教育技术课程教材,还可以供幼儿园教师现代教育技术培训及学前教育工作者和教育技术工作者的使用书和参考书。

出版发行 南京大学出版社

社　　址　南京市汉口路 22 号　　　邮　编 210093

出 版 人　金鑫荣

书　　名　**学前教育现代教育技术**

主　　编　佟元之　耿　杏

责任编辑　钱梦菊　　　　　　　编辑热线　025-83592146

照　　排　南京紫藤制版印务中心

印　　刷　南京鸿图印务有限公司

开　　本　787×1092　1/16　印张 15.75　字数 345 千

版　　次　2022 年 8 月第 1 版　2023 年 1 月第 2 次印刷

ISBN 978-7-305-26036-0

定　　价　43.00 元

网址:http://www.njupco.com

官方微博:http://weibo.com/njupco

微信服务号:NJUyuexue

销售咨询热线:(025)83594756

前　言

　　《学前教育现代教育技术》是江苏省"十三五"高等学校教育技术学科唯一立项的重点教材,本教材自出版以来,已在全国十多所高等学校使用了 6 年,随着教育技术学科的不断发展和教育技术知识不断更新,有必要对本书重新编写。为进一步了解教育技术在幼儿园中的应用现状及幼儿教师对教育技术的需求,编写成员在江苏省 9 所省级示范幼儿园进行了调研,并遵照教育部对普通高等教育"十四五"国家级规划教材的编写指导意见,确定了本书的编写逻辑架构、内容、体例及呈现形式,目的使本教材能成为探索学前教育现代教育技术课程中国化、科学化并逐步与国际接轨的一个尝试,为幼儿教育改革与发展,为中国幼教事业走向辉煌增色添彩。

　　新教材与同类教材相比,有以下特点:

　　(1) 本教材既承载知识和技能,更渗透思维方法的给予、认知结构的优化、实践能力的形成和创新精神的培养。本书紧贴信息时代特点和教育发展形势,融入思政元素、强化应用能力、关注教学创新,并将纸质教材与数字资源有机融合,形成了立体化教材,完善了配套资源。每章都设有思维导图,以便于学习者在学习本章节时一目了然,教师在教学任务设计时对教学过程、时间分配、资源利用等方面进行合理安排和优化配置,凸显了适宜性、教育性、科学性、技术性、艺术性等。

　　(2) 本教材编写力求体现先进的教学和学习理念,充分注意学前教育专业学生的学习特点,内容上"求新、求实、求精、求细"。知识点沿用图文并茂的呈现方式,与同类教材相比降低了理论梯度,提升了技能强度,凸显"以生为本,能力本位,行动导向"的理念,突显了实用性和针对性。

　　(3) 本教材在技能训练项目上采用操作任务形式,训练内容侧重当前幼儿

1

园最新的教育技术应用样例。训练项目无论是体例设计,还是逻辑架构都着力于"实",尝试"新",指向于"活",显示了本书宽广的视角和开阔的思路,给授课教师提供了发挥和创新空间。

(4)本教材在课程资源选取和利用上精选了较为先进的项目活动支持环境,提供了近年来全省幼儿园获奖的案例和幼儿园教师优秀教学设计方案,力求让学生通过学习熟练掌握岗位实践技能,实现毕业与就业的无缝对接。

此外,在表现形式上,每章均设置了二维码,微信扫一扫即可获得丰富的配套数字资源和在线互动等教学服务,以科学直观的视频、音频、动画、图文等表现形式,多维度、多角度地呈现教学内容。本书在数字化素材筛选中,目标适宜、内容科学、操作便捷,选择适合幼儿教育的课程资源、教学资源(如教学课件、案例等)、多媒体素材资源,方便学生掌握和理解知识,使原本枯燥、单调、抽象的教学内容变得生动、形象、有趣。

教材编写成员均为师范院校教育技术学科的一线骨干教师、幼儿园名教师、优秀园长等,正是他们的辛勤付出,才圆满完成本教材的编写工作。

本书的顺利出版,要感谢江苏省南京师范大学沈书生教授、张一春教授,江苏省第二师范学院杨剑教授等专家的指导!感谢南京大学出版社胡豪编审、高校教材中心蔡文彬主任及编辑钱梦菊、丁群老师的热情支持和大力协助!

本书在编写过程中,引用了相关专家学者的著作、论文和网上资源及众多幼儿园教师的优秀案例,我们尽量注明出处,若有遗漏,敬请谅解并指出,以便修订时补正。

鉴于现代教育技术学科涉及面广,知识更新快,加之教材往往迟于学科的发展,其中难免有不尽如人意之处,我们真诚地希望教师与学习者在使用本教材过程中提出宝贵意见。

编　者

2022 年 5 月

目　录

第一章
认识现代教育技术

学习目标

1. 理解现代教育技术概念的基本内涵。
2. 了解现代教育技术的理论基础。
3. 理解教育信息化建设的内容。
4. 了解信息化学习方式及特点。
5. 了解信息技术在学前教育领域的应用。

思维导图

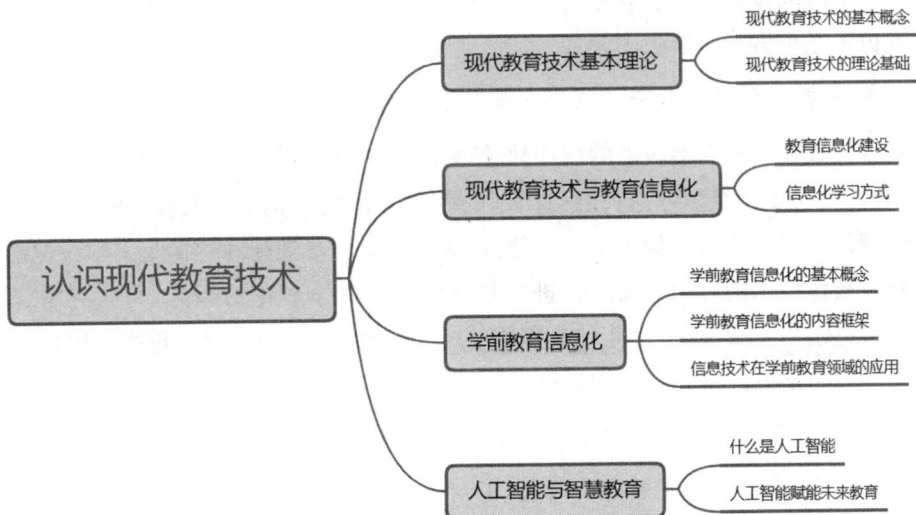

第一讲 现代教育技术基本理论

基础知识

一、现代教育技术的基本概念

人们对"教育技术"概念的理解始终处于动态的演变之中,直到20世纪90年代中期,才出现一个较为全面、明确的定义描述。

1994年,美国教育传播与技术协会(AECT)的阐述为:教育技术是对学习过程和学习资源进行设计、开发、利用、管理和评价的理论和实践。

AECT在2005年的《教育技术的含义》中,表述为:教育技术是指通过创建、运用和管理适当的技术过程和资源来促进学习和提升绩效的研究和符合职业道德规范的实践。

从上面两个定义可以看出,学习过程和学习资源,在适当的技术支持下,可以促进学习和提升绩效,教育技术是连接技术和教育的桥梁。

现代教育技术是我国学者在多年的研究和实践当中提出的概念,在AECT 1994定义基础上描述为:现代教育技术是指运用现代教育理论和现代信息技术,通过对教与学的过程和资源的设计、开发、利用、管理和评价,以实现教学优化的理论和实践。其内涵体现在以下几个方面:

1. 现代教育技术以现代教育理论为指导

对现代教育技术影响较大的现代教学理论有布鲁纳(Bruner)的"结构—发现"教学理论、赞可夫的发展教学理论和巴班斯基的教学最优化理论等。对现代教育技术影响较大的现代学习理论有行为主义学习理论、认知主义学习理论和建构主义学习理论等。

现代教育技术的应用必须以先进的教育思想和教学理论为指导,树立应用现代教育技术推进素质教育、培养学生的创新精神和实践能力的教育思想,重视应用现代教育理论指导教与学的过程和资源的设计、开发及应用。

2. 现代教育技术以信息技术为主要手段

简单地说,信息技术就是指获取、加工、存储、传输、表示和应用信息的技术。信息技术不仅包括计算机技术,还包括微电子技术、通信技术等,其中在学校是以多媒体与网络技术为核心。要充分利用和发挥多媒体与网络技术的优势,形成以多媒体和网络技术为基础的信息化环境和数字化的教学资源。

3. 现代教育技术的研究对象是教与学的过程和资源

现代教育技术是以教与学的过程和资源为研究对象,并以优化教与学的过程和资源为目标,因此现代教育技术既要重视优化"教",更要重视优化"学";既要重视"资源",更要重视"过程"的研究和开发。通过优化教与学的资源,建设信息化的教学环境,开发信息化教学软件,以探索并建构信息化环境下新型的教学模式。

4. 系统方法是现代教育技术的核心思想

现代教育技术是以系统方法为核心思想展开全部教育实践的,即对教与学的过程和资源进行设计、开发、利用、管理和评价。现代教育技术重视教育教学过程中各步骤的精心设计、实施,要求教学各要素有序进行,并随时进行评价和修正。

二、 现代教育技术的理论基础

现代教育技术是教育科学群体中的一门新兴的综合性学科,现代教育技术在教育教学中的应用已随着现代教育科学和现代信息技术的发展而日益广泛和深入,人们对现代教育技术的理解和认识也在不断地深入。因而,现代教育技术的理论也在不断地完善和发展之中。

由于对现代教育技术的学科认识以及研究立场、研究取向的不同,关于支撑它的理论基础也会有不同的看法和认识。但我们知道,现代教育技术在发展过程中不断地汲取了其他学科的一些理论和方法,可以说,这些学科理论和方法为教育技术学科的产生奠定了理论基础。纵观现有出版的现代教育技术专著和教材,基本上都提到了学习理论、教学理论、媒体传播理论和系统科学理论。本节主要围绕视听教育理论(见本章二维码)、学习理论和传播理论进行简要阐述。

(一)学习理论

现代教育技术是探讨现代化教学设备和手段如何在课堂教学中使用,并提高课堂教学效果的专门研究领域,它必须根据科学的学习理论进行学习过程和学习资源的设计、开发、利用、管理和评价,以帮助学生进行有效的学习。因此,在现代教育技术的理论体系中,学习理论一直处于核心地位,是构成现代教育技术的重要理论支撑之一。

学习理论,就是探讨人类怎样学习的理论,旨在阐明学习如何发生、有哪些规律、是什么样的过程、如何才能有效地学习等问题,它对现代教育技术的发展具有重要的指导意义。纵观学习理论的发展,行为主义、认知主义、建构主义以及人本主义学习理论为现代教育技术的形成和发展奠定了坚实的基础。这里分别从学习的条件、学习的过程和学习的结果三个方面对几种学习理论进行简要阐述。

1. 行为主义学习理论

在 20 世纪的前半个世纪,占主导地位的学习理论是行为主义理论,其理论先驱是美国心理学家桑代克(Thorndike)。桑代克主要通过研究动物的行为,得出了一个非常重要的结论:动物的学习是经过多次的试误,由刺激情境与正确反应之间形成的联结所构成的。

美国心理学家华生(Watson)提出心理学的研究应关注行为,而不是人的意识,由此建立起行为主义心理学的基本公式:"人和动物的全部行为都可以分析为刺激和反应。"华生认为学习的实质就在于形成、强化刺激与反应之间的习惯性联结。

在行为主义发展的后期,对学习理论影响最大的是斯金纳(B.F.Skinner),他根据自己发明的一种学习装置——"斯金纳箱",通过不断的实验,提出了操作性条件反射学说。根据这个实验,斯金纳将学习概括为:刺激—反应—强化。

由此可见,尽管行为主义学派内部对学习的解释不完全相同,但在对宏观的学习解释上仍然是一致的。行为主义学习理论对学习的条件、学习的过程和学习的结果做如下解释:

(1)学习的条件。学习的顺利进行离不开强化,强化是学习得以进行的重要条件,即外部刺激引起学习者的反应,然后经过反馈对学习行为进行调节和强化,直到学习者形成正确的学习行为,并关注学习的外部条件。

(2)学习的过程。学习的过程是渐进的尝试错误的过程,即随着错误反应不断减少,正确反应不断增加,形成固定的"刺激—反应"之间的联结,也称为"尝试错误",直到最后成功的过程。

(3)学习的结果。学习的结果就是形成刺激与反应的联结,即 S—R 间的联结,即学习就是有机体在某种情境下自发做出的某种行为,由于得到强化而提高了该行为在这种情境下发生的概率,形成了反应与情境的联系,从而获得了用这种反应应对该情境以寻求强化的行为经验。

2. 认知主义学习理论

认知主义学习理论源于格式塔心理学,它的核心观点是,学习并非机械的、被动的刺激—反应的联结,学习要通过有机体积极主动的内部信息加工活动,形成新的完形或认知结构。瑞士心理学家皮亚杰(J.P.Piaget)提出的著名的"认知结构说"认为,认识活动的目的在于取得主体对自然社会环境的适应,达到主体与环境之间的平衡,主体通过动作对客体的适应又推动认识的发展,强调认识过程中主体的能动作用,强调新知识与以前形成的知识结构相联系的过程,表明了只有学习者把外来刺激同化到原有的认知结构中,人类学习才会发生。认知主义学习理论的主要代表人物有苛勒(Wolfgang Kohler)、皮亚杰、布鲁纳(Bruner)、奥苏贝尔(Ausubel)和加涅(R.M.Gagné)等。

(1)布鲁纳的认知发现学习理论。布鲁纳是美国当代著名的认知心理学家,他把研究的重点放在学生获得知识的内部发现过程和教师如何组织课堂教学,以促进学生"发现"知识的问题上。他的发现学习理论是当代发现学习理论的主要派别之一。

布鲁纳的认知发现学习理论的主要观点:学习的结果就是形成认知结构。在布鲁纳看来,人们是根据类别或分类系统来与环境相互作用的,人类认识客观世界时,不是去发现各类事件的分类方式,而是创建分类方式,借此简化认识过程,适应复杂的环境;学习的过程就在于学习者主动地进行加工活动(自下而上),形成认知结构,即进行类目化的活动过程;学习的条件涉及知识的呈现方式和学习的内在动机等。

(2)奥苏贝尔的认知同化学习理论。奥苏贝尔是美国著名心理学家,他认为布鲁纳的学习理论过分强调发现式学习,轻视知识的系统性、循序渐进性,主张学生按照有意义接受的方式获得系统知识,形成良好的认知结构。

奥苏贝尔明确区分了机械学习和意义学习、接受学习与发现学习之间的关系,并阐明了学生的学习主要是有意义的接受学习,是通过同化使知识结构不断发展的过程。他认为学习过程是自上而下的同化过程,用同化来解释有意义学习的内部心理机制。有意义学习的结果是形成良好的认知结构。进行有意义学习的条件:学习材料本身具备逻辑意义而且学习者具有有意义学习的心向;学习者的认知结构中必须有同化新知识的原有的适当概念。

(3)加涅的累积学习理论。加涅认为,学习的复杂程度是不一样的,既有简单的联结学习,也有复杂、高级的发现学习,并将学习按简单到复杂分为8种类型(信号学习、刺激反应学习、连锁学习、语言的联合、辨别学习、概念学习、规则学习和解决问题的学习)。加涅用信息加工的学习模式来说明学习的过程,如图1-1-1所示。

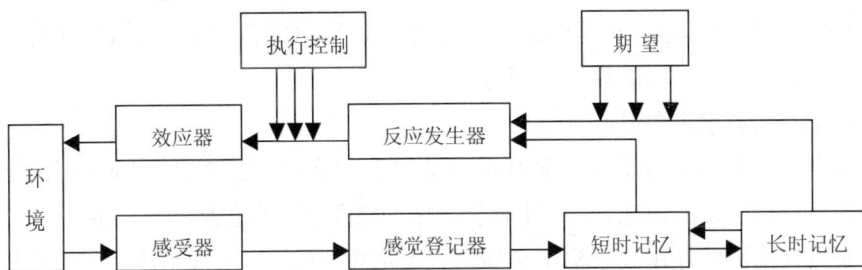

图1-1-1 学习的信息加工模式

从图1-1-1中可以看出,学生从环境中接受刺激,刺激推动感受器,并转变为神经信息进入感觉登记(瞬时记忆),这时记忆储存非常短暂。被感觉登记了的信息很快进入短时记忆,短时记忆的容量和保持时间都是有限的,一旦超过了一定数量,新的信息进来就会把部分原有的信息赶走,若想保持信息,就得采取复述策略。当信息离开短时记忆进入长时记忆时,就要通过编码并储存在长时记忆中。当需要使用信息时,须经过检索提取信息。被提取出的信息可以直接通向反应发生器,从而产生反应;也可以再回到短时记忆中,对该信息的合适性做进一步的考虑,结果可能是进一步寻找信息,也可能是通过反应器做出反应。在整个过程中离不开期望和执行控制。期望是指学生希望达到的目标,即学习动机。执行控制即加涅所说的发现策略。

对学习条件的论述是加涅学习理论中最核心的内容。他认为引起学习的条件有内部条件和外部条件。内部条件即学生开始学习某一任务时已有的知识和能力;外部条件是指学习的环境。加涅提出了五大类学习的结果,即言语信息、智慧技能、发现策略、动作技能和态度。

关于认知主义学习理论还有其他一些代表人物及其学说,但认知主义学习理论对学习的结果、过程和条件有以下一些共性的认识:

学习的条件:注重学习的内部条件,如主动性、内部动机、过去经验、智力等。

学习的过程:学习过程是积极主动进行复杂的信息加工活动的过程。

学习的结果:学习是形成反映整体联系与关系的认知结构。

3. 建构主义学习理论

建构主义(Constructivism)学习理论是在认知主义学习理论进一步发展的基础上产生的一种理论。其最早提出者是瑞士著名心理学家皮亚杰。他创立了发生认识论,认为儿童在与周围环境相互作用的过程中,逐步建构起关于外部世界的知识,从而使自身认知结构得到发展。

建构主义学习理论认为,学习的实质是:

(1)学习是认知结构的改变。同化和顺应是学习者认知结构发生变化的两种方式,同化—顺应—同化—顺应……循环往复,平衡—不平衡—平衡—不平衡相互交替,人的认识发展就是这样一个结构变化的过程。

(2)学习是个体主动建构自己知识的过程。学习不是由教师把知识简单地传递给学生,而是由学生自己建构知识的过程。学习不是简单的信息输入、储存和提取,而是新旧知识经验之间的双向的相互作用过程。

影响学习的因素主要有:

一是先前知识经验的作用。学习者不是空着脑袋走进教室的,他们在开始学习之前已经存在许多先前的概念,尽管对每个学习者来说这些概念是不一样的。

二是真实情境的作用。建构主义强调学习情境,认为学习离不开一定的情境,知识也总是在一定情境中才有意义。

三是协作与对话的作用。建构主义重视学习者之间的协作与对话,并将协作与对话建立在合作学习的平台上。建构主义学习理论认为情境、协作、会话和意义建构是学习环境中的四大要素。

由此可见,建构主义学习理论在学习的条件、过程和结果上是做如下解释的:

(1)学习的条件。建构主义认为,学习者内部的知识经验、真实情境等因素是影响学习的重要条件。

(2)学习的过程。建构主义认为,学习是学习者主动地建构内部心理表征的过程;是学习者从不同背景、角度出发,在教师和他人的协助下,通过独特的信息加工活动,建构自己的意义的过程;强调了这个过程的独特性与双向建构性,即"建构一方面是对新信息的意义的建构,另一方面又包含对原有经验的改造和重组"。

(3)学习的结果。建构主义认为,学习的结果是学习者形成自己独特的认知结构。但这里的认知结构不是加涅所指的直线结构或布鲁纳等人的层次结构,而是围绕关键概念建构起来的网络结构的知识,既包括结构性知识,也包括非结构性知识。

(二)传播理论

教育传播是一个复杂的系统,由若干元素组成。教育效果是整个教学传播系统的产物而非要素,而教育环境是教育传播系统的外部条件,也不是要素,因此,可以认为整个教育传播系统由四个要素加两个重要概念构成,如图1-1-2所示。

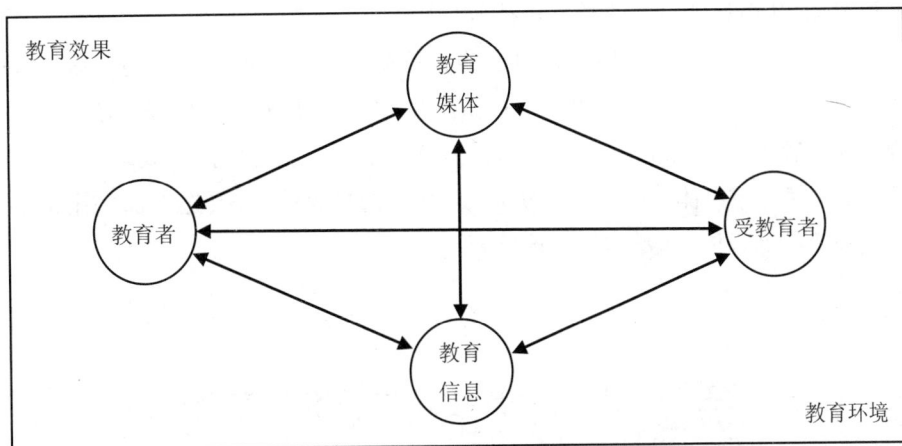

图1-1-2 教育传播系统

教育者、受教育者、教育信息与教育媒体四个要素处于大的教育环境中,与教育环境相互影响、发挥作用,教育效果则是衡量整个传播过程质量的重要指标。此外,教育者、受教育者、教育信息与教育媒体两两发生作用,构成了六大关系,即教育者与受教育者关系、教育者与教学媒体关系、受教育者与教育信息关系等。这些关系也是教育传播学研究的重要内容,各种关系的优劣将直接决定教育传播效果的优劣。

教育传播是教育者与受教育者直接借助教学媒体实现教学信息交互的过程,是一个动态的过程,这个过程可细分为六个子过程,如图1-1-3所示。

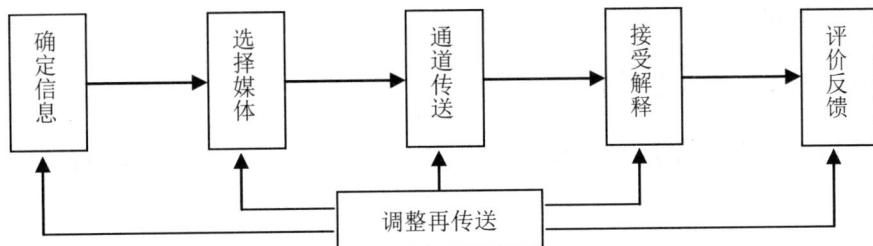

图1-1-3 教育传播过程

教育传播效果的优化原理如下:

(1)共同经验原理。教育传播是一种信息传递与交换的活动,教师要与学生沟通,必须把沟通建立在双方共同的经验范围内。要学生了解一件新事物,教师必须用学生

7

经验范围能理解的比喻,引导他们进入新的领域。

（2）抽象层次原理。教育传播中所说的话、写的文章、绘的图画,都必须在学生能明白的抽象范围中进行,并且要在这个范围内的各个抽象层次上下移动;既要说出抽象要点,又要用具体事物来解释、说明;既要讲学生所熟悉的具体事物,又要分析、综合、推理、演绎,得出抽象的概念。

（3）重复作用原理。通过在不同的场合、用不同的方式反复呈现一个概念,帮助学生理解和记忆,从而达到更好的教育传播效果。

（4）信息来源原理。教师应该以自己的言行树立学生认可的形象与权威,同时,教师也要尽量与学生建立平等友好的关系,做学生的知心朋友。另外,教师选用的教材、视听资料等内容来源应该准确、真实、可靠,这样才能增强教育传播的效果。

（5）最小代价与媒体选择原理。实际教学中,选择媒体时,要选择那些用最小代价能取得最好效果的媒体,即媒体的性价比要高。

第二讲　现代教育技术与教育信息化

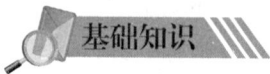

基础知识

一、教育信息化建设

信息时代,随着网络技术的迅速普及,整个社会的发展与信息技术的关系越来越密切,人们越来越关注信息技术对社会发展的影响,研究教与学资源利用和教与学过程如何在信息技术支持下实现教学优化是现代教育技术在信息时代的重要课题。教育信息化是教育改革和发展的推动力。

（一）什么是教育信息化

教育信息化是指在国家及教育部门的统一规划和组织下,在教育系统的各个领域全面深入地应用现代信息技术,促进教育改革和加速实现教育现代化的过程。教育信息化是推动教育现代化的战略途径,教育信息化关系到整个教育改革和教育现代化的系统工程,发展教育信息化是我国现有的教育系统适应信息时代对新一代公民教育的基本要求。

从教育信息化的"教育"属性上观察,教育信息化有以下三个基本特征:第一,在现代教育理念指导下,它是"教育"和"信息技术"融合的产物;第二,具有推动教育教学各个领域、各个环节发展和创新的功能;第三,有助于实现以教育普及、质量提高、教育公平、教育终身性、教育服务性为核心特征的教育现代化。教育信息化的这些特征呈现在国际国内教育信息化推进实践之中,凸显出教育信息化促进教育变革的功能。

(二)学校教育信息化建设

1. 信息化教育环境建设为信息化应用提供基础支撑

只有当教育信息的基础设施建设进入一个新的高度,这样以信息化为特征的教学形态出现才有可能。加快学校信息化网络建设,充分依托公用通信网络资源,实现校内、校际,学校与其他教育机构之间高速互联,为各种信息化应用提供网络支撑。提高教学用终端设施配置水平,按照当前适用、长远够用、适度超前的原则,提高学校教学、办公用计算机和多媒体教学设备配置率,加大计算机教室、电子阅览室、数字实验室、录播教室等信息化功能教室建设力度,积极推广应用学生数字化学习终端。

2. 信息化教育资源建设构筑数字教育资源公共服务体系

建设云资源服务平台,采用云计算、大数据、移动互联网等新一代信息通信技术,建设标准统一、服务多级、互通共享的教育资源公共服务平台,为资源提供者、使用者搭建交流、共享和应用平台。汇聚数字资源,为学习者提供丰富、优质、易用的学习内容和可靠的平台支撑。建立优质数字教育资源开发、应用、服务机制。面向教育教学开发优质数字教育资源,充分发挥学校和教师在个性化资源建设中的主体作用。研究制定优质校本资源广泛共享政策,系统开发基础性资源,有计划地开发个性化资源。推进优质教育资源普遍共享与深度应用。通过专递课堂、名师讲堂、名校网络课堂等多种形式,向师生推送优质、实用的教学视频、电子图书、课件、教学设计方案、电子试卷和在线课程等资源,并在课堂教学活动中经常性、普遍性使用。鼓励教师以先进的教学理念和教学模式为基础,将信息技术手段与探究式、合作式、讨论式、启发式教学方法相结合,激发学生学习兴趣,促进学生思考,实现教育教学模式创新和学生学习方式转变。

3. 信息化师资队伍建设提升教育信息化水平

网络教学的运用彻底打破了传统教学方式,使教师由原来知识的传授者变为学生学习的组织者和指导者,教育者必须具备以人为本的教育观念,必须以学生特长发展、优质发展、自主发展、愉快发展、创新发展为本,充分发挥信息技术的优势,为学生的学习和发展提供丰富多彩的教育环境和有力的学习工具,推动学校现代化进程。教师的陈旧思想应该转化,改变思想观念投入教育现代化的改革浪潮中来。培养教师适应在现代教育思想、教育理论的指导下,运用现代信息技术来实现开发教育资源,优化教育过程,以培养和提高学生信息素养为重要目标的新教育方式。

教育信息化建设的目的是促成以现代教育理论为指导、以新型教学模式为核心、以现代信息技术为支撑、以丰富的教育资源为基础的新教育形态——信息化教育。

二、 信息化学习方式

适应教育信息化的学习方式有信息化自主式学习、信息化合作式学习、信息化探究式学习、信息化接受式学习、信息化体验式学习以及混合式学习、移动学习方式等。

1. 信息化自主式学习

信息化自主式学习是指学生利用信息化环境所提供的手段和资源进行的主动的、积极的、探索性的学习,其实质是在教与学的过程中充分发挥学生的主观能动性和创造性,并在主题认知生成过程中融入学生自己的创造性见解,从而提高学生独立解决问题的能力。

信息化环境中丰富的资源和信息传输的及时性为学生的自主学习提供了良好的环境,学生自主化的程度相对于传统学习来说有了很大的改观;学生的创造性得到极大的发挥;学生获得帮助的方式增多且时效性提高。

2. 信息化合作式学习

信息化合作式学习是指在信息化环境中,学习者在教师的指导和帮助下,以小组为群体单位,为达到共同的学习目标,完成共同的学习任务,利用计算机网络及多媒体等相关信息技术获取、分析和处理学习资源,得到学习服务支持,进行分工协作,相互交流,以实现教育教学目的的过程。

在信息化合作式学习中,学习者参与合作学习的广度得到扩大;学习者参与合作学习的深度得到增加;信息化合作式学习的学习内容不同于传统合作学习的学习内容;获取学习内容、学习资源、学习服务支持的方式灵活多样;信息化的协作交互活动拓展了合作的空间;信息化合作式学习的评价方式可以由信息技术实现等。

3. 信息化探究式学习

信息化探究式学习是指在信息化环境中,充分利用信息技术,学习主体对具有时代特征的学习客体进行探究性的学习活动。信息化社会的学习主体从广义上讲包括一切学习者及与学习相关的人员。学习客体指学习主体投注精力、时间、情感、思维等主体特征于其上的学习对象。学习主体通过投注精力、时间、情感、思维于客体,配以教师及研究情境、环境的辅助、激励,主体对外在客体进行研究、试验、操作、调查、信息处理、信息交流而内化为主体性的知识、技能、情感、态度乃至形成主体的探索精神、探索能力。这是一个广义上的界说。具体而言,我们可以把学校课程中的"信息化探究式学习"界定为"学生围绕一定的问题、文本或材料,在教师的帮助和支持下,充分利用信息技术,自主寻求或自主建构答案、意义、信息或理解的活动或过程"。

信息化探究式学习虽然可以在一定程度上弥补接受式学习的不足,或者说可以丰富学生的学习方式,但是绝不能代替接受式学习,这一点必须明确。应该说各自有各自的特点和长处。传统的接受式学习不仅在人类的教育史上有伟大的贡献,而且它在今天也是作用最大、功劳最大的学习方式,我们反对对接受式学习的错误批评。站在这个立场上研究信息化探究式学习,才可能有一个正确的出发点。信息化探究式学习强调学生是学习的主体,学生的学习是信息技术支持下的交互式、协商式、合作式的主动行为,有助于学生对科学概念和方法形成更明晰、更深刻的认识。其特点可以概括为多样性、体验性、自主性和技术性。

4. 信息化体验式学习

信息化体验式学习是一种以学习者为主体的,通过信息技术创设一定的学习环境,使学生主动真实地亲历或虚拟地亲历、反思来获得知识、技能和态度的学习方式。体验具有情景的虚实性,信息化体验式学习强调主动性、主体性、实践性、反思性。

5. 混合式学习

混合式学习的原意是多种学习方式的混合,核心目的是将传统的学习方式和信息化学习的优势相结合。混合式学习已成为国内外高度关注和研究的热点。目前,国内外关于混合式学习存在多种界定方法,从国内来看,何克抗教授认为,所谓混合式学习就是把传统学习方式的优势和信息化学习的优势结合起来。也就是说,既要发挥教师引导、启发、监控教学过程的主导作用,又要充分体现学生作为学习过程主体的主动性、积极性与创造性。

学习形式上主张离线学习和在线学习的混合;师生关系上主张教师主导和学生主体的混合;学习方式上主张自主学习和协作学习的混合,接受学习和发现学习的混合,课题型活动与必要的记忆、操练相混合;教学模式上主张多种教学模式的混合;学习过程上主张学习、实践和绩效支持的混合;学习资源上主张多种教学资源和媒体的混合,信息资源和非信息资源的混合;学习环境上主张多种学习环境的混合,学生除了利用信息技术学习之外,还应该在现场学习。

总的来说,混合式学习就是各种学习方法、学习媒体、学习内容、学习模式,以及学生支持服务和学习环境的混合,但不是仅仅把这些相关的成分混合起来,而是一个有机整合。

6. 移动学习方式

移动学习(Mobile Learning)是一种在移动计算设备帮助下的能够在任何时间、任何地点发生的学习,移动学习所使用的移动计算设备必须能够有效地呈现学习内容并且提供教师与学习者之间的双向交流。移动学习和固定学习的本质不同在于“移动性”,随时随地的学习,时间和内容极具碎片化,增加了学习群体的自由组合。

信息化学习方式对学习者提出了更高的要求,首先是提高学习者的信息素养,其次是提高学习者的创新精神与实践能力,再者是培养学习者的自主学习能力、协作学习能力和终身学习能力。

第三讲　学前教育信息化

基础知识

一、学前教育信息化的基本概念

学前教育因其对象特有的身心发展特征及学前教育事业的特殊性质,从而决定了学前教育信息化的独特性。学前教育的主要功能和任务:对幼儿实施全面发展的教育,为幼儿入小学做准备,为幼儿一生的发展打好基础。"幼儿的学习是以直接经验为基础,在游戏和日常生活中进行的。要珍视幼儿生活和游戏的独特价值,充分尊重和保护其好奇心和学习兴趣,创设丰富的教育环境,合理安排一日生活,最大限度地支持和满足幼儿通过直接感知、实际操作和亲身体验获取经验的需要。"

根据学前教育的特点和教育信息化的内涵,本文认为,学前教育信息化是指,在学前教育中恰当地运用信息技术,开发适宜幼儿学习的数字化教育资源,优化学前教育教学活动,培养幼儿的信息素养,促进幼儿的学习和发展的过程。其中,恰当地应用信息技术是学前教育信息化的本质特征,开发适宜幼儿学习的优质数字化教育资源是学前教育信息化的基础,优化学前教育教学活动是核心,培养幼儿的信息素养、促进幼儿学习和健康发展是根本目的。

学前教育信息化强调"适宜性",这是区别于中小学教育信息化的鲜明特色。"适宜性"理念是由美国幼儿教育协会(National Association for the Education of Young Children,NAEYC)在学前教育出现较为严重的小学化倾向的背景下提倡的在尊重儿童基础上促进儿童发展的一套价值理念。可见,学前教育信息化的发展不能完全套用中小学教育信息化的模式,这会造成学前教育信息化的"小学化"倾向。学前教育信息化不是要求每个幼儿园必须建立计算机机房,而是根据园所实力进行合理布局,为幼儿的学习发展构建有效的环境;不是让幼儿必须掌握过多的信息技术知识和技能,而是对他们进行信息素养启蒙;不是让幼儿教师必须具备高级的教育技术知识和技能,而是根据课程需要,善于抓住幼儿学习时机,利用一切可能的信息化资源优化教学过程。因此,学前教育信息化是有别于中小学教育信息化的,它更多的是从幼儿的身心发展需求出发。

二、学前教育信息化的内容框架

深入分析学前教育信息化的概念内涵,可以看出学前教育信息化主要包括以下几个方面的内容：

（一）配备适宜的信息化基础设施

信息化基础设施建设是实现学前教育信息化的前提条件，在进行信息化设施建设时也应该坚持儿童本位的原则，充分考虑幼儿的年龄特征和身心发展特点，以幼儿的全面发展为根本出发点。建设网络设施和开展信息技术活动时，应采用辐射小的网络信息技术设备，多媒体教室应布置为环保型，保护幼儿身体健康。

（二）建设适合的信息化资源

信息化资源建设是学前教育信息化的重要内容。要保证学前教育信息化的顺利进行，必须为幼儿、教师、家长及管理者提供丰富的、高质量的信息化资源。在学前教育领域，开发适合幼儿学习的数字化教育资源，主要包括教育游戏软件、幼儿教育资源库、专题学习网站、娱乐网站、教师博客等。适合幼儿学习的数字化教育资源可以使幼儿投入到创造性游戏、知识吸收、问题解决和互动交流中，既能帮助儿童巩固已有的知识和经验，又能激发他们探寻未知世界，迎接新的挑战。同时，幼教资源的信息化还能够实现资源的共建共享，推动学前教育的均衡发展，突破时空限制，发挥跨区域园际互动的效能。

（三）培养较高信息素养的幼儿园教师

学前教育信息化的实践者是幼儿园一线工作者，所以幼儿师资队伍需要有较高的信息素养。《幼儿园教师专业标准（试行）》中也将"具有一定的现代信息技术知识"作为幼儿教师"通识性知识"领域中的一项基本要求。教师要能够恰当地将信息技术与活动课程进行整合，在早期教育情境中自如地、适宜地应用好信息技术，在适当的时候引导孩子在活动与游戏中掌握信息技术。

（四）利用信息技术优化学前教育教学活动过程

学前教育信息化的核心是利用信息技术优化教学活动过程，即教师在幼儿主题活动中借助现代信息技术手段，为幼儿创造数字化的学习环境，创设主动学习情景，支持幼儿学习与认知，促进幼儿发展。信息技术就像是纽带或桥梁，将幼儿园的健康、语言、社会、科学、艺术等五大领域课程融合到一起，互相渗透，实现幼儿园五大领域课程之间的整合。同时，将信息技术融合到幼儿园的各种活动，尤其是游戏和教育活动中，使之成为儿童学习环境的一部分，成为儿童学习和游戏的一个有机组成部分，实现信息技术与幼儿园课程的整合。

（五）发展学前教育信息化产业

教育信息化产业是教育信息化的要素之一。但是目前我国学前教育信息化总体处于起步阶段，困难或障碍并不只是在于投入和技术本身，专业人员、专业内容及专业产品与服务严重匮乏。基于信息技术和其他高科技的儿童学习工具的设计和开发专业化水平不高。

（六）利用信息技术促进幼儿园、家庭及社区间合作

学前教育中的家园共育、幼儿园与社区间、家庭与社区间的合作是幼儿教育的一大特色和重要组成部分。利用信息技术促进幼儿园、家庭及社区间合作是学前教育信息化的重要特色,学前教育信息化不仅是幼儿园内的信息化,还需要在幼儿园与家长、社区间的合作与沟通环节进行信息化。《幼儿园教育指导纲要(试行)》中明确指出:"家庭是幼儿园重要的合作伙伴。应本着尊重、平等、合作的原则,争取家长的理解、支持和主动参与,并积极支持、帮助家长提高教育能力。"借助现代信息技术可以改善传统的家园共育方式,为幼儿园、家长及社区的联系和沟通扩宽渠道,整合各种学前教育资源,为幼儿的全面发展营造良好的环境。

三、 信息技术在学前教育领域的应用

（一）信息化助推幼儿园管理

目前有一些幼儿园采用了电子接送卡,它的使用减轻了各岗位登统数据的烦琐劳动,也增强了家长的安全意识,助力于学校的安全管理。各班出勤率的显示,及时提示老师发现问题,有效促进班级工作的开展;炊事员和保健员根据电子屏显示数据定量分餐,合理配膳;全方位覆盖的监控系统实时记录幼儿园各角落的影像,保证幼儿的健康和安全。

（二）多媒介丰富教学活动形式

学前教育的教学形式是多种多样的,这些形式包括讲故事、听音乐、做游戏等,而且教学氛围也是轻松愉快的。根据不同的形式选择相应的教学媒介能够提高教学效率,促进幼儿身心全面发展。如利用计算机媒介进行听音乐教学环节,可以帮助幼儿在音乐教学的深入中不自觉地跟着学唱起来;在认知抽象事物环节中,可以将事物通过计算机模拟等方式呈现给幼儿,让他们获得更为直观的感受。

（三）"互联网＋"时代的家园互动

"互联网＋"时代,幼儿园中的家园互动也紧随时代潮流,出现了很多专注于家园联系的信息化产品,如掌通家园、贝聊等,这些 App 一般会包含三个层面的内容:一是园所动态,包括园级新闻、园所介绍、公告通知、大型活动介绍等;二是班级动态,有公告、新闻、教学安排等;三是个人动态,家长记录孩子成长的幸福时光,留下珍贵的回忆。此外,点开教师博客,有许多有关教育的心得体会,供更多的人浏览。QQ、微信等即时聊天工具也是当前家园互动的主要工具,教师创办班级家长 QQ 群,建立微博和微信朋友圈,实时推送班级幼儿的活动信息,从而实现教师与家长、家长与家长之间的互动。

（四）搭建平台促进教师专业化成长

在信息技术广为运用的今天,我们可以搭建以园内局域网为纬度,以园外各类网站为经度的立体式网络的沟通平台,这样做不仅解决了教师没有充裕的时间做教研的窘境,还为幼儿园节省了大笔经费。

第四讲 人工智能与智慧教育

基础知识

教育信息化经过 20 多年的发展,经历了由数字化到网络化,再到移动在线化,目前正朝着智能化的方向发展。

2016 年,谷歌(Google)旗下的 DeepMind 项目组开发的 AlphaGo 击败了人类职业围棋选手,成为世界上第一个战胜围棋冠军的人工智能机器人,它标志着人工智能技术工程化、实用化的黄金时代已经到来。人工智能相关学科发展、理论建模、技术创新、软硬件升级等整体推进,在人类生产、生活的各个领域都有广泛的应用,正在渗透并重构生产、分配、交换、消费等经济活动环节,形成从宏观到微观各领域的智能化新需求、新产品、新技术、新业态。智能教育、智能制造、智能医疗、智能农业、智能金融、智能司法、智能安防、智能物流、智能交通、智能电商等行业产业应用层出不穷,经济社会各个领域正在从数字化、网络化向智能化转型升级。

一、什么是人工智能

"人工智能"(Artificial Intelligence,英文缩写为 AI),是计算机科学的一个分支,"人工智能"这个概念是 1956 年在美国达特矛斯学院召开的十人研讨会上正式提出的,经过了 60 多年的发展,人工智能技术已经更新迭代,越来越聪明。

中国电子技术标准化研究院发布的《人工智能标准化白皮书(2018 版)》把人工智能的发展大致分为三个阶段。第一阶段是 20 世纪 50 年代—20 世纪 80 年代,这一阶段人工智能刚诞生,产生了自然语言处理和人机对话技术,知识库概念兴起。此外,随着计算任务的复杂性不断加大,人工智能发展一度遇到瓶颈。第二阶段是 20 世纪 80 年代—20 世纪 90 年代末,在这一阶段,专家系统得到快速发展,数学模型有了重大突破,以语义为基础的知识网或知识表达以及深度学习初露端倪,但由于专家系统在知识获取、推理能力等方面的不足,以及开发成本高等原因,人工智能的发展又一次进入低谷期。第三阶段是 21 世纪初至今,随着大数据的积聚、理论算法的革新、计算能力的提升,人工智能在语音识别、文本识别、视频识别等方面取得了突破性进展,甚至超越了人类,人工智能走进了繁荣期。新一代人工智能通俗的解释是,通过计算机系统,基于各类算法,对数据进行模型分析,模拟人类的心智,如记忆、推理、感知、语言、学习能力等。

人工智能涉及计算机工程、信息论、控制论、语言学、仿生学、认知科学、神经学、心理学、数学、哲学、经济学等多学科、多领域的理论和知识的应用,它是一门边缘学科,属于自然科学、社会科学、技术科学三向交叉学科。人工智能具体的研究内容涉及很多方面,其中最关键的难题是机器的自主创造性思维能力的塑造与提升。从技术角度看,人工智能可划分为基础理论、通用技术与工具、行业应用三层纵向结构。新一代的人工智能,主要依靠四个关键技术,即传感技术、大数据技术、显示和反应技术、软件和集成技术。从应用角度看,人工智能则是横向的,如医疗、通信、教育、制造、交通、金融、商业、娱乐、居家等领域的智能应用。

新一代人工智能已经形成了运算智能、感知智能和认知智能三个层次的能力。所谓运算智能,是指计算机快速计算和记忆存储的能力。所谓感知智能,是指通过各种传感器获取信息的能力。所谓认知智能,是指机器具有理解、推理等能力。尽管有些技术还处于理论和雏形阶段,但未来人工智能的发展趋势是从感知走向认知。具体来说,人工智能包含以下几方面的核心能力:

1. 记忆能力

知识是智力发挥作用的基础要素,人类智力的高低很大程度上取决于相关知识积累的多少。一个智能程序高水平的运行需要有关的事实知识、规则知识、控制知识和元知识。为了使人工智能实现模仿人类的智能行为,首先需要让它具有知识,同时还要考虑知识的存储和知识的使用。解决这一认知科学和计算科学问题的方法就是知识表示。知识表示就是把人类尤其是专家拥有的知识,采用适当的模式表示出来、存储起来,供人工智能系统方便检索、快速提取和有效使用。所谓知识表示,就是对知识的一种描述,或者说是一组约定,一种计算机可以接受的用于描述知识的数据结构。对知识进行表示的过程就是把知识编码成某种数据结构的过程。

在人工智能技术的发展过程中,已经有许多种知识表示方法得到了深入的研究和应用,如逻辑表示法、产生式表示法、框架表示法、面向对象的表示法、语义网络表示法、基于 XML 的表示法、本体表示法、概念图、Petri 网法、基于网格的表示法、粗糙集、基于云理论的表示法等。在实际应用过程中,往往一个智能系统中包含了多种知识表示的方法。

与知识密切相关的是知识库,知识表示和知识库是知识运用的基础。知识库技术包含知识的组织、管理、维护、优化等。知识库是基于知识的系统(或专家系统),具有智能性。知识库有两种含义:一种是指专家系统设计所应用的规则集合,包含规则所联系的事实及数据,它们的全体构成知识库,这种知识库与具体的专家系统有关,不存在知识库的共享问题;另一种是指具有特定领域、行业或特定专项知识的开放性质的、可共享的知识库,可通过互联网提供相关的服务,比如语音服务、自动驾驶服务、导航服务、健康服务等。在确定了知识表达方法后,就可以把知识表示出来并且存储到计算机中。然后,利用知识进行推理,实现对问题的求解。

2. 推理能力

逻辑推理能力是智力活动的核心因素,它决定人的思维品质,影响人的语言表达能力,是人学习能力的构成基础。人工智能在获取了人类一定知识的基础上,还必须研究如何通过机器逻辑和机器推理模仿人的推理能力。

解决人工智能的推理能力的研究路径涉及知识图谱、认知图谱、认知推理和决策等问题,同时结合认知科学的双通道理论,运用知识扩展、深度学习计算、图卷积网络等技术,通过简单推理(如"规则演绎")、复杂推理(如基于概率的不确定性推理"主观贝叶斯")等方法,得到相关的信息匹配,实现推理和决策。目前,人工智能还没有达到真正意义上的推理能力,人工智能系统在模仿人的推理路径、推理节点以及深度学习算法这类问题上还处于黑箱阶段。要真正实现知识和推理,其实还需要万亿级的知识库的支持。

近年来,专家系统技术逐渐成熟,广泛应用在工程、科学、医药、军事、商业等方面。专家系统是一类具有专门知识和经验的计算机智能程序系统,专家系统的功能包括解释、预测、诊断、故障排除、除错、修理、校准、设计、规划、控制、分析、维护、监督、行程安排、教学、架构设计等。通过从专家那里获取系统所用的知识、选择合适的知识表示形式、进行软件设计,以合适的计算机编程语言对专家的问题求解能力进行建模,通过采用人工智能中的知识表示和知识推理技术来模拟通常由专家才能解决的复杂问题,达到具有与专家同等解决问题能力的水平。当然,目前计算机只能运用知识的局部或片段,要真正实现知识和推理,其实还需要万亿级的常识知识库的支持和算法的改进。

3. 规划能力

智能规划(Intelligent Planning 或自动规划、机器人规划)属于高级求解系统与技术,简单地说就是对某个待求解问题给出求解过程的步骤。规划系统是一个涉及有关问题求解过程步骤的系统。规划是关于动作的推理,它是一种抽象的和清晰的深思熟虑过程,该过程通过预期动作的期望效果,选择和组织一组动作,其目的是尽可能好地实现一个预先给定的目标。智能规划从方法上来分,可以分为非分层规划和分层规划;线性规划和非线性规划;同步规划和异步规划;基于脚本、本体、框架的规划。20世纪80年代以来,开发出一系列规划系统,包括非线性规划系统、应用归纳规划系统、分层规划系统、专家规划系统、具有学习能力的规划系统、基于竞争机制的规划系统等。按类型分,可以分为任务规划、路径规划、轨迹规划等。规划设计时,往往是将问题分解为若干相应的子问题,以及如何记录并处理在问题求解过程中发现的子问题之间的关系。理论上来说,智能规划的质量和效率相对优于人工规划。从目前智能规划的水平来看,它更像是一个参考工具。例如,如果你想要买一款性价比良好的商品,你只需要在终端输入自己的需求,人工智能就会在数据库中进行对比,在同等条件的商品中,找到价格最低的一个或几个。在城市治理领域,人工智能可以应用于交通状况实时分析,实现公共交通资源自动调配、交通流量的自动管理。

4. 感知能力

感知智能是机器的表达能力,就是能听、能说。它是指将物理世界的信号通过摄像头、麦克风或者其他传感器的硬件设备,借助语音识别、图像识别等前沿技术,映射到数字世界,再将这些数字信息进一步提升到可认知的层次,比如记忆、理解、规划、决策等。人工智能在模仿人的感知能力方面主要集中在视觉和听觉,在视觉方面的研究与应用主要分为数字图像处理(Digital Image Processing)、计算机视觉(Computer Vision, CV)和机器视觉(Machine Vision, MV)三大领域。

(1)数字图像处理

数字图像处理又称为计算机图像处理,简称图像处理。它是将图像信号或视频信号(视频可以理解为连续的图像信号)转换成一幅幅数字图像信号并利用计算机对其进行处理的过程。图像处理的主要方法和技术包括去噪、增强、复原、分割、变换、重建、提取特征、场景、物体、动作、形态、识别等。

经过几十年的研究,数字图像的处理技术在理论、技术、工具上已经比较成熟,广泛用于手机上的美颜相机、气象部门的气象云图分析、水利部门进行遥感图像分析、医疗部门CT诊断等。

(2)计算机视觉

计算机视觉是用摄像机和计算机代替人眼对目标进行识别、跟踪和测量,通过计算机实现人的视觉功能,对客观世界的三维场景进行感知、识别和理解。运用图像处理、模式识别、人工智能技术相结合的手段,着重于一幅或多幅图像的计算机分析,在计算机视觉中图像可以由单个或者多个传感器获取,也可以是单个传感器在不同时刻获取的图像序列,然后对目标物体进行分析识别,确定目标物体的位置和姿态,对三维景物进行符号描述和解释。计算机视觉主要应用场景有:

人脸识别。目前已经广泛应用于金融、司法、军队、公安、边检、政府、航天、电力、工厂、教育、医疗等领域。主要应用场景包括门禁、考勤、身份认证、人脸属性认知、人脸检测跟踪、人脸对比、人脸搜索等。

智能监控。应用于各种安防监控、罪犯搜寻、电子商务、城市交通等领域。实现对结构化的人、车、物等视频内容信息进行快速检索、查询。包括物体的智能识别与分析定位、行人属性与行为的分析及跟踪、客流密度分析、道路车辆行为分析等。

图像识别。应用场景包括电子商务的产品推荐、以图搜图、物体或场景的识别、车型识别、人物分析(如年龄、性别、外表、颜值、服装、时尚等)、商品识别、违禁鉴别(如黄、赌、毒、暴等)、看图配文、图像分类等一系列智能化的处理。

智能驾驶。这是基于计算机视觉和图像处理技术实现的辅助技术,应用场景包括车辆及物体检测、碰撞预警、车道检测、偏移预警、交通标识识别、行人检测、车距检测等。

三维图像视觉。应用于三维视觉建模、三维测绘等领域,主要是对三维物体进行识别。应用场景有三维机器视觉、双目立体视觉、三维重建、三维扫描、三维地理信息系统、工业仿真等。

工业视觉检测。这是将机器视觉所具有的快速获取大量信息并进行智能处理的特性应用在自动化生产过程中的技术。主要应用于工况监视、成品检验和质量控制等生产过程,以及一些危险工作环境或人工视觉难以满足要求的场合。

智能医学影像。人工智能在医学影像方面的应用主要分为两部分:一是图像识别,应用于感知环节,其主要目的是对特定类别影像和疾病的智能识别、分析;二是深度学习,应用于学习和分析环节,通过大量的影像数据和诊断数据,不断对神经元网络进行深度学习训练,促使其掌握诊断能力。

文字识别。这是利用光学技术和人工智能技术把印在或写在纸上或图上的文字识别读取出来,并转换成一种计算机能够接受、人可以理解的格式。这是一项实现文字高速录入、图文理解的关键技术。主要应用场景包括互联网图像文字识别、对焦自然场景文字识别和随拍自然场景文字识别等。

(3) 机器视觉

机器视觉属于自动化领域的一项新型技术,它和计算机视觉属于不同的学科。机器视觉就是给机器增加智能的眼睛,即把计算机作为载体,把计算机视觉技术工程化,可以替代传统的人工或者工程机械。其功能是自动获取和分析特定的图像,物体定位、特征检测、缺陷判断、目标识别、计数和运动跟踪。通常情况下,机器视觉应用系统包括图像捕捉、光源系统、图像数字化模块、数字图像处理模块、智能判断决策模块和机械控制执行等模块。机器视觉在现代自动化生产过程中广泛地用于工况监视、成品检验和质量控制等领域。

5. 语言能力

人工智能除了模仿人的视觉能力外,另一方面就是模仿人的语言能力,即让计算机能理解人的自然语言。自然语言处理(Natural Language Processing,缩写 NLP)是人工智能重要的底层技术。美国计算机科学家马纳瑞斯(Bill Manaris)给自然语言处理的定义是"自然语言处理是研究人与人交际中以及人与计算机交际中的语言问题的一门学科。自然语言处理要研制表示语言能力和语言应用的模型,建立计算框架来实现这样的语言模型,提出相应的方法来不断地完善这样的语言模型,根据这样的语言模型设计各种实用系统,并探讨这些实用系统的评测技术。"

简单地说,自然语言处理就是计算机接受用户自然语言形式的输入,并在内部通过人类所定义的算法进行加工、计算等系列操作,来模拟人类对自然语言的理解,并返回用户所期望的结果。它包括自然语言理解和自然语言生成两个部分。自然语言处理是涵盖了计算机科学、语言学、心理学、脑科学、数学、统计学、信息工程等多学科的系统化的大型工程,也是人工智能中难度较高的技术之一。

近年来,具有一定自然语言处理能力的实用系统已经出现,融入了各行各业的实际应用,如聊天机器人、邮件过滤、机器翻译、电子辞典、语音导航、全文信息检索系统、自动文摘系统等。让计算机能够确切理解人类的语言,并平滑地与人进行交流,最终拥有"智能",这是自然语言处理的努力目标,但从目前的理论和技术来看,自然语言处理技术还有很多难点没有解决,许多技术离真正实用还有距离,人机之间的自然语言通信还有很长的路要走。

6. 学习能力

人工智能模仿人的学习能力需要综合运用心理学、生物学、神经生理学、计算机科学、数学、自动化等知识,目前主要的实现方法是机器学习(Machine Learning,ML)。机器学习最基本的做法,是使用算法来解析数据,从中学习,然后对真实世界中的事件做出决策和预测。机器学习是用大量的数据来"训练",通过各种算法从数据中学习如何完成任务。类似人类在接触过很多事物、经历后获得的"经验"和"规定"一样。比如,车牌识别、网络攻击防范、手写字符识别就是机器学习的典型应用。

从学习方法上来分,机器学习包含多种算法技术,可以分为监督学习(如分类问题)、无监督学习(如聚类问题)、半监督学习、集成学习、深度学习和强化学习。其中,深度学习是目前实现机器学习最热门的一种方法。

深度学习(Deep Learning,DL)的目标是模仿人脑的机制来解释数据,建立、模拟人脑进行分析学习的神经网络,解决数据分类、回归、聚类和规则等学习问题,也就是从大量的数据中找出规律,反复提炼模型,持续应用模型对新的相似数据进行预测。

机器学习的应用遍及人工智能的各个领域,近年来取得突破进展的图像识别、语音识别、AlphaGo围棋等都是基于深度学习的人工智能应用实现。

二、 人工智能赋能未来教育

人工智能具有的模仿和增强人类的记忆、感知、语言、学习等一系列能力,为各类应用系统、机器设备赋予了人的能力、智力甚至智慧,提升了应用系统与机器设备的服务水平,从而推动人类生产和生活朝着自动化、智能化甚至无人化的方向发展,这就是人工智能赋能。

人工智能赋能教育(即"AI+教育")就是把人工智能、大数据技术,如人脸识别、图像识别、语音处理、知识图谱等应用到教育的管理或者服务当中,为构建智能化、网络化、个性化、终身化的教育体系提供支撑,促进教育治理能力提升、人才培养模式创新、教学方法改革、教育质量提高,实现个性化人才培养和学生素质的全面提升。当前,人工智能在教育行业的应用还处在起步阶段,未来发展前景广阔。

联合国教科文组织发布的《教育中的人工智能：可持续发展的挑战与机遇》报告指出，教育领域人工智能市场将快速发展，人工智能将对学习方式、学习机会、学习质量、学生能力、教师发展等产生直接影响。2017 年 7 月，国务院发布了《新一代人工智能发展规划》，明确提出发展智能教育。2018 年，教育部印发的《教育信息化 2.0 行动计划》也提出要推动人工智能、大数据、物联网等新兴技术支持下的教育模式变革和生态重构。《中国教育现代化 2035》中进一步强化了人工智能在教育现代化中的重要意义。对于教育机构而言，人工智能与教育结合的智能教育是大势所趋。

（一）人工智能将给教育带来哪些影响

人工智能赋能教育，将引发教育治理、教育模式、教学内容、教学方式、评价方式、教师队伍等一系列的变革和创新。归纳起来讲，主要体现在以下三个维度：

1. 教育管理精细化

随着校园信息化环境建设从数字校园向智慧校园转型升级，基于 5G、物联网、人脸识别、语音识别等智能感知、智能定位设备和系统布局，如"访客机""面板机""闸机"与"出入口管理系统""访客管理系统""安全风险防控系统""宿舍管理系统""一卡通系统""消费系统""一键报警管理系统""智能建筑管理系统"等结合，各功能系统可以实时记录和存储校园中教职工管理、教务管理、学生管理、安全管理、校园管理、财务资金管理等方面的数据，上传到数据平台层，提供学校管理和教育教学过程管理的数据采集、建模、智能分析和系统化的分析数据，实现对学校大量数据的检测、处理、调整和预测工作，让校园管理更具系统性和安全性，提高教育教学决策的科学化、资源配置的精准化，推动学校治理方式和管理体制变革，优化运行机制和服务模式，从而方便师生，帮助学校提高工作效率，为学生们的成长提供更有序、更安全的环境。

2. 教学方式个性化

人工智能与人类智能高度协同，将改变教育的时空场景和课堂教学形态，新的教学流程、教学模式将重构。

差异化、个性化教学一直是教学改革努力的方向，人工智能技术使之成为可能。第一步是搜集大数据，通过物联网技术、大数据挖掘技术和智能决策与可视化等技术，对学习者学习过程进行记录、跟踪，对学习轨迹进行分析，了解到学习者的历史数据，如作业情况、考试成绩、学习习惯、学习风格、人格特质、兴趣特长等，以及知识点掌握程度，在算法制定的标准评估下，对其进行判断。第二步是建模，建立学生的认知发展、学业发展、社会性发展等不同方面的计算模型，绘制出契合学生特点的知识地图。第三步是精准推荐，为学生量身定制学习支持系统，给学生提供智能导学，智能系统通过自适应学习支持系统，将匹配的学习内容、教学专家和学习资源推送给学生，让每个学生都拥有专属的知识"导航系统"和智能辅助教师，真正做到差异化教学、个性化学习。

在自适应学习的基础上,针对学生的不同能力生成不同的试题并进行作业批改,随着自然语言处理技术以及语义分析技术的不断进步,自动批改作业将成为可能,计算机能够对文本进行语法纠错,或者是给出修改意见,这将有效减轻教师的教学压力,显著提高教师的教学效率以及学生的学习效率。

当前,智能的教学产品如分层排课、拍照搜题、口语测评、组卷阅卷、作文批改、作业布置等软件已经陆续进入学校试用,但是这些产品还只能辅助教学的个别环节,距离精准的个性化智能辅助教学系统的应用还需要进一步努力。随着语音识别、图像识别、光学字符识别、语义分析、深度学习等技术不断提高,智能辅助教学系统将在教学的核心环节发挥作用,并融入情感交互、个性化引导、创造性思维开发等技术,不断为因材施教赋能。

3.教学评价精准化

人工智能技术将推动课堂教学评价在评价主体、评价内容、评价方式、评价结果等方面的变革,使评价手段更加多元、评价过程更加科学、评价结果更加准确。

智能教学助手和智能评测系统可以为学生提供过程性的学习诊断、反馈和评价。运用语音识别、图像识别、自然语言处理、姿态识别、表情识别以及基于脑电的情绪识别等技术可以采集学生的声音、姿态、面部与生理信号等数据,对课堂语言、课堂行为、课堂情感等表现性信息进行数据挖掘、自动预算和分析,从中了解学生的情绪和学习状态;还可以对学生学习成长过程与学习成效的数据进行统计,通过这些数据诊断出学生知识、能力结构的弱项,形成学生学情报告,帮助学生和教师获取真实有效的诊断数据,并配之以及时精准的学习干预,从而找到提升成绩的方法。学生可以清楚看到问题所在,教师也可对症下药地针对具体情况,选择不同的教学目标和内容,实施不同的教学方式,进一步提高教与学的针对性、有效性。

(二)人工智能在学前教育中的应用场景举例

人工智能在学前教育领域的应用尚处于初期探索的阶段,产品的适用性、性价比、特色等方面还不够强,但随着人工智能在其他教育阶段应用成效的提升,学前教育智能化的发展潜力巨大。

1.智能安防系统

目前,人工智能在辅助幼儿园的常规管理方面的技术日渐成熟,包括安全管理、家校沟通、危险预警等。利用人脸识别、声音识别、情绪识别等技术和幼儿园智能平台整合,构成集数据存储、计算、分析、智能监控、家园互动的系统。智能应用系统中可以搭建模型,通过场景演练等方式来学习幼儿园教学和管理的定义和预警。智能平台能自动记录幼儿进园状况和家人接送情况,同步反馈给幼儿家长。智能穿戴设备能够对幼儿进行实时的健康监测,得出身体的健康状况,并及时将异常情况反映给教师和家长。

教室、午休房等环境控制设备可调节适合幼儿生活的亮度、空气、温度。每个家长都可以与智能幼教平台连接,实时监控、定时保存、发布指令、和孩子直接通话。

2. 早教机器人

智能早教机器人融合了计算机软硬件、人工智能、机械原理、电子传感器等先进技术,不仅具有语音识别功能,还有自然语言互动系统,从传统机器人的"能听会说"到"能理解会思考",其理解能力、表达能力、智商都会随着深度自我学习不断成长。

智能早教机器人可以根据孩子的年龄段来设置教育内容,可以识别孩子的语音指令并迅速做出反馈,孩子可以直接和机器人进行对话,在交互过程中,可以逐渐理解孩子的认知习惯,主动调整趣味教学内容与教学方式,提供以孩子为中心的自适应趣伴学习。

智能早教机器人的功能比较丰富,拥有各种声像资源。不同产品的早教机器人功能特点有所不同,大多具有互问互答、语音点播、智能查资料、智能发音与评测、绘本陪读、指尖点读、个性化推送、远程实时管理等功能,融教学性、交互性、趣味性、娱乐性为一体。

3. AR 体感游戏

AR 体感游戏是增强现实(Augmented Reality,AR)技术和体感技术的结合。它是通过网络平台,采用视频识别技术、跟踪技术,将游戏和真实物理元素混合起来,进行人机互动,依靠相机捕捉游戏者三维空间中的运动,对游戏者真实运动进行识别,游戏者的肢体动作控制场景里面的人物,进行互动体验,游戏者运动行为实时反映在电子显示屏幕上。AR 技术可以将现实环境与虚拟环境进行重叠,游戏者看到自己在逼真的三维场景里面,有身临其境的感觉。体感技术的优势在于人体动作识别,可以精准识别游戏者在游戏过程中的每个动作,游戏者通过肢体动作操控整个游戏过程。AR体感游戏,可以创造出奔跑、跳跃、攀爬、投掷等全身协调运动场景,以及拐骗、地震、火灾、溺水、触电等安全教育场景,在这些场景式中进行沉浸式的学习,能增强体验感和学习兴趣。

4. 智能测评系统

利用虚拟现实(Virtual Reality,简称 VR)技术,营造真人与动画的交互,进行"人机对话""机器评分""拍照搜题"等智能自动测评。幼儿根据动画提问进行主观回答,互动测评,算法和大数据技术自动对测评数据进行记录和分析,并将数据自动汇入幼儿个人成长档案中。家长和老师可以通过智能测评的结果了解幼儿真实的发展状况,从而进行有针对性的指导;老师和园长可以根据测评的总体情况,掌握全班、全园幼儿的动态发展轨迹,从而制定有针对性的教学计划。"拍照搜题"软件,可以帮助幼儿家长解决家庭指导时的难题,用手机拍照,上传到平台,平台可以进行反馈和解析。

实践活动

活动一　了解幼儿园中的教育技术

在线观看本章二维码中的信息化教学实录视频,探究以下问题:

1. 幼儿园中有哪类教育技术媒体?

2. 在幼儿园课堂中老师用到了哪些信息化教学资源和技术媒体,分别发挥着什么作用?

3. 你认为幼儿园老师在用信息化教学资源和技术手段上有哪些可改进之处?

4. 作为未来的幼儿园教师,你在未来的幼儿教育教学中将如何运用教育技术?

活动二　信息技术在幼儿园管理与家园互动中的应用

(1) 掌通家园。"掌通家园"是神州鹰为全球幼儿打造的一个健康成长的教育辅助平台。通过将超低码流等核心技术融入幼儿园监控系统(含软件、硬件),形成全方位的校园安全监控管理,消除校车安全和校园安全隐患;并与移动互联网、云技术等高新技术完美结合,升级幼儿园、早教等行业的教育模式,搭建一个家庭与校方互动、互助的共同教育平台,实现"家园共育"。

(2) 贝聊。贝聊是专为幼儿园打造的免费的家园共育平台,由手机软件和电脑管理系统组成,可免费发送视频、图片和文字等信息,并支持单人和多人在线聊天。

探究与思考

1. 什么是现代教育技术,有哪些研究领域?

2. 分别说说三大学习理论适用于指导幼儿哪些类型学习内容的学习。

3. 信息化学习方式各具有哪些特点?

4. 教育信息化进程中,学习者应具备怎样的素质?

5. 思考人工智能赋能学前教育的过程中,在幼儿发展、幼儿园管理、活动教研等方面有哪些应用?

第二章
现代教学媒体与环境

微信扫码

本章配套资源

学习目标

1. 掌握教学媒体的概念、现代教学媒体的分类,理解现代教学媒体的特性和作用。
2. 了解现代教学环境的类型、组成,掌握各类现代教学环境设备的使用方法。
3. 了解计算机网络教室的一般功能,学会计算机网络教室的使用。
4. 体会现代教学环境对教与学的影响。

思维导图

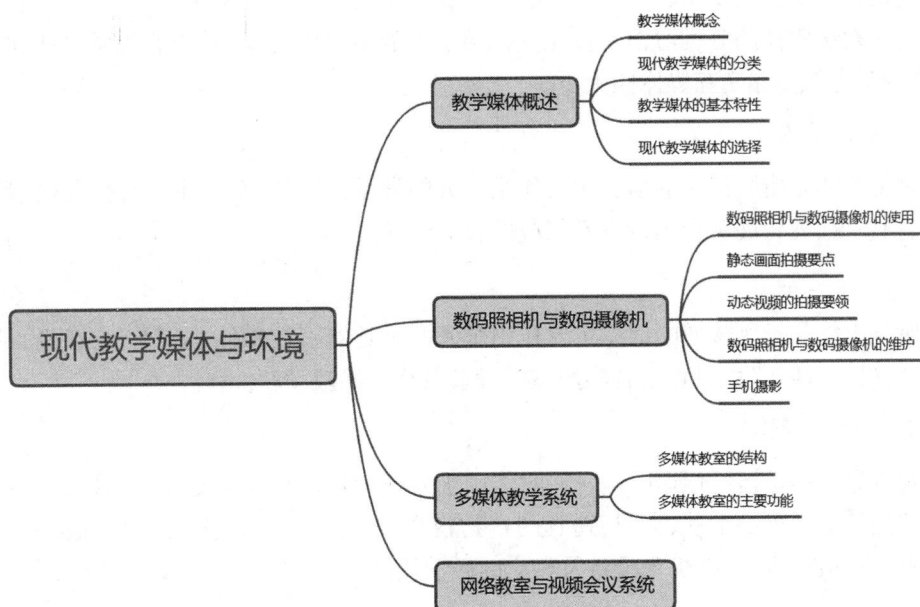

第一讲　教学媒体概述

基础知识

一、 教学媒体概念

1. 媒体

"媒体"一词来源于拉丁语"Medium""Media",指传播信息的介质。媒体有两层含义:一是指承载信息的载体,如报纸、杂志、电视、广播、计算机、网络等;二是指存储和传递信息的实体,如录音带、录像带、光盘、磁盘及相关硬件设备。没有媒体就不可能进行信息的传递和存储。

2. 教学媒体

被用于教学活动过程中的媒体称为教学媒体。教学媒体是载有教学信息的媒体,是教学内容的表现形式,是人们用来传递与获取教学信息的工具。按媒体发展时间先后分类,可将教学媒体分为传统教学媒体和现代教学媒体。

二、 现代教学媒体的分类

传统教学媒体主要指教科书、黑板、实物标本模型、图表、照片等。

现代教学媒体的分类习惯上按照其作用于人的不同感官,将其分为视觉媒体、听觉媒体、视听觉媒体和交互媒体四大类。

1. 视觉媒体

视觉媒体是指所传递的信息主要作用于人的视觉器官的媒体,主要有投影仪、数码相机、扫描仪、视频展示台等设备及相应的教学软件。

2. 听觉媒体

听觉媒体是指所传递的信息主要作用于人的听觉器官的媒体,主要有收音机、录音机、扩音机、广播、CD 唱机、语音实验室等设备及相应的教学软件。

3. 视听觉媒体

视听觉媒体是指所传递的信息同时作用于人的听觉器官和视觉器官的媒体。视听觉媒体能为学生提供生动、直观、逼真的事物视觉和听觉形象,主要有电视机及电视系统、录像机、摄像机、影碟机等设备及相应的教学软件。

4. 交互媒体

交互媒体是指除了能处理和提供声、图、文等多种信息以外,还能与用户形成互动的媒体,主要包括程序教学机器、多媒体计算机、交互式电子白板、一体机等设备及相应的教学软件。

三、 教学媒体的基本特性

(1) 教育传播媒体是多种多样的,每一种媒体都具有一定的特性。因此对于具体的幼儿活动,需要根据教学媒体对于活动目标实现条件的能力,做出具体的选择,这是教育传播媒体的"选择性"。

(2) 教学信息的传递是一种错综复杂的活动,没有一种媒体能够"包办"所有活动目标的完成。对于不同的教育信息内容用不同的教学媒体去呈现,复杂的教育信息内容需要用多种教学媒体的组合去呈现,这是教育传播媒体的"组合性"。

(3) 教育传播的对象——学习者是一个有复杂思想、有情感变化的人,他们的信息接收感官若长时间处于同一种刺激之下,会产生疲劳,降低接收效率。因此,关于教育传播媒体的选择使用应注意,不要让学习者长期处于媒体的刺激之中,应适时改变所使用媒体的种类,以期实现更有效的教学。

(4) 教育传播媒体的选择使用,要综合考虑需要和可能,注意经济实用性。只要能够完成活动目标,应该用简不用繁,用少不用多。

四、 现代教学媒体的选择

各种现代教学媒体具有不同的教学特性和功能,同时也存在一定的不足。尽管不存在一种万能的"超级媒体",但是对某一个特定的教学目标来说,存在使用某一种媒体的教学效果明显优于其他媒体的情况。因此,我们在教学过程中要依据以下几个方面,合理地选择和利用各种现代教学媒体,以达到预期的教学目标。

1. 依据教学目标

教学目标是教学的出发点和归宿,无论选择什么样的教学媒体都必须围绕能否实现教学目标来确定。由于教学目标不同,所以媒体的选择也会有所差别。

2. 依据教学内容

教学内容的性质不同,使用的教学媒体会有所区别。例如,幼儿语言教学和幼儿数学教学选择的媒体的形态和交互方法不同。

3. 依据教学对象

不同年龄阶段学生的兴趣、动机、认知风格和认知能力不同,所选择的教学媒体也不同。

4. 依据教学条件

教学中能否选用某种媒体,要考虑当时当地的具体条件,包括资源状况、经济能力、师生技能、使用环境、管理水平等因素。

5. 依据媒体特性

在选择教学媒体时,还要考虑各种教学媒体自身的特点,根据它们各自的功能特性择优选择。

实践活动

1. 请你调查 1～2 个当地幼儿园都配备了哪些教学媒体。
2. 根据对教学媒体的理解,你认为哪些媒体与你的学习生活紧密相关?

第二讲　数码照相机与数码摄像机

基础知识

随着数字技术的不断发展,静态图像拍摄的数码照相机与动态视频拍摄的数码摄像机在工作原理、存储方式、使用操作等多方面正趋于合二为一。

一、　数码照相机与数码摄像机的使用

(一)光学镜头

镜头的作用是将被摄景物在影像传感器上形成清晰的画面。焦距是其最重要的性能指标,焦距的长短对拍摄影像的放大率、视角、景深和画面的透视感等都会产生影响。其一般规律:焦距越长,拍摄角越小,空间透视越弱,景深越小。镜头如图 2－2－1 所示。

根据镜头焦距变化与否,可分为定焦距镜头和变焦距镜头。目前大多数照相机和摄像机为了方便拍摄者的使

图 2－2－1　镜头

用,一般采用变焦距镜头。根据变焦镜头拍摄范围不同,又可分为广角镜头、标准镜头和摄远镜头。

1. 广角镜头

广角镜头是焦距小于成像芯片对角线长度的镜头。广角镜头的特点为焦距短、成像视角大、拍摄画面空间透视感强、景深大,可扩张空间透视,有利于近距离内拍摄大场面,有利于画面的稳定。

2. 标准镜头

标准镜头指焦距的长度接近成像芯片对角线长度的镜头。标准镜头的成像视角在 $50°$ 左右,所拍摄画面的空间透视感与人眼透视感相近,拍摄的画面影像显得真实、自然。

3. 摄远镜头

摄远镜头是焦距大于成像芯片对角线长度的镜头的总称,具有成像视角小、景深小、透视弱、畸变小的特点。

(二)光学变焦与数码变焦

光学变焦是通过镜头焦距的变化来获得客观物体成像的变化。数码变焦是通过电子信号的放大获得成像的变化,会影响成像的清晰度。选购和使用数码照相机和摄像机的一个重要的指标就是镜头的变焦倍数,也就是镜头最长焦距与最短焦距的比值。一般有 5 倍(5×)、10 倍(10×)等多种。目前数码照相机常见变焦比在 5~10 倍,数码摄像机常见变焦比在 10~20 倍。

控制变焦的按钮或拨杆两端通常分别标有 T、W 字样,T 表示镜头向长焦端变焦,被摄主体逐渐变大、突出,获得推镜头效果;W 表示镜头向短焦端变焦,被摄主体范围逐渐变大,获得拉镜头效果。

(三)光圈

光圈是在镜头内用来控制光线透过镜头进入机身内感光芯片光量的装置,光圈越大,进光量越多;反之,进光量越少。光圈大小一般用光圈系数 f 表示。光圈系数 f=镜头的焦距/镜头光圈的直径。最大光圈通常用最大相对口径间接表示。最大相对口径又称有效口径,是镜头入射光瞳最大直径与镜头焦距之比,通常用一比几的字样表示(如 1∶2)。最大相对口径大(即比例后项数值小)的镜头又称快镜头,通光能力强,有利于低照度下手持照相机现场拍摄,能摄得景深小、虚实对比强烈的画面,但设计制造难度大,体积大,价格高。

(四)景深

景深是指在影像上表现出来的聚焦点前后拍摄景物的清晰范围。在聚焦点前面能清晰表现的范围叫前景深,在聚焦点后面能清晰表现的范围称为后景深,前景深总是小于后景深。影响景深的主要因素有镜头焦距、光圈、拍摄距离。镜头焦距越长,景深越小;光圈越大(光圈系数越小),景深越小;拍摄距离越短,景深越小。

(五)感光度

成像芯片对光线作用的敏感程度称为感光度。感光度数值越高,表示对光线作用越敏感,拍摄时所需曝光量越少。目前常用的感光度在 ISO 50~200。过高的感光度会使影像颗粒度变大,但有利于较暗的场合拍摄。

(六)色温

色温是表征热辐射光源颜色特性的物理量。色温值越高,光线中蓝光的成分越多;

色温值越低,光线中的红光成分越多。色温的高低,影响所摄影像的冷暖偏色。

表 2 - 2 - 1　常见光源的色温表

日出日落前后	2000—3500 K
正午的太阳	5000—5500 K
晴朗的天空	15000—20000 K
薄云的天空	9000—10000 K
阴天	6500—7500 K
雨天	7500—8000 K
日光灯	6000—6500 K
卤钨灯	3000—3500 K
白炽灯	2500—3000 K
电子闪光灯	5500—6000 K

(七)白平衡

数码照相机和摄像机上的白平衡调整,是通过改变拍摄产生的对应于景物中红、绿、蓝三色电信号的增益,准确记录被摄体的色别。白平衡调整通常有预置白平衡、手动白平衡和自动跟踪白平衡调整。数码摄像机的拍摄尤其要注意白平衡的调整,否则在后期视频处理中难以校正。

(八)聚焦

聚焦(也称调焦、对焦),指改变像距、物距从而调整镜头光心到成像芯片的距离,以获得被摄物体清晰影像的调节过程。聚焦有自动聚焦和手动聚焦两种方式。

二、 静态画面拍摄要点

(一)符合视觉审美要求

1. 主体突出,层次分明

画面由主体、陪体、前景、背景、空白构成。主体是画面表达内容的主要对象,是画面的视觉表达中心,也是画面结构的中心,更是吸引观赏者视觉的中心,要尽可能采取各种艺术手段来强化、突出。比如置于画面中心或视觉重点,运用虚实、大小、动静、明暗、冷暖等对比手段,使主体形象更充实、更丰满、更鲜明、更生动。

2. 画面稳定均衡

无论是摄影还是摄像,画面水平线(如地平线)应该水平,垂直线(如高楼的直立墙沿)应该直立不倾斜,这是画面稳定的基本要求。同时稳定的画面还可在人的心理上产生习惯、舒服、安定的感觉。均衡一方面是指画面中景物的数量和形体要对称、均等,这种对称的均衡往往显得单调、呆板;另一方面是指可运用中国画中空白、补白(如小鸟、月亮)等表现手法形成视觉心理的均衡感。

3. 画面简洁明了

简洁就是简明扼要,没有多余的内容。简洁不是简单,只有经过综合、抽象和提炼之后的主体形象,才可能以简洁的形式表达丰富的内容。简洁的最常见形式是画面留有空白。

(二)掌握构图方法

构图是指对拍摄范围进行选择与界定,对画面的布局和结构进行安排。常见的画面构图方法有以下几种:

1. 黄金分割法

在摄影构图中,黄金分割法体现在主体位于画幅的宽高比为 1:0.618 的交叉点上,这样比较符合人们的视觉习惯,也比较容易突出主体。

2. 九宫格构图

也称井字构图,属于黄金分割法的一种形式。就是把画面平均分成九块,在中心块上四个角的点,用任意一点的位置来安排主体位置。这种构图能呈现变化与动感,画面富有活力。

3. S 字形构图

在画面中 S 形的曲线,体现曲线的柔美与动感。如山川、河流、地域等自然的起伏和变化,也可表现众多的人体、动物、物体的曲线排列变化,以及各种自然、人工所形成的形态。

4. 对角线构图

对角线构图是指在画面中,让主体物处在对角线上,例如桥、塔、人物、汽车等用来表达动感的造型。这种构图适合运动感的画面,让画面具有穿透力。

5. 前景框架构图

用景物的框架做前景,能增加画面的纵向对比和装饰效果,使照片产生深度感。

三、 动态视频的拍摄要领

动态视频的拍摄讲究四个字"平、稳、匀、准",具体含义如下所述:

平:指所摄画面中的地平线一定要平,不能倾斜。垂直性质的直线如旗杆等应与寻像器的竖边平行。

稳:任何不必要的晃动,会使人心生烦躁和不安,从而破坏画面的气氛和观众的观赏情绪,影响画面内容的表达。因此,拍摄镜头时,尽量利用各种支撑物,控制好呼吸,使用广角摄取画面等,尽可能保持画面稳定。

匀:指运动镜头的速度要匀,无论是推、拉、摇、移等运动镜头,都应当匀速进行,不能时快时慢、断断续续。

准:一方面是指落幅要准。运动镜头的拍摄中,画面的构图、焦点都在不断变化,为了保持构图均衡、画面清晰,常常结合多种技巧,结束时落幅画面中镜头的焦点、构图等应该是最佳的。另一方面,准的意思还包含正确重现彩色,白平衡调整要正确,聚焦要准确,光圈调整要准确等。

四、 数码照相机与数码摄像机的维护

(1)使用操作轻拿轻放,谨防震动、碰撞、挤压。
(2)使用环境注意防潮、防腐蚀性气体、防尘、防磁,雨季定期通电。
(3)长时间放置应该取下电池,存放在通风良好的地方。
(4)注意用专用擦镜纸及工具进行镜头的清洁与维护。

五、 手机摄影

随着近年来智能手机的普及,拍照不再是一件需要数码相机、单反相机等专业设备才能做到的事情,手机依靠越来越强大的拍照功能,给了我们最便利的拍照体验,真正诠释了随时随地,抬手即拍。

(一)对焦

1. 什么是对焦

对焦也叫对光、聚焦。通过相机内的对焦机构,变动物距和相距的位置,使被拍物成像清晰的过程就是对焦。对于日常拍照记录生活来讲,最基本的要求就是把主体拍清晰,也就是对焦准确。

2. 手机如何对焦

几乎所有的智能手机都可以通过点击屏幕进行对焦,要哪里清晰点哪里。

(二)测光

1. 自由调节亮度

手机拍摄可以自由控制亮度,只需要点击屏幕进行对焦,然后拖动旁白的小太阳,对光线进行调整。光线不足的情况下,向上拖动可以补光,而光线过亮时,向下拖动可以减弱亮度。

2. 大光比环境

虽然手机可以调光,但是拍照时也要尽量避免在大光比的场景下拍摄,大光比环境下太阳的光线太强了,而人物的光亮太弱了。

3. 如何应对大光比

应尽量避免在大光比环境下拍照,或者把过亮的部分从画面中避开,用树林、建筑把天空挡住,光比就没那么强了。

(三)快门

快门是照相机用来控制感光片有效曝光时间的结构,是照相机的一个重要组成部分。快门速度单位是"秒"。

1. 音量键快门

拍照时,音量键可以充当快门键使用。

2. 连拍 & 高速快门

在拍摄运动物体或者抓拍瞬间时,可以一直按住快门键进行高速连拍,轻松捕捉运动的瞬间。

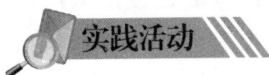

实践活动

活动一 利用数码照相机拍摄幼儿图片

活动目标:

1. 发展学生业余爱好,培养学生对摄影的兴趣,引领学生的个性化全面发展。

2. 通过学习体会各种摄影技术和知识,感受如何利用镜头去体验社会和人生,去发掘自己和他人的内心世界,使学生更进一步认识摄影是真实影像瞬间的定格,从而丰富学生的摄影知识,拓宽视野,激发和培养学生对摄影科技的兴趣。

3. 采用小组活动和个人自主活动相结合的方式,不定期组织专题摄影或摄影采访活动,鼓励会员经常拍摄班级课内外活动并向各校园网站投稿,时刻关注发生在自己身边的事。

4. 在本活动实践中主要是掌握摄影的取景构图及正确使用光圈和快门结合的技巧。

图 2-2-2 幼儿照片效果

活动准备:

1. 相机:尼康 D600,85 mm 定焦镜头。

2. 后期处理的准备:后期如果是整体的调整可以用美图秀秀或者光影魔术手等软件进行色彩调整、裁剪等操作;如果需要对照片进行局部处理,需要使用 Photoshop 或者 Lightroom 等进行。

活动过程：

1. 确定拍摄内容。如果你想更有把握地拍出好的照片,或者是想训练自己在摄影上的某些技巧,那么建议在每次拍摄前,想一想当天要拍摄的主题,或者想表达的故事,这样可以让你在脑海中有一个预设画面,之后只要想办法把它拍出来就可以了。一般根据拍摄内容可以分为风景、人像、人文等,它们之间也可以适当交叉。

2. 思考怎么拍。脑海中有了一个好想法,不要急着立即拍摄,你可以先想一想"去什么地方拍比较好""用什么角度会更特别""需要包含什么元素""要用什么样的前景"等问题,这样对你成功拍出理想的照片会有很大的帮助。再比如我们知道在后期时,过曝或者过暗都不好处理,那么在拍摄时可以避免拍摄过曝或者过暗的照片;又比如大家几乎都知道 RAW 可以在后期时调整白平衡,所以在拍摄时完全有理由使用自动白平衡来拍摄,不用去调整白平衡。

3. 选择器材和合适拍摄地完成拍摄。接下来的任务便是选择合适的镜头去拍摄,一般镜头分为定焦和变焦,定焦镜头光圈更大,虚化背景控制景深更加方便,但是构图稍微烦琐一点,变焦镜头则构图更加方便,同时必须选择合适的拍摄地进行拍摄,当这些因素都定好了就可以拍摄了。大多数时候借助自然光就可以完成拍摄,同一个地点可以多几种曝光组合,同时构图也可以略有差异,以便后期挑选。

本例中是一张儿童摄影的照片,采用的机身是尼康 D600,镜头是 85 mm 1.8 G 的定焦镜头,光圈是 F3.5,快门 1/160 s,ISO 125。

4. 照片的后期处理。后期处理一般包括:裁剪让主题突出;修正照片的变形;人像处理,如磨皮;色阶调整,让对比度和饱和度恰到好处;让照片更通透些;调整色彩,让颜色更鲜艳,还能给某人的衣服换个颜色;通过锐化或模糊处理改变照片的锐度等,这些需要根据照片的拍摄情况和拍摄主题对原图进行适当的调整。

5. 反思。有时候我们在拍摄时感觉很不错,但回到家中却会发现许多不足,很多新手因此感到失落。其实这并不重要,最重要的是要学会去总结,每次拍照完成之后去总结一下,发现问题并找到解决办法,避免下次犯同样的错误,或者直接再去尝试一下,这样你的摄影功力便会进步了。

活动二　利用数码摄像机拍摄幼儿活动场景

一年即将结束,幼儿园里开展以迎新年为主题的亲子游艺活动。活动当天,幼儿园特地邀请幼儿家长与孩子一起来到幼儿园,让孩子们和最亲的家人一起收获快乐,共同迎接新的一年到来。为对此次活动进行记录,方便活动后进行场景回放、视频剪辑等,特利用数码摄像机对家长、幼儿在幼儿园的活动场景进行摄录。

活动目标:

1. 了解和掌握数码摄像机使用的基本操作和拍摄流程。

2. 掌握拍摄过程中推、拉等镜头变焦的拍摄技巧。

3. 能利用掌握的数码摄像机操作技能,拍摄简单的活动场景。

活动准备：

1. 硬件准备：数码摄像机、三脚架、充电电池。

2. 拍摄脚本：拍摄脚本是视频拍摄必不可少的前期准备。拍摄者在视频拍摄过程中,要学会对精彩镜头画面进行捕捉,机会稍纵即逝,一个镜头的错失,往往无法补救,这就要求拍摄者必须事先对拍摄活动进行规划、设计。在拍摄前,要事先了解拍摄活动的准确流程,构思每一个拍摄项目中,拍摄者站立的位置、镜头的走位,合理运用推、拉、摇、移等拍摄技巧,拍摄出好的视频效果。拍摄脚本同样也是视频进行后期剪辑与制作的依据和蓝图。

活动过程：

1. 数码摄像机视频录制的基本操作

数码摄像机型号：索尼 HXR－MC1500C,如图 2－2－3 所示。

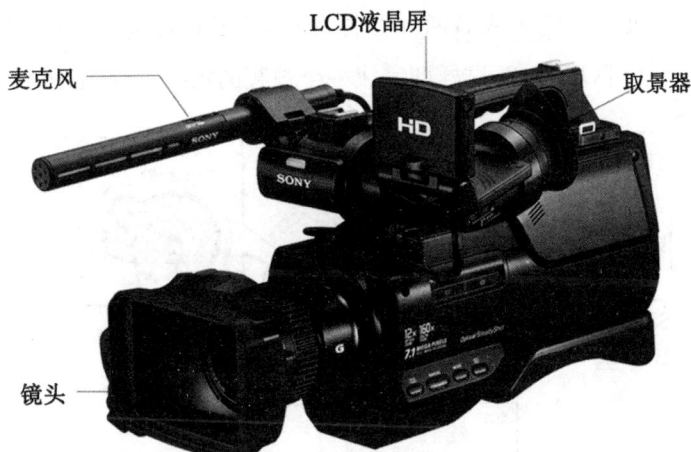

图 2－2－3　摄像机外形

（1）视频的录制

① 按住镜盖两侧的按钮,取下镜盖,并翻起 LED 液晶屏,如图 2－2－4 所示。

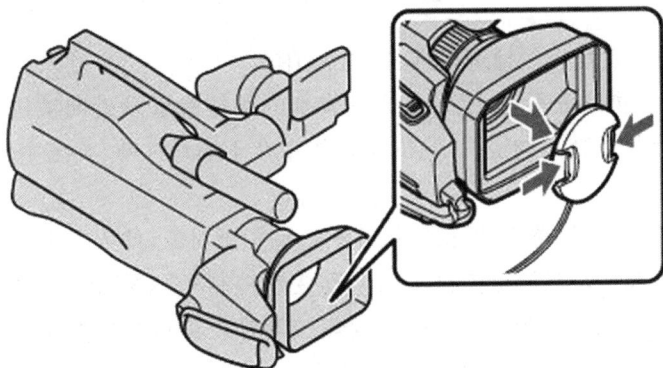

图 2－2－4　液晶屏

② 按住绿色按钮将 POWER 开关移动到 ON 位置，数码摄像机即开机工作，如图 2-2-5 所示。

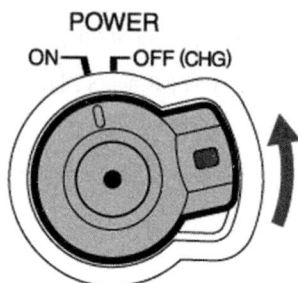

图 2-2-5　POWER 按钮

③ 将镜头对准要拍摄的物体或场景，按一次 START/STOP 按钮（此按钮在索尼 HXR-MC1500C 机型上有 A 或 B 两处位置）即开始视频录制；若要停止视频录制，请再按一次 START/STOP 按钮，这样即完成一个视频的拍摄过程，如图 2-2-6 所示。

[待机] → [●拍摄]

图 2-2-6　拍摄过程

（2）使用电动变焦控制杆进行推、拉镜头拍摄

推镜头：指人物位置不动，镜头从全景或别的景位由远及近向被摄对象推进拍摄，逐渐推成人物近景或特写的镜头，它的主要作用在于描写细节、突出主体、刻画人物、制造悬念等。

拉镜头：指人物的位置不动，摄影机逐渐远离拍摄对象，使人产生宽广舒展的感觉。

拍摄者可尝试按动数码摄像机上的电动变焦控制杆，对拍摄物体或活动场景进行推镜头或拉镜头的拍摄。轻轻移动电动变焦控制杆可进行慢速变焦，较大幅度移动可进行快速变焦。

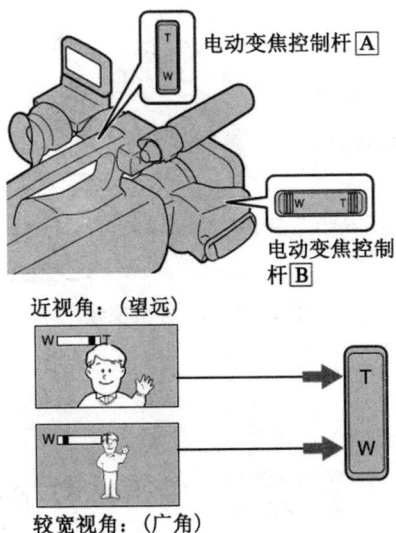

图 2 - 2 - 7 镜头变焦

2. 利用数码摄像机拍摄幼儿活动

依据事先编辑好的拍摄脚本,开展拍摄,见表 2 - 2 - 2。

表 2 - 2 - 2 拍摄脚本

镜号	画面内容	拍摄班级	拍摄方式	景别
1	亲子游艺活动——亲子拔河赛	全体	移镜头	全景
2	亲子游艺活动——亲子长跑	全体	固定镜头	全景
3	新年大餐——包水饺	大1班	推镜头	中景+特写
4	饺子出锅	食堂	固定镜头	中景
5	分享吃水饺	大2班	推镜头	中景+特写
6	星光大道——燃放新年烟火	全体	拉镜头	全景
7	与家长告别	大3班	推镜头	近景
8	小鬼当家——幼儿分批盥洗	大4班	推镜头	近景
9	家长认真阅读	大5班	固定镜头	中景
10	甜蜜梦乡	大6班	固定镜头	特写
11	喜迎元旦——幼儿参加升旗仪式	全体	拉镜头	全景

3. 拍摄完成,导出视频并进行后期编辑

拍摄完成后,应通过数据线,将数码摄像机与计算机连接起来,把拍摄的素材导入计算机保存或进行后期剪辑。视频后期剪辑的具体操作,可参看本书关于视频编辑的有关章节。

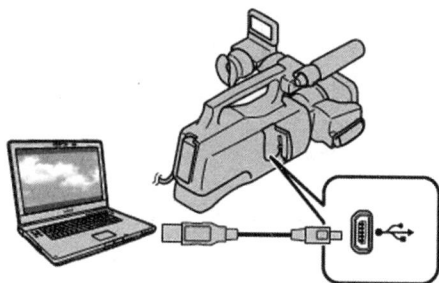

图 2-2-8　导出视频

第三讲　多媒体教学系统

基础知识

一、多媒体教室的结构

多媒体教室也称多媒体演示室,是根据现代教育教学的需要,由多媒体计算机、液晶投影仪或一体机、数字视频展示台、中央控制系统、投影屏幕、音响设备等多种现代教学设备组成的综合教学系统。它能使教师方便、灵活地应用多种媒体实施多媒体组合教学,可使教学过程更加符合学生的认知、理解和记忆规律,从而提高教学效率。

目前多媒体教室通常由投影仪、投影幕、多媒体计算机、视频展示台、电子白板、影碟机、录像机、音频卡座、功放、集中控制系统等组成。如图 2-3-1 所示。

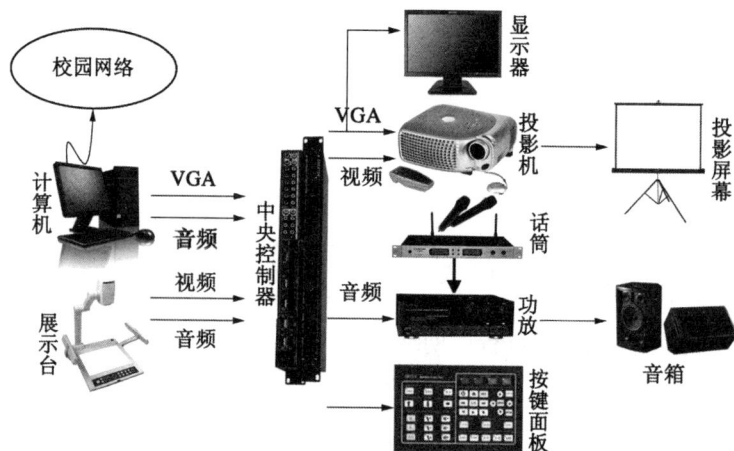

图 2-3-1　多媒体教室系统基本结构图

多媒体教室的基本组成可以分成以下几个部分：

一是计算机系统：运行多媒体教学课件，共享数字教学资源。

二是视频图像系统：能够对静态或动态视频图像进行播放展示。组成设备有影碟机、录像机、视频展示台、投影仪、电动屏幕、教学一体机。其中影碟机、录像机和视频展示台、投影仪可根据具体情况选配。

三是音响系统：对各种设备产生的声音信号进行放大、混合输出。保证室内范围能够通过音箱清晰听到各种媒体所产生的声音。主要设备有音箱、功放机、无线话筒、无线接收器和有线话筒。其中无线话筒、无线接收器和有线话筒可根据情况选配。

四是控制系统：也叫中央控制器（简称中控器），是对多媒体教室的各种设备、环境条件进行集中控制的系统设备。设备包括多媒体中央控制系统和控制操作面板，其功能主要有控制电动屏幕升降、投影仪开关、信号选择、计算机开关和音量大小调节等。

（一）音响系统

1. 音响系统的组成

音响系统是各种集会活动不可少的设备。一般由话筒、调音台（音频处理器）、功放、音箱组成，如果有演出需要的话，还会有均衡器、效果器之类的媒体。话筒、调音台、功放有数字和模拟之分，话筒还有有线和无线之分。其常用设备如图2-3-2所示。

2. 功放的性能

功放俗称"扩音机"，它的作用就是把来自音源或前级放大器的弱信号放大，推动音箱发出声音。功放大体上可分为三大类：专业功放、民用功放、特殊功放。功放外形如图2-3-3所示。

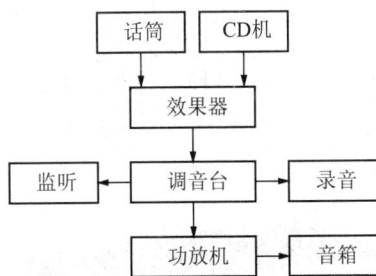

图2-3-2　常用音响系统设备组成

图2-3-3　功放正面外形图

3. 功放的使用

功放是有线广播中的常用设备。使用正确与否，直接影响着机器寿命及听音效果。使用功放注意事项：

（1）要求电网电压比较稳定，变动范围不能超过额定电压的±10%。在电网电压变化较大的场合要加装稳压装置。

（2）使用前要按规定接好负载，做好匹配工作。这不仅是影响扩音效果好坏的因素，更是保证功放和扬声器长期安全工作的关键。

（3）按照操作规程操作，以一定顺序开关机器。各音量控制旋钮平时应置于最小位置。开启某一路音量旋钮时，应逐渐由小到大，缓慢均匀，防止机器过载。功放用完后，要把音量旋钮恢复到最小。

（4）在会场布置扩音系统时，要注意扬声器与话筒的距离尽量远一些，不要把扬声器布置在话筒后面，更不能正对着话筒，否则容易产生"声反馈"。扩音系统使用中一定要避免出现声反馈，以免产生啸叫或过载损坏功放和扬声器。

（5）功放的各输入信号源不能插错。话筒插口要求的输入信号约为 3 mV～5 mV，而拾音器插口要求输入信号达 100 mV 以上。如果错把话筒插入拾音器插口，功放会由于输入信号太弱而使音量很小；而如果错把拾音器插入话筒插口，则会由于输入信号太强产生削波失真或使功放超负荷。这两种情况都是要避免的。

（6）功放的放置地点要清洁、无尘、通风、干燥、严禁雨淋。高温环境使用时，要注意散热。

（二）投影仪

投影仪是多媒体教室中计算机、视频展示台、VCD、录像机等设备视频信号的再现设备。多媒体投影仪的产品从技术角度上分为阴极射线管投影仪（Cathode Ray Tube，CRT）、液晶显示投影仪（Liquid Crystal Display，LCD）和数字光路投影仪（Digital Light Processor，DLP）。

CRT 即阴极射线管投影仪，该投影仪显示的图像色彩丰富、还原性好，具有较强的几何失真调整能力；缺点是亮度很低，操作复杂，体积庞大，对安装环境要求较高，并且价格昂贵，目前已经基本退出市场。

LCD 即液晶投影仪，是目前投影仪市场上的主要产品。液晶是介于液体和固体之间的物质，本身不发光，工作性质受温度影响很大，其工作温度为 －55℃～＋77℃。LCD 投影仪色彩还原较好，分辨率可达 SXGA 标准，体积小，质量轻，操作、携带极其方便，并且价格比较低廉，因此成为投影仪市场上的主要产品。图 2-3-4 是 LCD 投影仪的实例。

图 2-3-4　LCD 投影仪　　　　图 2-3-5　DLP 投影仪

DLP 即数码光路处理器技术。DLP 投影仪的技术是一种反射式投影技术，其特点是图像灰度等级提高，成像器件的光效率大大提高，对比度非常出色，色彩锐利。DLP

投影仪的优点还有体积小巧,可以胜任长时间连续工作,对散热的要求不高,画面对比度高(可达 5000：1)。图 2-3-5是 DLP 投影仪的实例。

一般说来,在选用投影仪时应注意以下几个方面:

(1) 输入信号源。一般的多媒体教室使用的投影仪输入源应有 Video、S-Video、Audio 及 1~2 个计算机(VGA)接口。为了节约资源,做到恰到好处,可量力选择,若要求较低时则可选购分辨率为 800×600 的 SVGA;若要求高一些,则要选择 XGA(1024×768),或选择 SXGA(1920×1080)产品,当显示高分辨率图形信号时,须选择行频在 60 kHz 以上的投影仪。

(2) 使用方式。投影仪使用方式分为桌式正投、吊顶正投、桌式背投、吊顶背投。正投是投影仪在观众的同一侧;背投是投影仪与观众分别在屏幕两端(需背投幕)。如固定使用,可选择吊顶方式。如果有足够的空间,选择背投方式整体效果最好。

(3) 使用环境。根据使用环境(房间大小、照明情况),确定机器相应指标(如亮度)。一般情况下可以根据教室面积的大小来确定投影仪的亮度。表 2-3-1 为使用环境与适用亮度的配置对应表。

表 2-3-1　投影仪使用环境与适用亮度的配置

投影仪使用环境	投影仪的适用亮度
50 m^2 以下的小会议室	1000~1200ANSI 流明
50 m^2~300 m^2 的中型会议室	1200~3000ANSI 流明
300 m^2 以上的大型会议室	3000ANSI 流明以上

在投影仪的安装中必须注意以下几点:

一是投影仪与屏幕之间的距离根据屏幕大小来确定。屏幕吊装的高度及与第一排座位的距离应根据人机工程学原理进行计算,避免学生过分仰视屏幕,而应使屏幕轻松落入学生的视野内,让学生以较舒适的姿势观看屏幕和抄写笔记,减少学生的视觉疲劳,提高学习效果和效率。

二是墙面悬挂的屏幕上边沿应与吊装投影仪镜头在同一水平线。

三是投影仪镜头中心点与投影屏幕中心点在同一垂直线上。

四是选择尺寸合适的安装吊架。

五是安装固定用的螺丝、螺栓拧紧到位。

六是调整安装后投影出的梯形画面。

(三) 数字视频展示台

目前实物展示台已渐渐取代了传统的胶片投影仪和幻灯机的大部分功能。视频展示台不但能将胶片上的内容投到屏幕上,而且可以将各种实物,甚至包括可活动的图像投到屏幕上。但是视频展示台只是一种图像采集设备,最终将图像展示出来,还需通过外部设备的参与,例如电视机或投影仪。图2-3-6为视频展示台。

图2-3-6 视频展示台

视频展示台的主要技术指标是CCD(电荷耦合器件)分辨率,目前主流视频展示台的CCD分辨率为150万像素,750线左右,像素越高清晰度越高。

(四)中央控制系统

整个多媒体教室中的全部媒体设备都由中央控制系统集中管理控制。该系统采用单片机多机通信技术和系统集成技术,将被控设备的各种操作功能按照用户实际操作要求进行组合处理,然后将其具体对每一媒体或设备的操作过程集成一体。目前许多多媒体教室已经采用了"一键开/关机"功能的集中控制系统来管理多媒体教室的设备,操作十分简便。图2-3-7为多媒体中央控制器面板示意图。

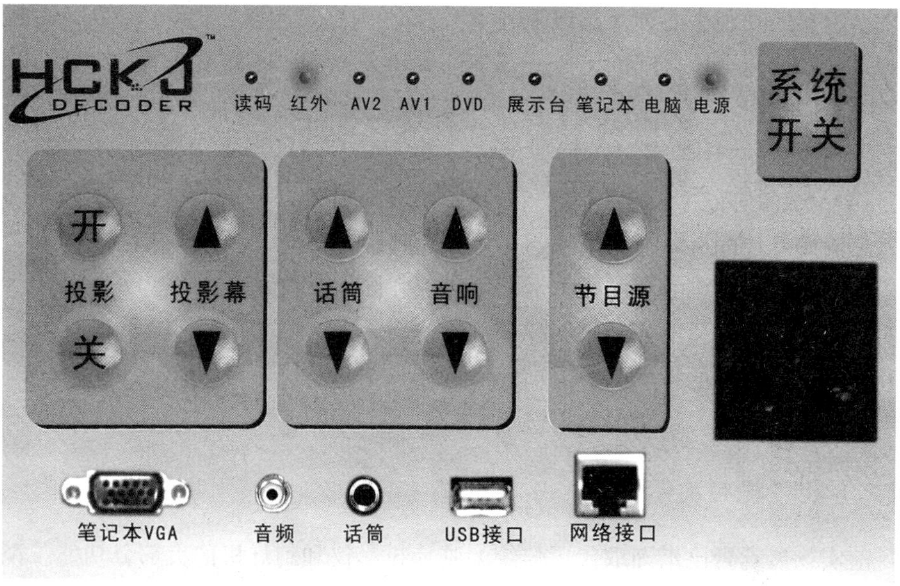

图2-3-7 多媒体设备中央控制器面板

(五) 交互式一体机系统

1. 交互式一体机

交互式一体机以高清液晶屏为显示和操作平台,具备书写、批注、绘画、同步交互、多媒体娱乐、网络会议整合等功能,融合高清显示、人机交互、多媒体信息处理和网络传输等多项技术。

交互式一体机作为一种新型多媒体互动终端,是融合了高清电视、平板电脑、交互式电子白板、投影仪、音响、功放等设备功能于一体的高科技产品,为幼儿园教育教学带来了诸多便利性。交互式一体机如图2-3-8所示。

图2-3-8 交互式一体机

交互式一体机除交互功能外,还有实时记录、即时标注和资源管理等功能。这些功能具体通过笔迹书写、图形绘制、文字输入、文件调用、删除、复制及保存图像、强调与遮挡、视频回放、直接打印等操作实现。运行特定的应用程序,配置交互式一体机及高清摄像头,还可实现远程可视网络会议。

2. 交互式一体机系统

交互式一体机系统由交互式一体机和相应的软件组成。伴随着多媒体教学的兴起,幼儿园应用交互式一体机辅助教学的案例越来越多,交互式一体机系统成为沟通传统教学方式与现代化多媒体教学仪器的最佳桥梁。交互式一体机系统最大的特色是既能如传统的黑板一样在其上面自由板书,还能随时显示、处理各种数字化教学内容,随时保存在交互式一体机上的操作,形成教学资源库,便于课后备课、学习和复习,提高教学资源的再利用和优质教学资源的共享。交互式一体机作为教育信息化的基础教学平台,既有效解决了大尺寸显示难题,又实现了最佳书写效果。

交互式一体机充分体现了资源共享的新特性,解决了当今教学设备利用率低或设备不够用的问题,实现电子备课、多媒体授课、板书及屏幕注解、文本输入、手写识别,提供丰富多彩的辅助教学工具,对实物摄像显示、注解或保存,播放多媒体音频和视频课件,收看电视教学等诸多功能。

交互式一体机系统的主要功能如下:

- 鼠标操作:用手指或电子笔在一体机上实现鼠标左、右键功能,单击和双击功能。
- 书写笔:有可更改颜色、笔画粗细、透明度等各种效果的铅笔、钢笔、毛笔、排笔、彩虹笔等功能书写笔工具。
- 板擦:有大小不同的圆形、方形板擦,可实现区域擦除、对象擦除、闭合区间擦除和全部擦除等功能。
- 绘图:各种二维线条、圆形、多边形、任意图形的绘制功能和三维几何图形的构造功能。
- 标注:线段的尺寸标注和扇形线段的角度标注。
- 手写识别:将连续混合输入中英文、标点符号和数字的手写内容识别为文本内容。
- 文字编辑:实现文本、表格、图表的输入、编辑和排版等操作。
- 多媒体编辑:支持各类图片、视音频的插入和插播功能。
- 屏幕录制与播放:自动记录一体机板书的书写过程、对象物件移动的过程等,并可以重现回放出来。
- 文件保存和导出:可以新建、打开、生成各种图片文件、文本文件、网页文件及相关工程文件。
- 资源管理:提供图形库、模板库、资源库等资源管理功能。图形库包括丰富的基本形状、装饰线、装饰框、各学科符号和常用图形;模板库为工程文件的模板资源;资源库包括矢量图库、背景模板、视音频课件等各种资源,可覆盖各个学科。

交互式一体机营造出一种新型的交互式教学演示环境,更好地实现师生互动和人机互动,将现代信息技术有效地、充分地融合于各领域的教学过程,极大地提高了教学的互动性、灵活性和趣味性,为学生提供前所未有的课堂互动参与。

二、 多媒体教室的主要功能

在多媒体教室里,教师可以通过操作计算机和数字视频展示台等设备选择运用文本、图形、图像、声音等媒体进行教学,也可以运用板书、教材、图表、图片等常规教学媒体进行教学,整个教学过程都可以显示在大屏幕上,摆脱了黑板加粉笔的传统教学模式。教师利用多媒体教室可以进行的教学活动一般有:

(1)利用计算机调用多媒体课件。

（2）播放 VCD、DVD、录像带等音像教学内容。

（3）利用校园网或 Internet 网络，调出自己需要的教学资料。

（4）利用数字视频展示台、交互式一体机，将书稿、教材、图表、图片、实物及教师即时书写的文字、图画投影到屏幕或白板上。

（5）利用幻灯片、投影片等常规媒体进行教学。

实践活动

活动一　多媒体教室的使用

活动目标：

1. 掌握液晶投影仪的使用方法。

2. 掌握视频展示台的使用方法。

3. 了解多媒体教学系统的基本构成及其功能。

4. 了解多媒体计算机组合教学系统设备的基本配置和连接方法。

5. 学会多媒体教学系统的正确使用及简单维护。

活动准备：

1. 完成多媒体投影仪与计算机、视频展示台、VCD 等设备之间的连接。

2. 正确操作视频展示台，完成开机、关机、调焦、信号切换，以及调整画面大小、颜色、灯光、显示模式等基本操作；将透明胶片、负片及书本等材料正常投影出来。

3. 正确操作投影仪，完成开机、关机、调焦、选择信号源、调整画面大小与显示模式等基本操作。

4. 会使用控制面板将电脑、影碟机及视频展示台三路信号切换，分别投影到屏幕上。

活动过程：

1. 开柜，接通电源。

2. 打开视频展示台、功放、计算机等相关设备，按"屏幕降"按钮降下电动屏幕。

3. 打开投影机。可用控制面板上标注的"投影开"按钮开启，也可使用遥控器控制投影机的各种功能。

4. 使用笔记本电脑，将 VGA 线与笔记本电脑输出接口接好，按控制面板上的"笔记本"进行投影输入信号的切换，音频信号会一并切换过来。

5. 多媒体设备播放。按控制面板上的"展示台""影碟机"等按钮进行信号切换。在计算机软件控制下操作，单击计算机上的控制软件图标，打开控制系统窗口，用鼠标激活信号源或播放器的图标，然后用鼠标控制播放媒体的各种操作功能，如停止、播放等，单击信号源或播放器的图标可进行媒体间的切换。如需退出控制系统返回 Windows 系统，可单击"退出"按钮。

6. 关机。按控制面板的电源开关"电源关"，指示灯会持续闪烁，机器将进入自动关机状态,中央控制器会自动升起电动屏幕,自动关掉投影机的灯光电源,并使风扇电机延时工作3分钟以冷却灯泡。

7. 按正常关机程序关闭计算机及其他多媒体设备。

8. 控制面板上的电源指示灯熄灭后,关闭总电源开关。

注意:

1. 授课过程中,投影机不要频繁开关,可通过投影机的黑屏功能进行投影控制。

2. 使用结束,一定要等投影机灯泡冷却完毕才能切断总电源。

活动二　交互式一体机系统的使用

活动目标:

1. 了解交互式一体机系统组成。

2. 掌握交互式一体机系统的基本操作方法,体会其功能。

3. 掌握交互式一体机主要功能的使用:① 书写;② 批注;③ 交互;④ 触摸;⑤ 手势识别——单指和多指模式、双击、鼠标左键和右键。

活动准备:

1. 启动驱动。可设置为开启时启动驱动,此步骤正常情况下可忽略。

2. 打开白板软件,进行教学课件开发及教学演示。

不同的产品,其工作原理不同,其功能及软件的使用也有差别,使用者必须提前熟悉产品的操作与使用方法,特别是教学中的信息呈现与控制方法,才能发挥一体机的最大教学作用。

活动过程:

1. 交互式一体机的基本操作。

(1) 启动白板应用程序,设置系统参数,校验设备。

(2) 熟悉 HiteBoard 工具栏,如图 2-3-9 所示。

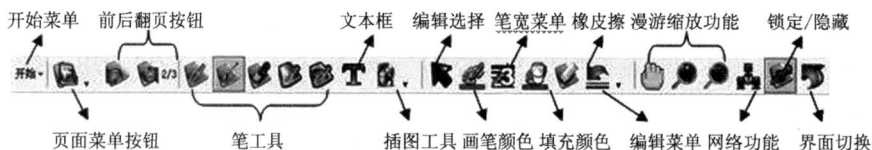

图 2-3-9 HiteBoard 工具栏

2. 用书写笔或者手指尝试在交互式一体机上直接进行书写、绘图等操作:新建黑板页、白板页、蓝板页、教学页等页面,尝试在不同的页面上书写、翻页并比较其差别。

3. 新建一个空白页,尝试插入一张图片,拖曳到不同的位置,改变大小,为图片注明图片名称。

4. 在交互式一体机前,切换到"桌面工具栏状态",打开一个 PowerPoint 教学课件并播放,尝试对播放的 PowerPoint 课件进行翻页和批注。

下面列举了多媒体教室的一些常见故障及可能的原因,管理员除认真学习各设备的使用说明书外,还要注意积累经验,培养快速找出故障的能力,见表2-3-2。

表2-3-2 多媒体教室常见故障及其排除方法

现　象		原　因	排除方法
投影仪	投影机不工作	断电或电源接触不良	重新接通电源后再开机
		投影仪散热不良	清洗空气过滤器
		投影灯泡坏了	更换灯泡
	屏幕不显示图像	投影仪镜头盖未取下	取下投影仪镜头盖
		投影仪不支持计算机显示	重新设置计算机显示模式,降低分辨率
		笔记本电脑VGA信号没有输出	调整笔记本电脑的VGA输出功能
视频展台	屏幕不显示图像	视频展台的镜头未取下	取下视频展台的镜头盖
		中控器切换不正确	按正确步骤操作中控器
	显示图像严重失真	视频展台未调整好或灯光不足	调整视频展台,开启灯光
摄像机、DVD等	无法录制视频	摄像头没有工作;视频连接线故障或松动,相应软件没有成功开启	先检查软件运行情况,再检查摄像头和相关连接
	工作正常但无画面	中控器切换不正确	按正确步骤操作中控器
	录制的噪音太大	麦克风音量太大;话筒离音箱太近	降低音量;远离音箱
	无声音	功放输入通道不正确	检查功放的输入选择开关

第四讲　网络教室与视频会议系统

基础知识

　　计算机网络教室是在普通计算机机房的基础上，利用联网的计算机实现教学以及辅助管理的教学功能。计算机网络教室，可以将单调、乏味的课堂知识运用声音、图像、影视、动画等多媒体技术形象地展现出来，并通过计算机网络技术的运用，使得真正基于交流、讨论的这种全新的教学方法成为可能，极大地增强了学生的教学参与意识，进一步提高教学质量。

　　计算机网络教室的功能一般包含以下方面：

　　1. 屏幕广播

　　实时传送教师或某个学生的电脑画面到某组或全体学生的电脑屏幕上，教师可以用这个功能进行多媒体课件的教学，演示软件的操作，还可以让某个学生进行示范。

　　2. 远程遥控

　　让教师或某个学生对其他学生的电脑进行操作，如同操作自己的电脑一样，教师可以用这个功能对学生进行单独的交互式辅导教学。

　　3. 屏幕监视

　　让教师或某个学生对某组或全体学生的电脑画面进行实时观看，教师可以不离开座位就了解学生的学习情况，实现对整个网络上学生机的监控与管理。

　　4. 双向对讲

　　指定某两个学生或者教师与某个学生之间进行语音交流。

　　5. 多人会话

　　指定多个学生(可包括教师)之间进行语音交流。

　　6. 网络复读

　　利用现有音频、视频文件作为教材，对学生进行网络复读、跟读训练。

　　7. 影音广播

　　让教师或某个学生对某组或全体学生进行影音文件广播。

　　8. 屏幕录像与回放

　　录制上课内容，以便制作课件或教材，并可将录制的画面进行网络回放。

9. 网上聊天

指定多个学生(可包括教师)进行文字交流。

10. 电子画板

把电脑屏幕作为黑板,在上面写写画画,一般与屏幕广播同时使用。

11. 执行命令

让多个学生的电脑同时运行某个程序。

12. 发布与收取文件

教师发送文件到学生的电脑中,也可以把学生电脑中的文件传输到教师的电脑中。

13. 班组管理

可以对班级、小组、学生进行管理,可以安排学生的座位,可以进行分组管理和教学演示等。

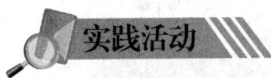

实践活动

活动一　网络教室的使用(以极域电子教室为例)

活动目标:

通过对极域电子教室软件教师端的使用,了解一般计算机网络教室软件的功能;熟悉教师端的一般操作;掌握在教学中使用相应计算机网络教室软件的技能。

活动准备:

1. 教师机配置要求

推荐配置:CPU Celeron 400 以上,或其他同等级 CPU,例如 AMD Duron 400;内存 64M 以上;显卡 2M 显存以上;声卡全双工并带输出回录功能(能录制自身播放的 WAV 文件)。如操作系统用 Windows 10,CPU 建议在 Celeron Ⅱ 500 以上,内存 128M。

2. 学生机配置要求

推荐配置:CPU MMX 166 以上,内存 32M 以上,显卡 2M 显存以上,声卡全双工。网络:10/100 兆共享或交换网络均可。

注意:

其一,正式版极域电子教室 V4.1 还需加密狗一只,插入教师机并口处。在 Windows NT 4.0 环境下进行 VCD 广播时,所需显卡配置相对较高。

其二,对于网络影院的 DVD 广播,显卡要支持硬件覆盖层,显存至少要在 8 兆以上,显卡的显存越高,接收效果就越好;对于三维设计软件的广播,机器的配置越高,其广播效果越好。

活动过程：

1. 教师机登录

运行桌面教师机程序 [图标] 后会出现登录对话框，它要求您输入登录密码与频道号，默认登录密码为空，默认频道号为教师机在系统设置中的频道号或上次登录的频道号，单击"确定"按钮，就可以进入教师机的操作平台。

教师机操作平台主界面如图2-4-1所示：

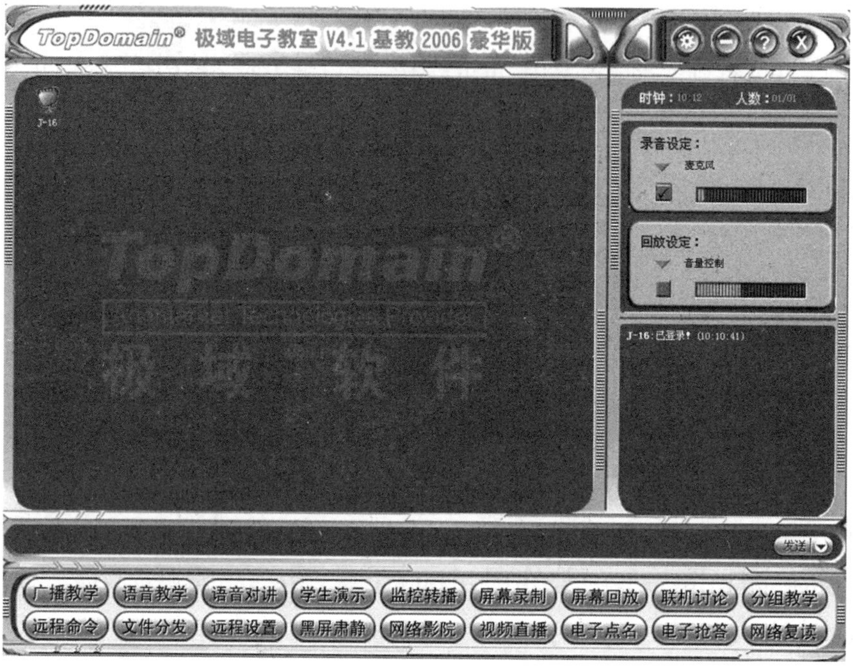

图2-4-1 教师机操作平台主界面

2. 广播教学

广播教学功能可以将教师机屏幕传送至学生机。在班级模型显示区中选择学生，单击图形按钮区的  广播教学 按钮，可开始广播教学。若广播教学中学生机接收出现异常（如屏幕显示出现缺失），可按组合键 Shift＋F5 来刷新学生机屏幕显示的内容。

（1）学生发言。广播教学过程中，在班级模型显示区选中一个已登录的学生机图标，单击右键弹出菜单。在此右键弹出菜单上单击"开始发言"，可以让被选中的学生进行发言，此时所有接收者在接收到教师广播教学的同时接收该学生发言。

如需动态切换发言学生，对其他已登录学生进行上述操作，先前发言学生自动停止发言。如需停止学生发言，可在弹出菜单中选择"停止发言"即可。

（2）广播的开始接收与停止接收。广播教学过程中，可以随意控制任意学生机停止或开始接收广播。在正在接收广播的学生机上单击右键。在弹出菜单上选择"停止接收广播",可以让学生停止接收广播。

在班级模型区选中被停止接收广播的学生机,单击右键,弹出菜单。在弹出菜单上选择"开始接收广播",该学生机重新开始接收广播。

3. 弹出式工具条

启动教师机程序后,教师机主接口被最小化时,将鼠标移动到屏幕顶部右半边(黑线处)时,会出现弹出式工具条,如图2－4－2所示。

图2－4－2　弹出式工具条

单击"窗口"按钮可重新显示教师机主接口(教师机主接口出现后,此工具条将不会弹出)。单击"设置"按钮会弹出系统设置对话框。单击"复位"按钮可以结束当前教师机已执行的操作。单击"锁定"按钮可锁定此工具条,使工具条一直显示在屏幕上。

可以利用此工具条方便地进行功能操作,例如在屏幕广播时如需调用电子教鞭,只要将鼠标移动到屏幕顶部右半边(黑线处)使工具条弹出,单击"教鞭"按钮即可调出电子教鞭。

4. 学生演示

利用学生演示功能,教师可以将某一学生的操作演示给其他所选定的学生。在演示过程中,教师可以遥控此机器并将遥控过程演示给其他学生。

(1)学生演示。在班级模型显示区选定演示操作的一台学生机,单击图形按钮区的"学生演示"按钮,此学生机的屏幕将广播给其他学生机。如监视过程中监视窗口出现异常(如屏幕显示出现缺失),可按组合键"Shift＋F5"来刷新屏幕显示的内容。

某台学生机演示时,教师在其他学生机上单击右键,在弹出菜单中选择"开始学生演示"来动态切换为此学生机进行演示。

某台学生机演示时,教师在其他学生机上单击右键,在弹出菜单中选择"停止接收学生演示"来使学生机停止接收学生演示。

在未接收演示的学生机上单击右键,在弹出菜单中选择"开始接收学生演示"来使学生机开始接收学生演示。

在正在进行演示的学生机上单击右键选择"停止学生演示"来停止该学生机的演示。

(2)学生演示时的监控转播。学生演示过程中,教师可以在学生演示窗口中单击右键弹出操作菜单。在此菜单上可以选择"遥控辅导"接管学生机操作,选择"关闭窗口"可停止学生机演示。

5. 文件分发

文件分发允许教师将教师机的目录或文件指定发送至所选学生机的某目录下,若该目录不存在则自动新建此目录;若盘符不存在或路径非法则不允许分发;若文件已存在则自动覆盖原始文件。

分发文件前请确认学生机磁盘空间足够,磁盘空间不足的学生机将无法接收分发文件。单击图形按钮区的"文件分发"按钮,弹出如图 2-4-3 所示的对话框。

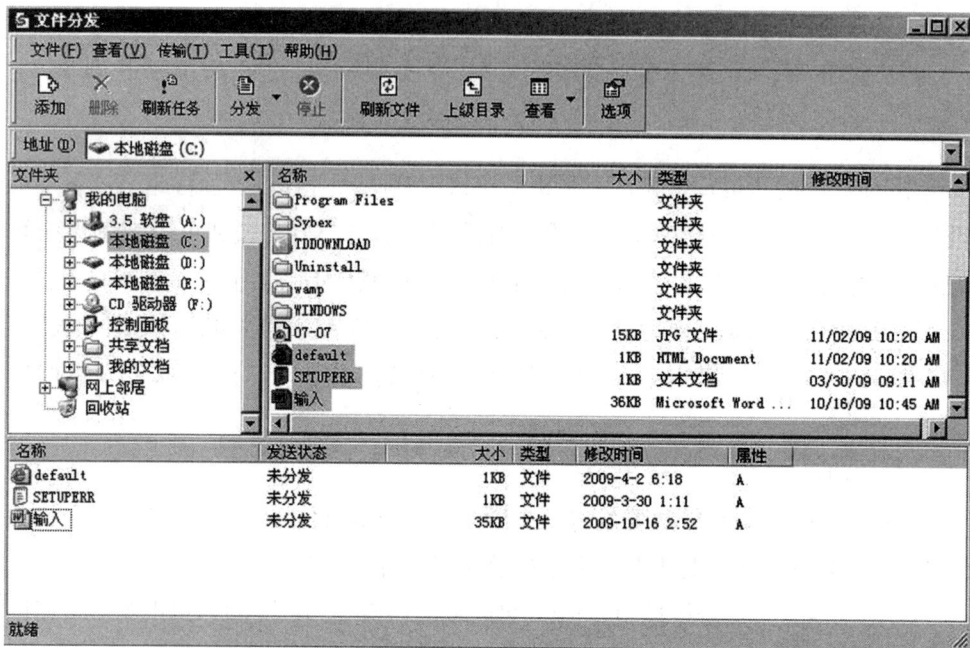

图 2-4-3 文件分发

在活页夹与文件目录栏中选定需要分发的文件,将其拖拽至下面的发送区,此时这些文件状态为未分发,在系统菜单上选择"传输"下拉菜单,选择"分发到…"。在弹出的对话框中输入学生机目录后单击"发送"按钮发送文件。

选择"分发",将所选文件发送到上次发送目录(默认);选择"分发到",将所选文件发送到自定义目录;选择"到宏目录",将所选文件发送到宏目录;选择"删除",对任务列表中的文件进行删除;选择"清除已分发文件",清除文件列表中的已分发文件。

6. 远程关机

教师机可以控制学生机的关机,此功能可以避免重复性劳动。

在班级模型显示区选择对应的学生机,在图形按钮区单击"远程命令"按钮,选择"远程关机"会出现如图 2-4-4 所示的确认框。

选中"强行关闭所有程序"前的复选框,不会等待学生机退出当前运行程序而立即关闭计算机。

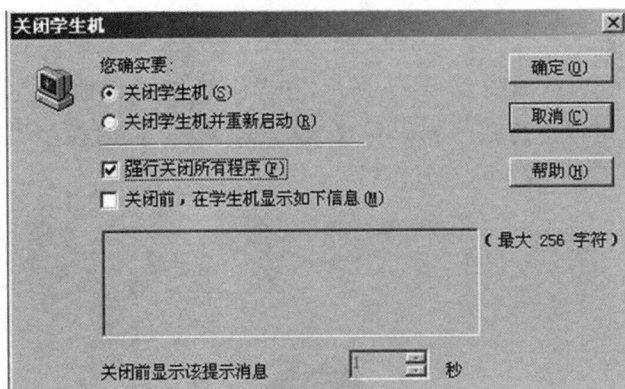

图 2-4-4 远程关机

活动二 视频会议(以腾讯会议为例)[①]

家长会是幼儿园每学期都要开的例会,目的是让家长了解幼儿在园生活、学习的情况。然而,许多家长因工作等原因无法参加,特别是那些"留守儿童"的父母更是如此。因此,针对这一情况,教师可以尝试使用腾讯会议召开家长会,与家长们在线交流。这种形式还打消了家长们的担心与顾虑,让家长们能够畅所欲言地提出自己的意见。

活动目标:

1. 通过对腾讯会议的使用,了解一般视频会议软件的功能。

2. 熟悉其教师端的一般操作。

3. 掌握在教学中使用相应视频会议软件的技能。

配置要求:

1. 电脑端

· 下载并安装腾讯会议桌面端(Windows 或 macOS);

· Windows 7 及以上;

· macOS 10.11 及以上;

· 双核 2 GHz 或更高配置 CPU;

· 4 GB 或更高配置内存。

2. 手机端

· 下载腾讯会议移动端(iOS 或 Android);

· Android 4.4 及以上;

· iOS 10 及以上。

---

① 参考:https://meeting.tencent.com/support-doc-detail/44/

活动过程：

1. 注册和登录

教师打开腾讯会议，如图2-4-5所示，在界面中点击"注册/登录"按钮，可以进行"新用户注册"，也可以进行账号密码登录、验证码登录。同时在主界面中也可以进行"微信登录""SSO登录"或"企业微信登录"。

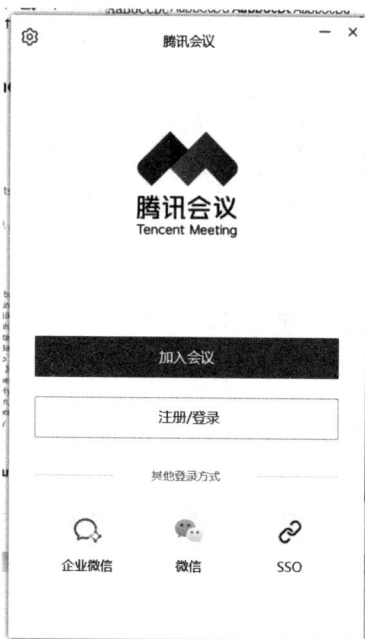

图2-4-5 腾讯会议登录界面

2. 进入主页

教师成功登录后，会进入腾讯会议主界面，如图2-4-6所示，在该页面可以进行会议的发起与加入，同时显示个人信息及会议列表。

图2-4-6 视频会议主界面

（1）加入会议：点击"加入会议"，输入会议号和昵称即可进入该会议；

（2）快速会议：又称即时会议，代表可以立即发起一个会议；

（3）预定会议：指填写相关信息后预定一个未来的偏向正式的会议；

（4）历史会议：历史会议会沉淀历史的会议产生的相关内容；

（5）会议列表：展示待开始和即将开始的会议，包含预定或收藏的会议和邀请参加的会议（仅展示预定会议，快速会议不会展示在会议列表中）；

（6）头像：点击头像即可打开个人资料页，在个人资料页可以修改会前设置项、个人资料和密码，查看我的录制（用户的云录制文件）、我的笔记（用户在会议中记录的重要信息），切换账号等。

3. 发起会议

（1）快速会议

快速会议又称即时会议，教师可以立即发起一个会议，如图 2-4-7 所示。

快速会议不会在会议列表展示，当离开会议后，不能在会议列表找到这个会议，但可以在会议开始一个小时内通过输入会议号加入会议的方式再次回到这个会议，当会议持续一小时后，若会议中无人，系统则会主动结束该会议。

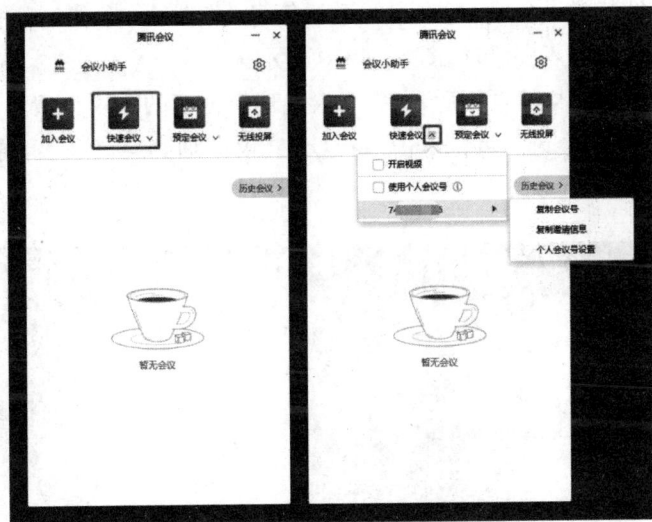

图 2-4-7 快速会议

（2）预定会议

预定会议是指通过填写预定信息后发起的一个偏向正式的会议。点击"预定会议"按钮，然后填写详细的会议内容，包括：会议主题、会议召开时间、会议密码与地点，上传会议文档和设置成员上传文档权限；同时可选择对成员加入会议时是否自动静音，是否开启屏幕共享水印，以及是否开启会议直播（通过网页将视频会议实时转播给获取链接的用户）进行设置；点击预定完成，如图 2-4-8 所示。所有的预定会议都可以保留 30 天（以预定开始时间为起点），可以在 30 天内，随时进入这个会议。

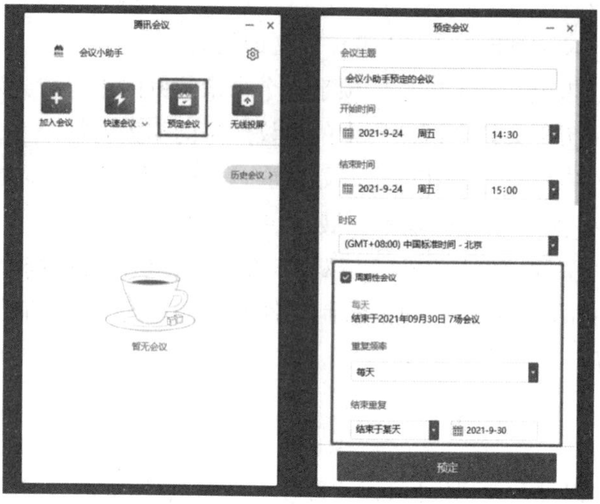

图 2-4-8　预定会议

4. 加入会议

（1）链接入会

如果本地已安装腾讯会议，当收到的邀请信息为链接形式，则可以点击邀请链接，验证身份后即可直接进入会议，如图 2-4-9 所示。

点击链接进入会议详情页面后，如果会议创建者创建的会议类型为预定会议，则下方会显示"添加到我的会议"，可以点击，将这个会议添加到会议列表，防止后续入会时忘记会议号，如图 2-4-9 所示。

图 2-4-9　链接入会

（2）会议号入会

在主面板选择"加入会议"，输入会议号，以及会议中显示的名字（默认使用用户个人资料页的昵称），并勾选相应的入会前设置项，点击"加入会议"即可成功入会，如图 2-4-10 所示。

图 2-4-10 会议号入会

5. 结束与离开会议

(1) 当身份为主持人

当身份为主持人时,点击结束会议按钮,点击以后可以选择"离开会议"或"结束会议",如图 2-4-11 所示。离开会议是指离开该会议,系统会随机指定一名成员获取主持人身份;结束会议是指将会议中的其他成员全部移出。

在 30 天内都可以随时回到该会议,若想删除这个会议,30 天内不再允许进入,可以在腾讯会议主界面"会议列表"处双击这个会议,然后选择删除会议(当会议中有人的时候无法结束会议,必须先点击结束会议,将所有人移出)。

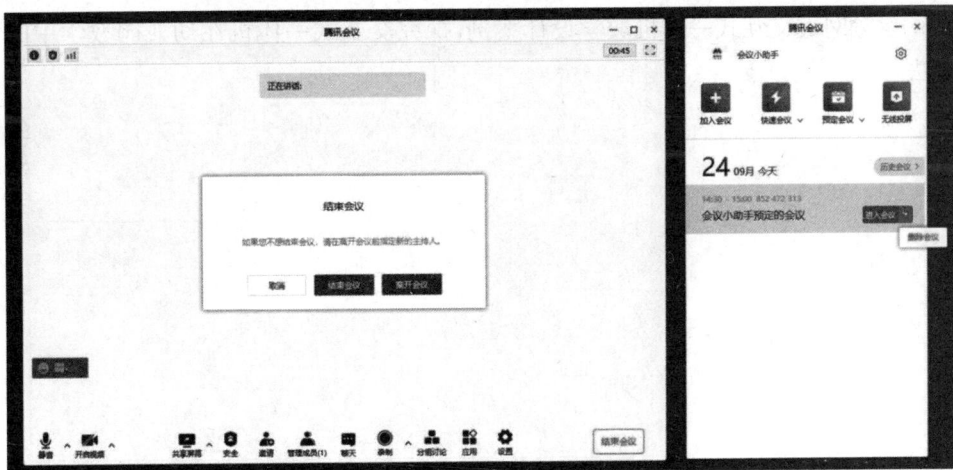

图 2-4-11 结束会议

(2) 当身份为成员

当身份为成员时,点击离开会议按钮即可离开会议,在 30 天内都可以随时回到该会议(会议被删除则无法再进入),如图 2-4-12 所示。

图 2-4-12　离开会议

探究与思考

　　1.查看你校多媒体教室内的多媒体设备的配置与连接情况,并进行实践操作,注意操作的规范性。

　　2.试比较在计算机网络教室与多媒体教室中学习有何不同。如何更好地适应不同环境的学习?

　　3.参考网上交互式一体机教学设计案例,探究交互式一体机在幼儿园教学中的演示方法。

第三章
多媒体素材的采集与处理

微信扫码

本章配套资源

学习目标

1. 了解多媒体素材的概念、分类、选择原则和规律。

2. 知道文本素材的五种获取方法。

3. 会用手机扫描软件获取大量文本，并能对获取的文本进行修改编辑。

4. 了解图形与图像的主要区别和图片格式，知道图片素材的获取方法。

5. 学会用 Photoshop 和 Snapseed 修饰和制作图片素材。

6. 了解常见声音文件的格式，掌握制作声音文件的一般流程。

7. 掌握用 Adobe Audition 录制声音和编辑声音的基本方法，能熟练地对声音文件进行剪辑与合成。

8. 了解视频文件的格式，掌握视频格式的转换方法。

9. 掌握视频的采集方法和编辑方法，能用 Video Studio 对视频进行编辑与处理。

思维导图

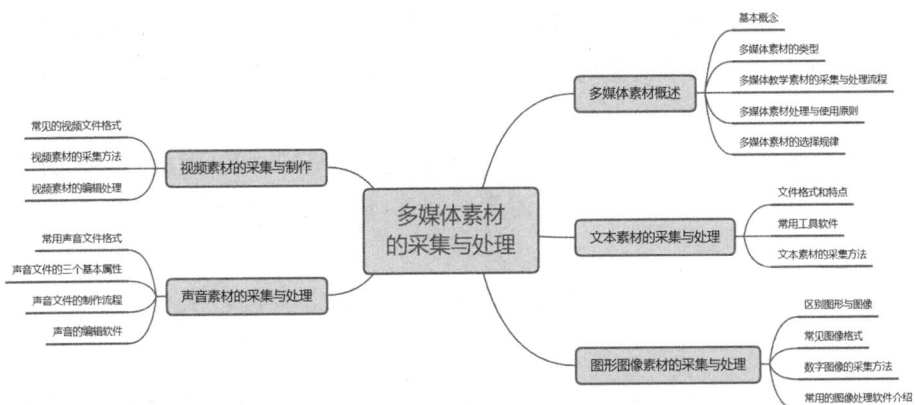

第一讲　多媒体素材概述

基础知识

　　丰富的素材能使多媒体课件在辅助教学时起到意想不到的效果,大大调动学习的积极性,让学生身心上有更形象生动的体验,更好地开展情境教学、体验教学。因此,在信息化教学过程中创作、整理和采集多媒体素材非常重要。

　　利用多媒体计算机进行图形、图像、声音及视频动画等数字信息的创作和处理不仅是一门技术,也是一门艺术,它综合多学科知识与专业素养,不仅需要多媒体处理技能,也要求制作者具有美术、音乐等方面的素养。

一、 基本概念

　　多媒体技术:多媒体计算机技术是指用计算机综合处理多种媒体信息的技术。这里的多种媒体包括文字、符号、语言、声音、图形、图像、动画及视频影像等,综合处理信息的技术包括利用计算机技术获取、处理、存储、表示多种媒体信息的技术,使多种信息建立逻辑连接,集成为一个完整的系统。

　　多媒体素材:数字化多媒体教学软件中用到的大量的文字、声音、图形图像、动画、视频等多种数据,这些数据被称为多媒体素材。

二、 多媒体素材的类型

　　1. 文本

　　文本主要指在计算机屏幕上呈现的文字内容,一般用于传递教学信息内容。文本的抽象层次比较高,需要学习者有较强的阅读理解能力。当然,计算机屏幕上呈现的文本不同于印刷文本,学习者阅读时必须适应计算机的环境条件,否则其阅读效果可能不如印刷文本。

　　在多媒体教学软件中,学习者可以自主控制文本的呈现时间,因此阅读时的灵活性比较大。超文本链接技术更加方便学习者的阅读,从而显示出在计算机环境下阅读文本的优越性。

　　文本的呈现受文字的大小、颜色、字体、样式、位置等因素的影响。

　　2. 图形与图像

　　图形(Graphics):图形又称矢量图,在多媒体教学软件的各种媒体中,图形比较特殊。因为它是一种抽象化的图形,一般是用计算机绘制的画面,如直线、圆、圆弧、矩形、任意曲线和图表等。其承载的信息量比较少。由于它具有数据量小、不易失真等特点,因此在多媒体软件中应用得比较多。矢量图一般通过图形软件的矢量功能创建,常见的矢量图片处理软件有 CoreDraw、Flash、Freehand 等。

图像(Image 或 Picture):静态图像又称位图,在多媒体教学软件中应用最多,从界面、背景到各种插图,基本上都选择位图。位图的色彩比较丰富,层次感强,可以真实地重现生活环境(如照片),因此其承载的信息量比较大。加工处理位图的常用软件有 PhotoImpact、Photoshop、Painter、Firework 等。

静态图像非常逼真、生动、形象,可以提供较高质量的感知材料。其显示的内容、时间长短都可由学习者控制,非常适合学生学习使用。

3. 声音

声音包括音乐和音效,音乐的创作需要特殊的技能和设备,音效是指各种自然的声音。在多媒体教学中,声音素材一般分为三类:背景音乐(MIDI)、效果音(WAV)、录音素材(WAV)。

标准的解说、动听的音乐有利于集中学生学习的注意力、陶冶学生的情操、激发学生学习的潜力。

4. 动画

动画是对事物运动、变化过程的模拟。一般来讲,动画的制作需要借助专门的工具软件,有二维的,也有三维的。在这类工具软件中,制作者需要借助对事物变化运动、变化过程分析的结果,构建事物运动的环境与类型。这种制作动画的过程,忽略了事物运动、变化过程中的次要因素,突出强化了其本质要素。因此,动画有利于描述事物运动、变化过程。此外,经过创造设计的动画更加生动、有趣,有利于激发学习者学习的兴趣和积极性。

5. 视频

同动画媒体相比,视频是对现实世界的真实记录。借助计算机对多媒体的控制能力,可以实现视频的播放、暂停,快速播放、反序播放、单帧播放等功能。视频具有表现事物细节的能力,适宜呈现一些对学习者感觉比较陌生的事物。它的信息量比较大,具有更强的感染力。通常情况下,视频采用声像复合格式,即在呈现事物图像的时候,同时伴有解说效果或背景音乐。当然,视频在呈现丰富色彩的画面的同时,也可能传递大量的无关信息,如果不加鉴别,便会成为学生学习的干扰因素。

三、 多媒体教学素材的采集与处理流程

在多媒体教学中,首先要根据教学需要进行整体规划,然后收集素材,不同类型的素材采用不同的收集方法,然后分别进行加工处理,将原始素材加工处理为教学所需要的素材,最后将素材装配集成,如图 3-1-1 所示。

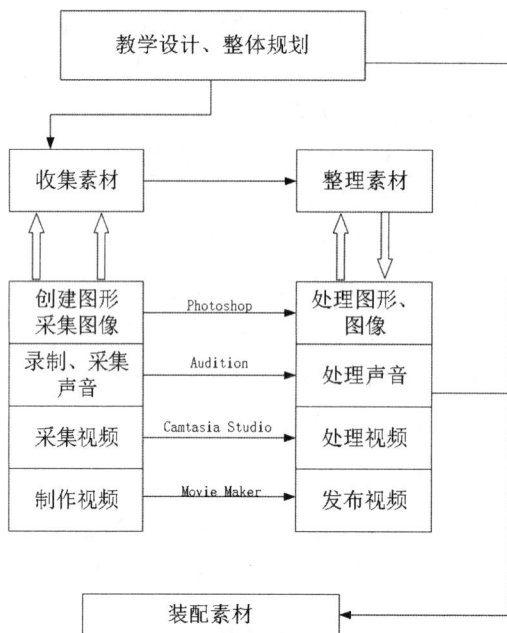

图 3-1-1 多媒体教学素材的采集与处理流程图

四、 多媒体素材处理与使用原则

在对多媒体课件中的各种素材处理和使用时,我们应遵循以下原则:

(1)科学性原则。素材呈现的信息要具有科学性,同时符合知识的内在逻辑体系和学生的认知结构。

(2)创新能力培养原则。多媒体素材的使用不是要使学生处于被动接受知识的状态,而是培养学生的创新能力和信息文化素养。

(3)教学设计原则。处理和使用多媒体素材要重视教学设计,既要分析学习者特征、学习目标和教学内容结构,又要选择符合学生认知心理的知识表现形式,使其设计能够有力地促进主动建构知识意义的多媒体素材。

(4)交互性原则。多媒体素材表现的知识应该是可操作的,而不是教材的电子式搬家。

(5)系统性原则。整体和谐统一,注意与其他媒体的综合使用,注意多种媒体的混合与集成。

(6)美学原则。色彩的应用可以给课件增加感染力,但运用要适度,以不分散学生的注意力为原则。如色彩搭配要合理,色彩配置要真实,动、静物体颜色要分开,前景、背景颜色要分开,每个画面的颜色不宜过多。

(7)界面直观友好原则。多种素材在同一界面不应该是简单的堆叠,而要使界面美观,符合学生的视觉心理。

(8)兼容性原则。素材存储的文件格式一定要是常用的。例如,图像的存储格式应以"JPG"为主,动画的存储格式应以"SWF"为主,视频的存储格式应以"MPG"为主,声音的存储格式应以"MP3"为主。

五、多媒体素材的选择规律

选择与使用各种媒体类型,应注意如下一些基本规律:

(1)图像显示常常引起心理上的言语和表象,词汇显示能引起心理表象(类似图像)以及心理语言,这样的双重处理过程并不一定必须出现,但当它们出现时是有益于学习的。

(2)视觉对空间上的变化特别敏感,而听觉则对时间上的变化特别敏感。言语可以通过任一种形态感知,既可从阅读印刷文字感知,又可从听取口头讲话来感知,图像一般只能通过视觉接受,这些感觉上的不同影响着教学。

(3)图形一般需要配有一定的言语内容或采用有选择性的简化形式,如用线条画出。图像一般用来重复显示用文字陈述的信息。图像和言语具有互补作用。言语能够限定和解释画面,画面也有助于定义、说明词的含义,并使言语便于识记。

(4)一般来说,学习者有片刻时间接受一个口头语言,却能在相当长的一段时间内接受印刷文字。和口头讲述相比,文字材料和图像更适合于需要较长注意时间的复杂任务的呈现。在需要听觉符号的地方,则需要具备良好的声音质量和收听条件。

(5)学习者一般都喜爱颜色。当显示关键性信息时,颜色就成为一个重要特性。例如当用颜色来突出学科内容时,当有选择地用颜色来引导注意时,当用颜色来区别物品或概念时,颜色就成了至关重要的因素。

实践活动

幼儿园中班要开展一次以"保护牙齿"为主题的活动,你认为老师应该选择什么类型和内容的多媒体素材呢? 说一说原因。

第二讲　文本素材的采集与处理

基础知识

文本指的是字母、数字和符号,文本文件除了换行和回车外,不包括任何格式化信息,它是 ASCII 码文件。在多媒体应用软件中虽然有多种媒体可供使用,但是在有大段的内容需要表达时,文本方式使用最为广泛。尤其是在表达复杂而确切的内容时,人们总是以文字为主,其他方式为辅。另外,与其他媒体相比,文字是最容易处理、占用存储空间最少、最方便利用计算机输入和存储的媒体。文本显示是多媒体教学软件的非常重要的一部分。幼儿园多媒体教学软件中绘本上的文字、儿歌或童谣、生活场景中的文字,标题、菜单、按钮、导航等都离不开文本信息。它是准确有效地传播教学信息的重要媒体元素。因此,屏幕画面上少不了文本。

一、 文件格式和特点

.DOC:DOC 是 Microsoft Word 字处理软件所使用的文件格式。

.TXT:TXT 文本是纯 ASCII 码文本文件,纯文本文件是无格式的,即文件里没有任何有关字体、大小、颜色、位置等格式化信息。Windows 系统的"记事本"就是支持 TXT 文本的编辑和存储工具。所有的文字编辑软件和多媒体集成工具软件均可直接调用 TXT 文本格式文件。

.WPS:WPS 是中文字处理软件的格式,其中包含特有的换行和排版信息,它们被称为格式化文本,只能在特定 WPS 编辑软件中使用。

二、 常用工具软件

Microsoft Word,是基于 Windows 平台的中文文字处理软件,是 MS Office 的一部分。它充分利用了 Windows 良好的图形用户界面,将文字处理和图表处理结合起来,实现了"所见即所得",成为目前最为流行的文字处理软件之一。

WPS Office,是类似 MS Office 的国产办公软件,作为 MS Office 的竞争对手,它有着与其一一对应的功能,一些设计从中国国情和用户特点出发,其最大的特点是提供了丰富的中文公文、合同、书信模板,另外,强大的文本公式编辑功能也是其特点。

三、 文本素材的采集方法

文本素材的获取有直接获取与间接获取两种方式。直接获取是指通过多媒体教学制作工具软件的文字工具或在文字编辑处理软件中用键盘直接输入或复制,一般在文本内容不多的场合下使用该方式。间接获取是指借助扫描仪或麦克风等输入设备采集,然后用文字识别软件进行识别,转化成所需要的文字格式,进而输入文本素材,常用于大量文本的获取。

1. 键盘输入方法

键盘输入方法是文本输入的主要方法。汉字有音、形、义三个要素,根据汉字读音的编码叫音码,根据汉字字形的编码叫形码,兼顾汉字读音和字形的编码叫音形码或形音码。在常用的多媒体教学制作软件中,都带有文字工具,在文本内容不多的情况下,可以直接输入文字,对输入的文字可直接进行编辑处理。

2. 手写输入方法

使用"输入笔"设备,在写字板上书写文字,来完成文本输入,利用手写输入法获取文本的方式,类似于平时我们在纸上写字,但在写字板上书写的文字要经选择。手写输入方法使用的输入笔有两种:一种是与写字板相连的有线笔,另一种是无线笔。写字板也有两种,一种是电阻式,另一种是感应式。

3. 语音输入方法

语音输入方法一般是用语音识别软件,对着麦克风讲话,将语音信号转化为文字。将要输入的文字内容用规范的语音朗读出来,通过麦克风等输入设备送到计算机中,计算机的语音识别系统对语音进行识别,将语音转换为相应的文字,完成文字的输入。语音输入方法目前使用非常普遍,识别率很高。如手机备忘录,或者讯飞输入法等软件中一般都集成了语音输入功能,点击带有话筒图标的按钮即可进行语音输入文字。

4. 扫描仪输入法

将印刷品中的文字以图像的方式扫描到计算机中,再用光学识别器(OCR)软件将图像中的文字识别出来,并转换为文本格式的文件。

目前,随着智能手机的各项功能越来越好,出现了一些扫描仪的替代性 App,如文字识别 App、全能扫描王 App(兼具文字识别功能)。另外,很多智能手机自带图片的文字识别功能,还有一些软件也附加了图片的文字识别功能,如 QQ。所以,在智能手机中,同样可以通过"采集图片＋文字识别"的方式获得文本素材。

5. 从互联网上获取文本

从互联网上可以搜索到许多有用的文本素材,在不侵犯版权的情况下,可以从互联网上获取有用的文字。从互联网的 html 页面上获取部分文本的方法:首先拖动鼠标选取有用的文本,或单击鼠标右键,在弹出的快捷菜单中,选择"全选"命令,将整个页面上的文字全部选中,然后选择"复制"命令,打开文字处理软件(如 Word),选择"开始"/"粘贴"命令,就可以将复制的文字在文字处理软件中进行编辑处理了。如果要获取互联网上其他格式的文本文件(如.pdf,.caj),然后使用部分有用文本,常用的方法:在对应的阅读器中打开文件,选择工具栏上的"文字选择工具"选取文字后,选择"复制"命令,然后在文字处理软件中选择"粘贴"命令。(注意:对有些.pdf,.caj 格式的文件,出于版权的考虑,不允许选取复制)

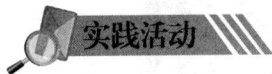

实践活动

使用扫描全能王 App 采集文本素材

扫描全能王软件将智能手机变成随身携带的扫描仪,方便快捷地记录管理各种文档、收据、笔记和白板讨论等,并通过精准的图像裁剪和图像增强演算法,保证扫描的内容清晰可读。该软件能自动切除文档背景,生成高清 PDF、JPEG 或 TXT 文本;还支持邮件发送、连接打印机、发送到微信、存到云端,多设备查看等多种图像处理模式,可手动调节图像参数,用手机即可将纸质文件快速转为清晰的电子稿。

扫描全能王的图片转文本功能能够进行智能 OCR 文字识别,手机拍摄纸质文件,可将图片中的文字识别导出为可以编辑、复制、保存或分享 TXT 文本。

活动目标:

掌握使用扫描全能王对纸质文稿进行文字识别的方法。

活动准备:

1. 智能手机 1 部。

2. 在手机里安装扫描全能王 App。

方法一:在手机的应用商店中搜索"扫描全能王",点击下载安装。

方法二:通过电脑的网页进入扫描全能王官方网站,下载移动版安装包,然后传输到手机中进行安装。

活动过程:

扫描全能王使用方法如下:

1. 点击手机中的扫描全能王软件图标 **CS**,打开软件。

2. 进入后点击下方的相机按钮,对文章进行拍照,也可以从相册里导入,如图 3-2-1 所示。

3. 进入选择页面后,用手拖拉图片边框上的操作圆点,选择自己需要的章段,点击下一步,如图 3-2-2 所示。

图 3-2-1　扫描全能王扫描界面

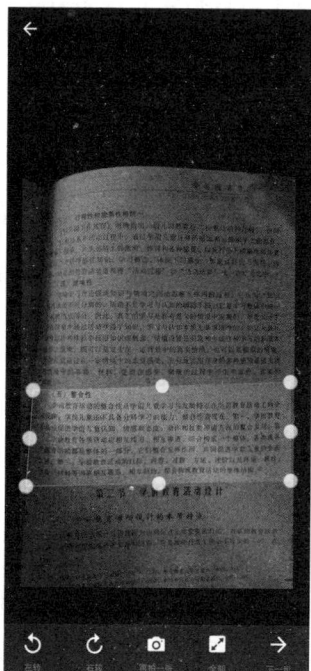

图 3-2-2　选择扫描识别章段

4. 对图片进行修改操作,选择各种模式以及变换操作。微调可以让图片更清晰,识别更加准确。然后点击下面的"识别文字"按钮,对图片内容进行文字识别。如图 3-2-3 所示。

5. 识别成功后,可以对识别后的文字简单修改,然后进行"复制""导出""重新识别"或"翻译"操作,如图 3-2-4 所示。

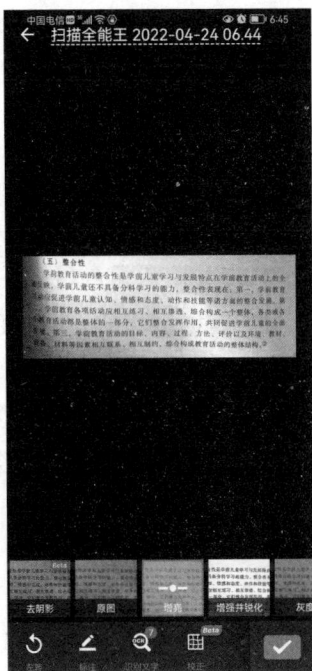

图 3-2-3　选择模式

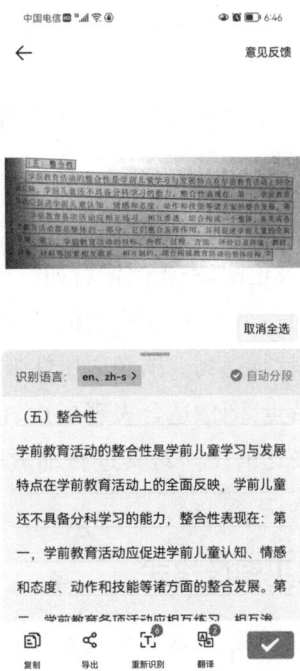

图 3-2-4　文字识别成功

第三讲　图形图像素材的采集与处理

基础知识

图片是数字化教学中应用最多的媒体元素,也是学习者最容易接收的信息形式之一。一幅图片能够生动、直观、形象地表现出大量的信息,可以提供非常有效的感知材料。

一、区别图形与图像

计算机科学中的图形(Graphics)和图像(Image 或 Picture 等)概念是有区别的:图形一般指用计算机绘制的画面,如直线、圆、圆弧、矩形、任意曲线和图表等;图像则指由输入设备捕捉实际场景画面产生的数字图像。

下面将图形与图像的概念及特点进行区别。

1. 图形及其特点

图形,又称矢量图,它是对图像抽象化的结果,以指令集合的形式来描述反映图像最重要的特征。图形一般用数学算法来描述图形的轮廓,是矢量格式,往往具有自身特有的数据格式,通用性不强。在信息化教学中,常用绘图工具来绘制一些数学、物理等教学图形。

图形的特点:图形采用数学方法描述图元,一般它比图像文件占用的字节数小,可以随意拉伸变形。

2. 图像及其特点

图像,又称位图,一幅图像就如一个矩阵,矩阵中的每一个元素(称为一个像素)对应于图像中的一个点,而相应的值对应于该点的灰度(或颜色)等级,当灰度(颜色)等级越多时,图像就越逼真。图像通用性强,常用作采集和印刷。

图像的特点:图像适合表现层次、色彩比较丰富,包含大量细节,具有复杂的颜色、灰度或形状变化的图。对其进行缩放时会引起失真,如放大到一定程度会出现"马赛克"现象。

二、 常见图像格式

(1) BMP 格式。BMP 格式是 Windows 系统使用的一种标准的位图式图像文件格式。压缩率低,占用空间大,图像色彩极其丰富。

(2) JPEG 格式。JPEG 格式是一种高度压缩率位图式图像格式,文件较小。它是目前所有格式中压缩率最高的,由于其压缩技术先进,对图像质量影响不大。因其占用空间小、图像质量较好,成为目前互联网上的主流图片格式。

(3) GIF 格式。GIF 格式是一种最多可以支持 256 色的压缩图像格式。因其占用空间小、传输速度快,主要运用于互联网上。但该格式可表现的色彩较少,不能表现逼真的物象。

(4) PSD 格式。PSD 格式是 Adobe 公司开发的图像处理软件 Photoshop 专用的标准内定格式。Photoshop 也是唯一可以支持所有图像模式、格式的软件,包括位图、灰度、索引颜色、RGB、CMYK、Lab 等,同时还可以存储图层、通道、路径等信息。

(5) TIFF 格式。TIFF 格式最初用于扫描仪和桌面出版业,是工业的标准格式。这种格式有利于原稿的复制,几乎为所有绘画、图像编辑和页面排版应用程序所支持。

(6) PNG 格式。PNG 格式具有 32 位色彩深度,采用无损压缩方式来减少文件的大小。另外,PNG 格式也支持透明图像的制作,可以让图像和背景很好地融合在一起,是多媒体作品中常用的素材格式。与 GIF 格式不同,PNG 图像格式不支持动画。

三、 数字图像的采集方法

1. 从市场销售的图形图像光盘素材库中拷贝或截取

已经出版的各种教学素材光盘,或者纸质图书附带的配套光盘非常普遍,可以从中直接获取图形图像素材资源,或者将它们拷贝到相应的存储设备中以备用。影视光盘中的内容,可以使用影像播放软件(如"迅雷看看")抓取视频影碟上的一帧画面,并保存为图像文件。

2. 通过外部设备获取

报刊和书籍中的图像可用扫描仪扫描下来,保存为相应格式的图像文件。用数码相机可以直接拍摄数码照片成为图像素材,拍摄下来的照片可用相应的连接设备存储到计算机中。

3. 通过互联网下载

互联网上提供了海量的图形图像资源,从相关网站上查找并下载图形图像资源已成为图形图像资源获取的主要途径。例如百度搜索引擎提供的图片搜索功能。

4. 用 PrintScreen 键抓取整屏的画面,抓取的画面暂存入剪贴板中

在 Windows 操作系统上,无论运行的是什么应用软件(甚至没有运行应用软件)都可以采用这种方法来获取当前屏幕图像。具体操作方法:

(1) 按下 PrintScreen 键抓取当前屏幕显示的、任意的全屏图像至剪贴板,或者按下"Alt+PrintScreen"键抓取当前工作窗口至剪贴板。

(2) 单击"开始"/"程序"/"附件"/"画图"(或者运行 Adobe Photoshop)新建一个文件,按下"Ctrl+V"键,将抓取的屏幕图形粘贴到新建的文件中。

如果需要抓取部分屏幕,可以用 HyperSnap 进行抓取。可以实现抓图的软件有很多,常见的还有 Screen Thief 屏幕大盗、PZP、GETCAP 画面狩猎者、AGRAB、GRAB-BER、PCS 和 Snagit 等,这些抓图软件都可以很方便地捕捉图像。

四、 常用的图像处理软件介绍

1. 电脑端图像处理软件

比较常用的、在电脑上安装和运行的图像处理软件有 Adobe Photoshop、美图秀秀等。

(1) Photoshop 是美国 Adobe 公司开发的图像处理软件,由于其悠久的历史、良好的平台兼容性、强大的图像处理功能而受到欢迎,是艺术家、设计人员和数码摄影爱好者重要的助手,在图像处理领域一直保持领先地位。

(2) 美图秀秀是 2008 年由厦门美图科技有限公司研发、推出的一款简单、实用的免费影像处理软件,其独有的图片特效、美容、拼图、场景、边框、饰品等功能,加上每天更新的精选素材,可以快速做出特效照片,还能一键分享。有网页版、电脑版、手机版三种

界面,可以支持网页在线修图、电脑软件修图、手机修图。

2. 手机端图像处理软件

随着智能手机的拍照和照片后期处理的一体化应用越来越普及,手机修图软件的发展越来越快,涌现出很多的手机端图像处理软件。比较常用的有 Snapseed、MIX 等。

(1)Snapseed

非常强大全面的照片编辑工具,可以编辑 RAW 格式,还有曲线调整功能。操作界面比较简洁,启动后只有一个导入窗口,导入图片后下方是各种滤镜处理效果,简单点击即可完成美化。功能被分为基础调整功能与滤镜强化功能。基础调整功能中的修复功能,与 Photoshop 中的“印章”功能类似。基础调整功能中的局部功能,可以单独划分出图片的局部作为调整对象。

(2)MIX

一款简易上手、功能强大的手机图像编辑软件,提供了大量的滤镜及图片处理功能。滤镜是照片处理软件必备的组件,它主要是用来实现图像的各种特殊效果。MIX 包含的滤镜很多,除了内置 13 种艺术滤镜之外,还自带滤镜商店,用户借助滤镜可以快速生成各种特殊效果。MIX 将滤镜作为主打功能,非常适合喜欢滤镜处理的朋友们使用。

(3)VSCO

VSCO 最基本的调整功能都有,在每个功能下加了文字说明,清晰明了。VSCO 内含几款基本滤镜,其他滤镜需要购买。

(4)Adobe Photoshop Express

PS 手机版,一款能够在 Android 手机上运行的 PS 图片编辑软件。用户只需要轻轻触控就可通过自动修复和添加滤镜来装点图片。可以在手机上对照片进行降噪、色温、边角失光等很多专业处理,比如想为照片加点老照片氛围,此时导入照片可以做色温(Temperature)调整,选中内置的 Tint 效果,这样可以实现与现实相反的偏黄效果,偏黄的色调让照片更有沧桑感。适合有一定摄影基础的朋友使用。

实践活动

活动一　用 Photoshop 2021 编辑与美化处理图像

活动目标:

1. 学习 Photoshop 2021 图像处理软件的图片基本调整功能。

2. 掌握 Photoshop 2021 常用工具的使用与常用面板的操作。

3. 熟悉 Photoshop 2021 处理图片的流程。

活动准备:

1. 在电脑上安装 Adobe Photoshop 2021 软件。

2. 图片素材:水果卡通图片。

活动过程:

一、Photoshop 2021 工作界面介绍

Photoshop 2021 的工作界面主要由菜单栏、工具栏、工具箱、控制面板等部分组成,如图 3-3-1 所示。

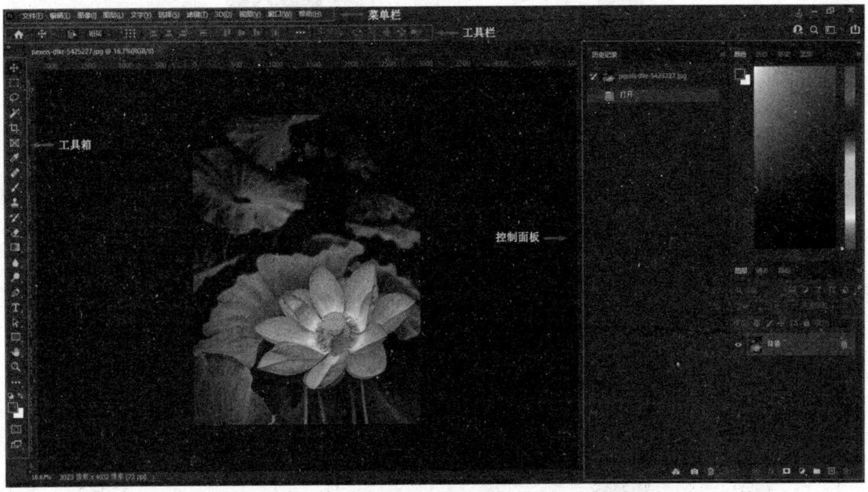

图 3-3-1 Photoshop 2021 的工作界面

1. Photoshop 2021 菜单栏

Photoshop 2021 的菜单栏依次分为:文件菜单(F)、编辑菜单(E)、图像菜单(I)、图层菜单(L)、文字菜单(Y)、选择菜单(S)、滤镜菜单(T)、3D 菜单(D)、视图菜单(V)、窗口菜单(W)及帮助菜单(H)。通过选取菜单栏里的菜单命令对图像进行编辑处理。

(1) 文件(F)菜单

文件菜单中常用的命令有:新建文件、打开文件、存储文件。

"新建文件"是执行【文件/新建】命令后弹出"新建文档"对话框,此对话框主要设定文档尺寸、色彩模式、分辨率与背景色,背景可设为白色或透明,若设为透明,则新建文件无背景图层。

"打开文件"是执行【文件/打开】命令后可以打开大多数图像格式文件,可用于打开不同平台上建立的文件。

Photoshop 可以把文件存储为多种格式,执行【文件/存储】命令可以将文件存储为 Photoshop 的默认格式,即.PSD;执行【文件/存储为…】命令可以将文件存储为多种图片格式,如.JPG,.PNG,.GIF 等。

(2) 编辑(E)菜单

编辑菜单主要用于对选定图像或选定区域进行各种编辑修改的操作。在 Photoshop 中经常要用到此菜单,此菜单中有一些常用的图像处理的功能,如填充、描边及自由变换和变形等。如图 3-3-2 所示。

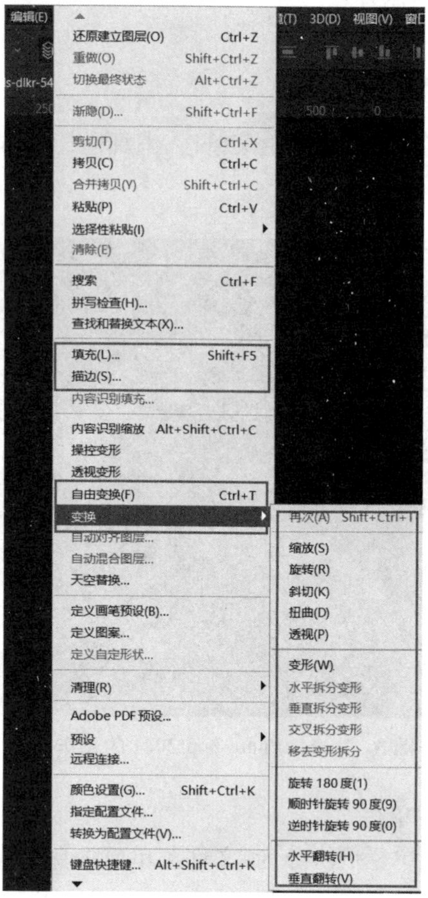

图 3-3-2　Photoshop 编辑菜单

　　填充与描边命令主要用于对于选定区域的填充与描边。填充是 Photoshop 中很常用的操作,应尽量使用快捷键操作。若用前景色填充按"Alt ＋Backspace"或"Alt ＋Delete"键,用背景色填充按"Ctrl＋ Backspace"或"Ctrl ＋Delete"键。

　　变换与自由变换命令主要用于选定图像的缩放、旋转、斜切、透视、扭曲、翻转等操作。选择一个区域或图层对象,执行自由变换命令后,选区的边框上将出现 8 个小方块,把鼠标移入方块,可以拖曳方块改变选区内图像的尺寸,如果鼠标在选区以外将变为旋转式指针,拖动鼠标即可带动选定区域在任意方向上旋转。按回车键即可把图像固定下来。在执行变换命令时还可以在工具栏中输入数字,以确定的角度或比例缩放、旋转或斜切对象。变换命令的操作与自由变换类似,只是多了透视、扭曲等操作,在执行不同变形命令时,拖曳方块产生的变形效果不同。

　　(3) 图像(I)菜单

　　图像菜单主要用于图像模式转换、图像尺寸设置,以及图像色彩和色调控制等。如图 3-3-3 所示。

　　图像菜单中的"图像大小"命令用于缩放原有图像。

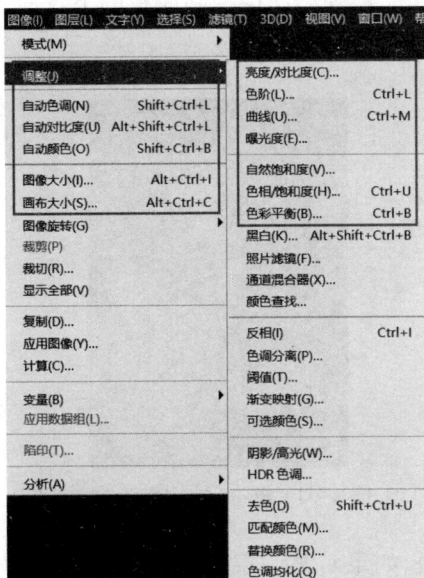

图 3 - 3 - 3　Photoshop 图像菜单

　　图像菜单中的"画布大小"命令主要用于增加原图像四面空白区域，或裁剪原图像的边缘图像。

　　图像色调控制主要是调整图像的明暗度，比如把一个显得较暗的图像变得亮一些。而图像色彩控制指调整图像的颜色。如果用户想调整图像色彩与色调，主要是在【图像—调整】的子菜单命令中实现。

　　"色彩平衡"命令可以纠正图像的偏色。

　　"亮度/对比度"命令可用来调节图像的亮度和对比度，以调节数码照片的曝光过度或曝光不足问题。

　　"色相/饱和度"命令是色彩调整命令中功能较强且方便实用的一个常用命令。可以改变色相、饱和度和明度。

　　2. PhotoShop 控制面板及使用方法

　　使用菜单栏"窗口（W）"下拉菜单的开关命令可以打开 PhotoShop 控制面板。PhotoShop控制面板很多，主要介绍常用的两个控制面板——图层（Layers）控制面板和历史（History）控制面板。

　　（1）图层（Layers）控制面板

　　图层控制面板中，控制面板上方的选项用于设定模式、设定不透明度；锁定选项用于锁定当前层不被编辑，依次为锁定透明像素、锁定图像像素、锁定位置、防止在画板和画框内外自动嵌套、锁定全部；设定填充比例。控制面板中间用于显示图层，每个图层的叠加就是显示的图像，每个图层前面的眼睛按钮可以显示或隐藏该图层。控制面板下方的按钮由左至右依次为链接图层按钮、添加图层样式按钮、添加图层蒙版按钮、创建新的填充或调整图层按钮、创建新组按钮、创建新图层按钮、删除图层按钮。此外，单击控制面板右上角的 ▤ 按钮,将弹出图层控制面板的下拉命令。选用这些命令可以创建新层、复制层、合并层等。如图3-3-4所示。

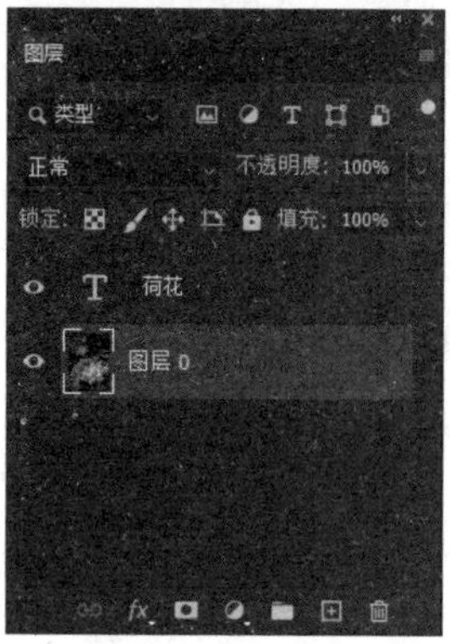

图3-3-4　Photoshop 图层控制面板

注意:对于初学者来说,如果对某一层进行编辑,应该选中该层。如果想复制新图层,可以把需要复制的图层,按住后拖到"新图层按钮上"。删除层:把需要删除的层拖到"删除图层按钮",或者选中后,单击"删除图层按钮"。

（2）历史（History）控制面板

历史控制面板用于对操作的恢复和撤销,它的作用优于编辑（E）菜单中的撤销和恢复操作,能直观地显示用户进行的各项操作。如图3-3-5所示。使用方法:用户使用鼠标单击历史纪录操作栏某一项操作,回到这一操作的状态,然后进行其他编辑操作,则该历史纪录后的所有操作将完全删除。

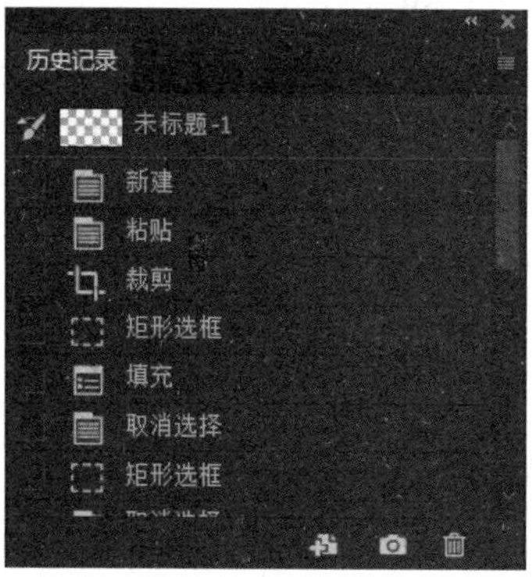

图3-3-5　Photoshop 历史控制面板

3. PhotoShop 工具箱和工具栏

PhotoShop 工具箱中的工具非常多,当在工具箱中选择某一工具后,上面的工具栏中就显示为该工具的相应设置选项,不同的工具会呈现不同的工具栏。下面对常用工具的功能及其基本操作进行讲解。

（1）移动工具 ⊕ 用于移动选取区域内的图像。

（2）选框工具

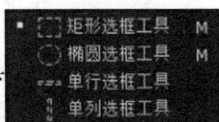

选框工具有四项,其中矩形选框工具可以选出矩形选区,按住 Shift 键可以选出正方形选区。椭圆选框工具按住 Shift 键也可以选出正圆。单行和单列选框工具可以选择出一行像素。

撤销选区有三种办法:① 使用任何选择工具在选区之外单击即可。② 单击"选择"菜单,然后选择其中的"取消选择"菜单项撤销选区。③ 利用热键 Ctrl+D。

移动选区只要使用任何一种选框工具对选区进行拖拽即可。

扩展选区和减少选区。当需要扩展已存在的选区时,只需在进行新的选取操作时按住 Shift 键即可将新选区加入已存在的选区中。有时会出现多选了不需要的选区的情况,要减少已存在的选区,只需按住 Alt 键的同时选择要去除的选区即可。还可以使用工具属性栏里的工具

（3）套索工具

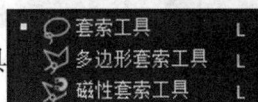

套索工具:用于通过鼠标等设备在图像上绘制任意形状的选取区域。

多边形套索工具:用于在图像上绘制任意形状的多边形选取区域。

磁性套索工具:用于在图像上具有一定颜色属性的物体的轮廓线上设置路径。

（4）魔棒工具　用于将图像上具有相近属性的像素点设为选取区域。

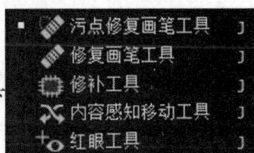

（5）图像修复工具　　　　　常用的有污点修复画笔工具和修补工具。

（6）图章工具　　　　　包含仿制图章工具和图案图章工具,分别用于将图像上用图章擦过的部分复制到图像的其他区域,或用于复制设定的图像。使用方法是选择仿制图章工具后,按住 Alt 键的同时在图像上点击确定图章对象,松开 Alt 键,然后在图像的其他区域点击即可应用该图章。

（7）徒手工具　用于移动图像处理窗口中的图像,以便对显示窗口中没有显示的部分进行观察。

二、实例 1:制作界面说明图

第一步:截取屏幕图像。

1. 按键盘上的 PrintScreen 键进行拷屏,这时屏幕图像会存储在剪贴板上。

2. 打开 PhotoShop,点击【新建】按钮,在对话框中选择"剪贴板",采用默认设置,如

图 3 - 3 - 6 所示。

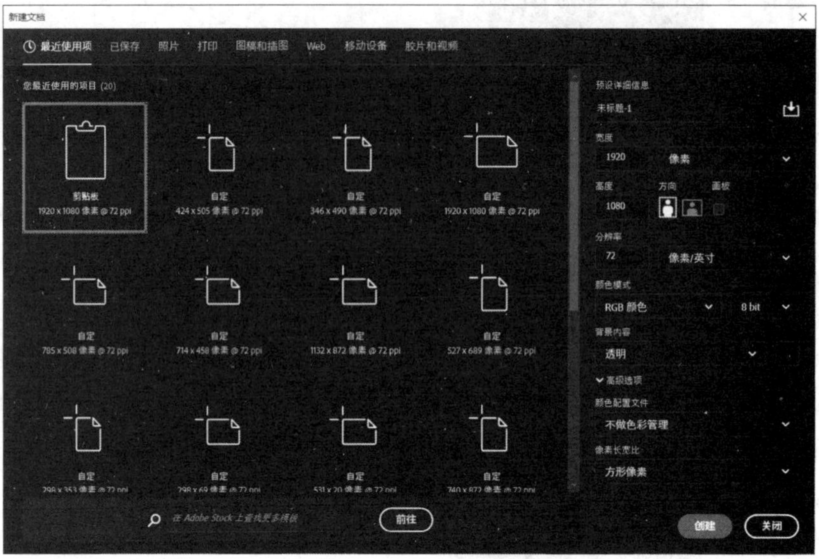

图 3 - 3 - 6　Photoshop 新建文档对话框

3. 在新建的文档窗口中,按快捷键 Ctrl＋V ,执行"粘贴",这时屏幕图像作为一个图层将粘贴进来。

第二步:为图像添加注释。

4. 选择矩形选框工具,在工具栏设置羽化为 0,框选需要注释的部分。

5. 把前景色设置为红色,执行菜单【编辑—描边】命令,在弹出的窗口中设置描边的宽度为 2 像素,位置为居内。

6. 描边完成后,点击快捷键 Ctrl＋D,取消选择。

7. 选择直线工具,设置直线的粗细为 2 像素,设置直线的起点为箭头。画一根指向注释框的箭头线。这时图层面板出现一个形状图层。

8. 选择打字工具(T),在箭头线末尾处单击,在工具栏调整文字的格式,键入需要输入的文字。这时图层面板出现一个文字图层。

9. 如果需继续添加其他注释,可以在图层面板新建图层,然后重复第 4—8 步的操作。

三、实例 2:用水果制作人物拼图

第一步:打开与新建文件。

1. 将水果卡通图片拖放到 Photpshop 中,打开该图片。

2. 新建一个 1000×1000 像素的文件。

第二步:制作脸。

3. 选择磁性套索工具,在水果图片中描绘梨边缘,创建梨选区,工具使用中如果出现失误可以按 Delete 键删除识别点,选中梨。

4. 执行【编辑—拷贝】命令,把梨拷贝到剪贴板上,再在新建文件中执行【编辑—粘贴】命令,把梨粘贴进新建文件中,这时图层面板上多了一层,把梨用移动工具移到合适位置。也可以直接利用移动工具将选中的梨拖动到新建文件中。

第三步:制作眉毛。

5. 选择魔棒工具,在工具栏中设置容差,选取菠萝叶,作为眉毛,然后把它拷贝到新建文件中。

6. 执行【编辑—自由变换(Ctrl+T)】命令,改变眉毛状态,使用移动工具调整位置。

7. 执行【图层—复制图层】(或在图层面板用鼠标把菠萝页图层拖动到新建按钮上),复制菠萝页图层,执行【编辑—变换—水平翻转】命令,将眉毛水平翻转,再用移动工具将两个眉毛移动到合适的位置。

第四步:制作耳朵。

8. 利用魔棒工具结合椭圆选框工具,增加选区按 Shift 键,减去选区按 Alt 键,将梨子横切面图选中,作为耳朵,然后拷贝到新建文件中。

9. 利用 Ctrl+T 调整耳朵大小位置,旋转角度,然后复制图层,调整另一只耳朵。

第五步:继续制作完成。

10. 用上述方法制作眼睛和鼻子。最终效果如图 3-3-7 所示。

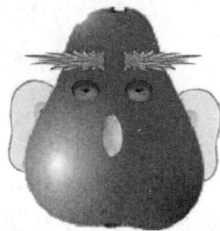

图 3-3-7 水果人物拼图

活动二 使用手机修图软件 Snapseed 处理图片

Snapseed 是一款非常实用的手机修图软件,通过应用工具,用户可以对各种图片进行美化和处理,更高效地编辑图片内容,任何人均可轻松美化、转换和分享其相片。

活动目标:

1. 掌握 Snapseed 常用工具的作用和使用方法。

2. 知道 Snapseed 处理图片的基本过程。

活动准备:

1. 下载并安装 Snapseed 至手机。

2. 准备 1—2 张手机拍摄的照片。

活动过程:

一、Snapseed 界面介绍

1. 在 Snapseed 中打开图像

进入 Snapseed 后,点击左上角的"打开"即可,或直接点击+号,如图 3-3-8 所示。载入一张照片后,进入 Snapseed 主界面。Snapseed 主界面主要包括底部的"样式""工具""导出"三大功能,通过点击可在各主要功能之间切换。

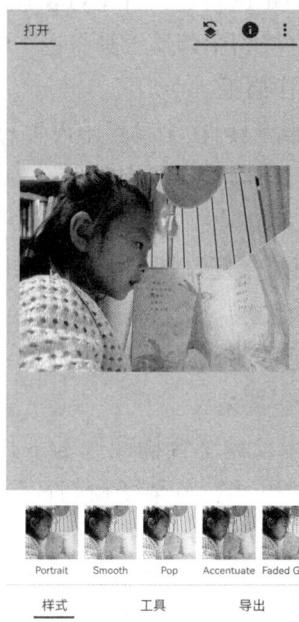

图 3-3-8　Snapseed 打开图像界面　　图 3-3-9　Snapseed 样式

　　"样式"功能可以理解为预设,是软件自带的一些滤镜,直接选取一个样式套用,可以改变原图的色调,如图 3-3-9 所示。"工具"是 Snapseed 的核心功能,有 28 个功能选项,如图 3-3-10 所示。"导出"功能是照片处理完后,点击这里导出照片,如图 3-3-11 所示。

图 3-3-10　Snapseed 工具　　图 3-3-11　Snapseed 导出

　　界面右上角的三个按钮,从左往右分别是回看、照片信息、软件设置功能,如图 3 - 3 - 9 所示。

　　•回看:主要有【撤销】【重做】【还原】【查看修改内容】等功能。点击【查看修改内容】选项,可以看到对图片所做的所有操作记录,可以随时返回上一步或之前几步操作,甚至可以返回图像最开始的状态。点击其中一个操作记录,会有三个选项,分别是删除、蒙版和再编辑,如图 3 - 3 - 12 所示。"删除"是指直接删除这一步骤,该步骤对图片不再产生影响。"蒙版"是对该步骤再编辑,通过蒙版方式让该步骤仅对图像中部分区域产生作用。"再编辑"是重新对步骤内容进行编辑,如选择滤镜、调整参数等。

　　•照片信息,如拍摄时间、使用器材、照片参数等信息。

　　•设置:可以调整图片大小、更改格式和画质。

图 3 - 3 - 12　Snapseed【查看修改内容】

2. 改善照片的曝光、色彩和细节

　　Snapseed 的工具分为两类,一类是对照片色彩进行处理的工具,一类是对照片进行创意的工具。Snapseed 后期处理照片一般都是从对照片色彩基础调整开始的。

　　(1) 照片色彩调整

　　使用 Snapseed 对照片进行基础调整,改善照片色彩,通常使用"调整图片"工具,如图 3 - 3 - 13 所示。它包括亮度、对比度、饱和度、氛围、高光、阴影和暖色调七个可调整项。操作方法很简单,左右滑动屏幕用来控制该功能的强弱程度,数值包括从 - 100 到 ＋100;上下滑动则在调整项之间进行切换。

　　•亮度:能够提升或降低画面整体的明亮程度,让画面变得更暗或者更亮,对【亮度】的调整是针对画面整体的。

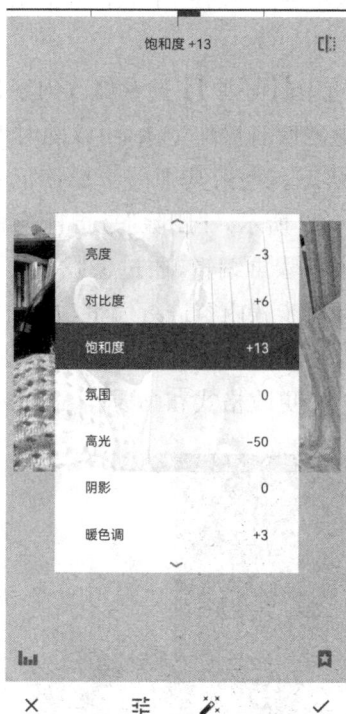

图 3 - 3 - 13 Snapseed"调整图片"工具

• 对比度：主要提升或降低画面的亮部与暗部区域的明暗对比，对比度提升，画面明暗对比分明；对比度降低，明暗对比越不凸显，画面显得越灰。

• 饱和度：指的是照片画面色彩的饱满度，饱和度调得越高，画面色彩越鲜艳；饱和度越低，画面色彩越平淡。

• 氛围：氛围这项参数功能比较全面，既能调整画面的曝光，也能调整画面的色彩，提升氛围，可以让画面的明暗对比变小，色彩也变得越饱满；降低氛围，画面的明暗对比会变大，色彩会变得平淡。

• 高光：画面中最亮的那个区域即称之为"高光"区域，这项参数主要是提升或降低高光区域的明亮度，它的调整只影响画面中最亮的高光区域。

• 阴影：画面中最暗的那个区域即称之为"阴影"区域，这项参数主要是提升或降低阴影区域的明亮度，它的调整只影响画面中最暗的阴影区域。

• 暖色调：也叫作色温，调节画面的冷暖色调的一个参数，提升暖色调，画面色彩越偏黄（暖）；降低暖色调，画面色彩越偏蓝（冷）。

（2）白平衡

白平衡工具的主要作用是纠正照片出现的偏色问题。Snapseed 的白平衡工具包括"色温"和"着色"两个功能项。

• 色温：纠正因外部光线环境造成的照片色彩不准确问题。色温能够调整画面的色调,色温往右调整,画面色调偏暖;色温往左调整,画面色调偏冷。

　　•着色:控制照片整体色彩倾向,主要影响画面的色调,往右调整,画面的色调偏洋红色;往左调整,画面的色调偏青绿色。

　　(3)细节调整

　　Snapseed 中的"突出细节"工具是对图片进行锐度和细节处理,让主体更突出,包括"结构"和"锐化"两个功能。上下滑动选择选项,左右调整数值。

　　•结构:主要是提升照片细节,让照片内容立体感更强,更具层次,突出照片中对象的纹理且不影响边缘。结构工具的可调整范围为-100 到+100。

　　•锐化:主要目的是突出画面中物体轮廓细节清晰度和锐利程度。锐化工具的可调整范围为 0 到+100。

　　相对来说,"锐化"工具主要是突出照片中物体轮廓细节,不会人为增加多余细节,使用起来比"结构"工具要温和许多。

　　3.改善构图

　　照片后期处理时,二次构图是最常用的操作之一。Snapseed 可以使用剪裁、旋转、视角和展开四个工具快速调整构图。

　　(1)剪裁

　　剪裁是用来删除照片中多余部分,改善照片构图。可以自由裁切,也可以选择下方的裁剪比例进行剪裁。

　　(2)旋转

　　旋转工具可以智能分析图像的水平线,并通过自动旋转来纠正照片水平问题。此外,旋转工具也支持手动旋转图像,手动旋转图像时不仅可以显示旋转角度,还有参考网格线帮助用户进行对齐等参考使用,但多余的部分会被删除。旋转工具的底部菜单有"水平翻转"和"旋转 90 度"两项调整功能。

　　(3)视角

　　视角工具(也叫作"透视")用来纠正照片透视问题,主要调整画面的水平和倾斜度,一般用来处理拍得不平的地平线、歪斜的建筑类图片。Snapseed 的"视角"工具包括倾斜、旋转、缩放和自由几项,也支持自动校正。

　　•倾斜:通过左右上下调整,借助辅助线可以纠正照片中的线条,让线条处于水平,从而纠正照片透视角度,效果如图 3-3-14 所示。

　　•旋转:通过小幅度旋转照片,纠正照片的水平线问题。与旋转工具不同的是,透视工具中的旋转不会删除照片多余像素,旋转后照片中出现的空白部分,Snapseed 会通过计算自动填充图片周围像素进行弥补。

　　•缩放:通过上下左右缩放的方式来纠正照片透视角度。

　　•自由:自由方式可以借助上述任何方式来纠正照片透视角度,使用起来有一定难度,掌握后可以快速完成照片透视角度纠正。

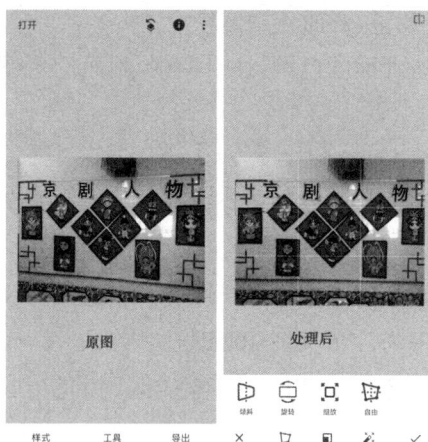

图 3-3-14　Snapseed"视角"工具

图 3-3-15　Snapseed"展开"工具

（4）展开

展开工具的主要作用是可以在构图太满时进行二次修正，以及能更加自由地给照片添加边框（白边框、黑边框）。点击展开框的边缘即可调整展开大小以及范围，双指闭合可以按比例进行调整，展开操作后会进行智能填补，如图 3-3-15 所示。其选择以及使用性跟变形一样，智能填色都要在纯色、有规律或边缘不复杂的画面中展开。

4. 处理照片瑕疵

Snapseed 中有两个用于修复照片瑕疵的工具，一个是"修复"工具，另一个是专门针对人像的"美颜"工具。

（1）消除图片瑕疵

Snapseed "修复"工具可以很容易地将照片中不需要的元素去掉，非常适合去除比较小的物体、瑕疵、脏点等。使用修复工具时，可以通过两根手指滑动手机屏幕，将照片中的瑕疵位置放大，然后再一点点涂抹杂物进行清除，如图 3-3-16 所示。整个使用过程与 Photoshop 中的污点修复工具完全相同，其原理都是通过对瑕疵周围像素的复制，

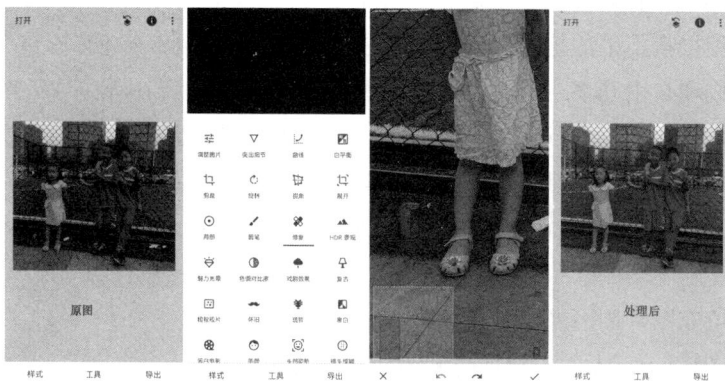

图 3-3-16　Snapseed"修复"工具

达到修复瑕疵的目的。如果效果不好,可以点击界面下方的"撤销"按钮重新进行瑕疵修复操作。

（2）人像美颜

通过 Snapseed 中的"美颜"工具可以提升面部亮度、眼神光以及对皮肤进行磨皮处理。载入一张人像照片,点击"美颜"工具,Snapseed 会自动进行人像面部识别。在默认的效果中,包括面部提亮、嫩肤、亮眼以及组合四种方式,可以单独对人像皮肤、面部亮度以及眼神光进行调整,也可以通过组合的方式整体调整。

• 面部提亮:提升人像照片面部亮度,同时适当降低环境亮度,突出人像主体,数值越大,人物面部亮度越高。

• 嫩肤:对皮肤进行光滑处理,数值越大,皮肤光滑程度越高。

• 亮眼:提升拍摄人物眼神光,数值越高,眼部亮度越高。

5. 选择性图像编辑工具

Snapseed 具备对照片局部进行编辑处理的能力,Snapseed 的局部编辑工具包括画笔工具、局部工具、蒙版、晕影工具等。下面对画笔工具、局部工具、蒙版进行介绍。

（1）画笔工具

Snapseed 中的"画笔"工具能对局部区域的亮度和色彩进行调整。它能够调整四个参数:加光减光、曝光、色温、饱和度,加光减光和曝光都是调整画面的亮度,前者的调整力度要小一些,后者力度更大;色温和饱和度都是调整色彩,底部菜单是调整画笔强度的按钮。

以加光减光为例,选择该项后,下方的上下两个箭头可以控制画笔作用的强度,向上的箭头用于增加强度,向下的箭头用于减少强度。当强度数值为正数时,图像局部提亮;当强度数值为负数时,图像局部变暗;当数值为"0"时,工具变为橡皮擦,用以清除画笔的局部操作。在画笔工具面板下方右侧有一个"眼睛"的图标,用于查看画笔作用的区域,点击后画面中呈现红色的位置就是画笔作用的区域,即可对图像局部进行更细致的轮廓调整,还可以用于删除画笔作用区域。如图 3-3-17 所示。

（2）局部工具

"局部"工具是 Snapseed 另一个常用的对照片局部进行编辑的工具。局部工具能够调整四个参数:亮度、对比度、饱和度、结构。它的操作原理是,点击照片中想要调整的某个区域,即出现一个调整圆点,这个圆点可以任意移动到照片中的任何位置。手指上下滑动画面会出现四个调整参数;左右滑动可以调整每个参数的强度;用两个手指在屏幕上做缩放动作或点击工具栏下方的"眼睛"图标,会出现一个圆框,圆框内的红色区域即表示局部工具影响的范围,通过双指缩放动作来调整局部控制点作用面积的范围,可对四个参数分别调整。如图 3-3-18 所示。

此外,Snapseed"局部"工具的控制点数量不仅限于一个,可以根据照片明暗对比关系添加多个控制点,分别针对照片不同的位置进行单独调整,使用时切记要控制好每个控制点所影响的范围,尽量避免互相干扰从而破坏图像整体质量。

图 3 - 3 - 17　Snapseed "画笔" 工具　　　图 3 - 3 - 18　Snapseed "局部" 工具

（3）蒙版

Snapseed 也可以通过蒙版编辑功能控制对照片局部的色彩处理。默认状态下，Snapseed 的蒙版工具是被隐藏的，打开方法：在历史记录中，选择需要使用蒙版编辑的步骤，点击蒙版即可。蒙版的使用方法很简单：首先点击下方工具栏最右侧的 "眼睛" 图标，打开蒙版显示功能；然后用画笔在照片中选择需要蒙版的区域；选择完成后点击确定，这时被红色蒙版盖住的区域将被相关工具进行处理，画面其他部分不受影响。在蒙版操作界面下方的工具栏中，还有蒙版反选工具，可以通过反向选择使用工具作用蒙版以外的区域。

6. 使用滤镜工具创意图像

Snapseed 的滤镜是对照片的创意工具，包括戏剧效果、复古、粗粒胶片、怀旧、斑驳、黑白、黑白电影几项。Snapseed 每组滤镜都包含了众多预设模式，根据滤镜呈现的效果不同，又可以对滤镜进行有针对性的单独调整。例如，在粗粒胶片中，内置了 2 种不同色彩风格的胶片滤镜，选择其中一款滤镜，又可以单独对胶片力度以及样式强度进行调整，让滤镜使用更加灵活。再例如，在黑白滤镜中，不仅包含常用的黑白色彩滤镜，还可以根据需要单独调整亮度、对比度和粒度，还可以添加中性、红、橙、黄、绿、蓝等色彩滤镜，如同真实黑白摄影一般，通过添加色彩突出黑白照片中的某个灰度层次。总之，Snapseed 的滤镜在照片后期处理中提供了更多创意空间，合理使用好滤镜再配上针对图片基础色彩的工具，可以很容易在手机上完成对一张照片的专业后期处理工作。

二、实例：手机照片的后期处理

用智能手机拍摄一张照片，将照片导入 Snapseed。

1. 修复曝光

第一步要做的是根据自己的喜好修复曝光。点击"工具"选项卡,选择"调整图片",编辑亮度、对比度、饱和度、高光、阴影等参数。比如,让图像更亮一些,这样所有的东西看起来更清晰,但也要让整个画面的曝光均匀。为了达到这个目的,可以降低对比度和高光,同时增加阴影。"氛围"是一种特殊的对比度,可以平衡照片中的曝光,但过度使用的话,会产生一种不自然的感觉,所以一般不用过多调整。

2. 修复白平衡

修复白平衡对照片编辑来说很重要,因为相机对光线的呈现经常会有偏差,从而产生奇怪的色彩或色调。另外,也可以自由发挥创意,赋予图像一个拍摄时没有的色彩或色调。

3. 剪裁、旋转和透视

如果照片有点歪,可以使用旋转或透视,裁剪可以修复构图或剪掉不需要的元素。

4. 进行选择性编辑

可以使用画笔功能对图像进行选择性编辑。例如,在不影响主体的前提下,为背景中的天空、海洋等添加一个饱和度更高的外观。

5. 擦除不需要的元素

使用"修复"功能可以删除不要的对象或元素,同时,Snapseed 的智能填充能从周围获取信息并修复图片。例如,去掉沙滩上的一些杂物以使画面显得更加干净一些。

将原照片与编辑完的照片进行对比,如图 3-3-19 所示,差别还是很大的。这也说明想要获得一张漂亮的照片,编辑也是重要的部分,并且随着这类图片编辑工具变得越来越多、越来越方便用户使用,完全可以直接在手机上很好地完成照片编辑工作。

图 3-3-19　Snapseed 处理实例对比图

活动三　AR 技术在学前教育专业中的应用

近年来,随着现代科学技术的不断发展,新颖的科技产品大量涌现,许多新兴的技术与产品不断被教育人所发掘和引入现代学前教育的课堂之中,丰富着学前教育的教育方式和教学手段,为学龄前儿童的学习和发展提供丰富多彩的教育环境和有力的学习工具。AR 技术即当前涌现的一种较为流行,且较为新颖的科学技术,在当下部分幼教机构的儿童学习中得到应用。

1. 什么是 AR 技术

AR(增强现实)技术,是一种将真实世界信息和虚拟世界信息"无缝"集成的技术,它通过光电显示技术、交互技术、传感器技术、图形技术、多媒体技术等,把原本在现实世界的一定时间空间范围内很难体验到的实体信息,通过模拟仿真后,产生实时的虚拟信息,再叠加到现实世界被人类感官所感知,从而达到增强人对真实世界的感知的感官体验。通俗地讲,就是利用计算机,在显示实际场景时,添加一些由计算机生成的东西,使人们能更生动直观地去感受事物。AR 技术具备以下三个特点:① 真实世界和虚拟世界的信息集成;② 具有实时交互性;③ 在三维空间中增添定位虚拟物体。该技术涉及计算机图形学、人机交互技术、传感技术、人工智能等多个领域,是在虚拟现实技术基础上发展起来的一种新兴人机交互技术。

利用这样的一种技术,可以模拟真实的现场景观,使用者不仅能够通过虚拟现实系统感受到在客观物理世界中所经历的"身临其境"的逼真性,而且能够突破空间、时间及其他客观限制,感受到在真实世界中无法亲身经历的体验。举个例子:图书阅读对幼儿来说有时是很枯燥单调的,即使图文并茂也是平面呆板的,而使用 AR 技术开发制作的图书,阅读者可以通过特殊的图像显示设备,看到、听到书本上相关知识的动态画面及声音,可以看到立体活动的物体、虚拟三维画面,真实感受人物所处的场景、感觉物体不同角度的细节等。

2. AR 技术在学前教育中的教学优势

在学前教育领域,尽管基于 AR 技术的教学是一个新生事物,但它的一些应用特征还是符合学前教育理论上的一些观点,当将它应用于学前教育教学,不管是对于具象物体的讲解,还是抽象内容的教学,都具有启发意义。

AR 技术应用于教学具有的优势有:① 教学内容直观、新颖、高效,能够吸引幼儿的注意力。增强现实本身就是一项新的技术,它通过计算机呈现多样性的内容,不但带给幼儿极大乐趣,而且通过 AR 中虚实结合的交互,可以进一步激发学习者的学习动机。② 有助于幼儿多种能力的发展,培养学习者的空间智能,增强学习者认识环境的能力和方向感。通过 AR 进行的学习过程在完全的三维环境下完成,能准确表述视觉世界的色彩、形状、空间的感觉,能提升幼儿的空间理解能力,并且实现了部分教学内容中抽象概念的完整表示。③ 学习过程中的交互性强,有助于提高幼儿动手实践的能力。增强现实技术的教学过程中,可以为幼儿提供更直接、更接近自然的交互学习环境,学习者在与虚拟信息的交互中获得知识和经验,超越传统以知识接受为主的间接获取学习经验的方式。这有助于培养幼儿动手实践的能力和幼儿自主探索问题的能力,且学习环境具有沉浸感。

这种基于现实世界、由虚拟数据增强的交互手段,给学前教育的教育者提供了全新的方式表达给儿童,也用最贴近自然的交互方式为儿童搭建一个自主探索的空间。正是增强现实的这些特点,使得它在学前教育领域具有很大的发展潜力与应用空间。

3. AR 技术在学期教育中的应用形式

AR 技术应用于学前教育教学所呈现的精彩绚丽,是由其背后所涉及的多种软件制作、编程开发、平台应用共同努力的结果,需要花费大量的时间、精力进行开发制作,一般教师在软件知识的掌握、编程能力上,还很少能独立制作 AR 技术产品,大多选择教育产品公司制作的硬件、软件产品进行教学实践。许多教育软件公司,也积极与教育机构合作,开发新颖、符合幼儿兴趣的 AR 产品。

现在常见、主流的 AR 技术在学前教育中的应用形式有:

(1) AR 卡牌

AR 卡牌是 AR 技术最常见、简单的一种应用形式。用户可以通过下载相应的手机App 或专用软件,扫描 AR 卡牌,让平面图片或卡牌"立体动起来"。

此类 AR 应用包括儿童立体智能早教卡片、AR 涂涂乐等,此类型的应用简单直接,对于刚开始接触并认识事物的儿童,通过这些 AR 卡牌不仅可以对动物的立体的形象进行认识,同时观察这些逼真、绚丽的事物,也能极大地提高幼儿学习与探索的热情与能力。

(2) AR 图书

AR 图书,较单页的 AR 卡牌来说,所包含的内容更为丰富,相互之间的关系更为密切,且有一定的交互功能。以较常见的 AR 绘本为例,绘本故事不单单是一个有故事有情节的图画书,通过扫描 AR 图书相应的页面,可以触发和展现不同的三维故事场景,让阅读更加身临其境,有些三维场景里还可以包含多种互动小游戏,如图 3 - 3 - 20 所示。这样边阅读边操作的体验,使幼儿的读书不再是单纯地用眼睛去看图片、文字,而是犹如身临其境,亲身体验一般,可以使孩子产生更强的阅读兴趣,对阅读内容有更深刻的理解。

图 3 - 3 - 20 绘本封面

（3）AR 互动游戏

AR 虚实结合实时互动产生的教育游戏为幼儿创造了一个宽松和谐的学习环境,让参与游戏的儿童真正置身于游戏世界:房子后面躲着一只小动物,大街上有汽车穿梭,飞鸟从头顶飞过,这些原本与操作者间隔一个屏幕的游戏一下子立体起来了,而游戏者的一个手势动作、语音甚至是意识就能对这些虚拟的形象进行对应的操控,真正将"虚拟与现实结合起来"。

第四讲　声音素材的采集与处理

基础知识

一、 常用声音文件格式

常用的声音文件格式有 WAV 格式、MIDI 格式、MP3 格式、CDA 格式。

WAV 格式:WAV 格式是多媒体教学软件中常用的声音文件格式,它的兼容性非常好,但文件较大。WAV 格式的声音属性,如采样频率、采样位数、声道数直接影响到 WAV 格式文件的大小。

MIDI 格式:MIDI 格式是电子乐器声音文件格式,MIDI 文件本身只是一些数字信号,占用磁盘空间较小,常作为多媒体教学软件的背景音乐文件。

MP3 格式:MP3 格式是一种经过压缩的文件格式,占用磁盘空间较小,是目前常用的声音文件格式。

CDA 格式:CD 唱片中的音乐文件常用 CDA 格式保存,一般为 44 kHz,16 bit 立体声音频质量。

二、 声音文件的三个基本属性

声音文件的属性包括采样频率、采样位数、声道数(立体声或单声道)。"采样率"和"采样精度"是数字化声音的两个基本要素,相当于视频中的屏幕大小(例如 $800 * 600$)和颜色分辨率(例如 24 bit),最常见的采样率标准是 44.1 kHz(千赫兹)。此外还有 22050 Hz、11025 Hz 等等。16 bit 是最常见的采样精度,此外还有 8 bit、24 bit 等。

三、 声音文件的制作流程

在制作多媒体教学软件时,需要各种各样的声音文件,对声音的制作一般分为两个基本阶段:声音的获取阶段和声音的加工处理阶段。

声音的获取有三种方法来源：剥离视频中的声音、录音、使用已有的声音文件（如使用已有的素材库、网站下载、酷狗音乐等客户端下载等）。

声音的处理流程：首先打开声音文件，然后对声音进行基本剪辑，进一步美化声音，对声音进行特殊效果处理。如图3-4-1所示。

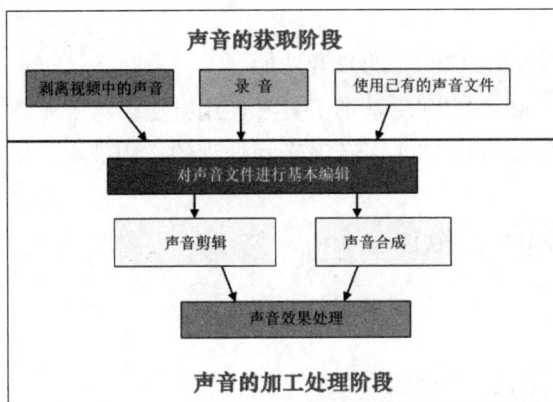

图3-4-1 声音文件的制作流程

四、 声音的编辑软件

教育类相关资源的制作对于声音的处理主要考虑在声音的录制、噪声的处理、声音的标准化、声音段落的过渡等环节中做好基本处理，让录制的声音清晰、干净即可。

1. Audacity

Audacity是一款免费的音频处理软件，用于录音和编辑音频，可以用来对音频进行特效处理，也可以用它来进行音频的格式转换。Audacity具有多语言界面，对录音、放音、多轨混音、杂音消除等有着优质的处理效果。Audacity简单的操作界面和专业的音频处理效果非常适合初级用户使用。

2. Adobe Audition

Adobe Audition是一款专业音频编辑和混合软件，专为演播室、广播站和后期制作方面工作的音频和视频专业人员设计，可提供先进的音频混合、编辑、控制和效果处理功能。Adobe Audition功能强大，能满足个人录制工作室的要求，在创建音乐、录制和声音杂质处理、相位纠正、混音上都具有不错的效果，适合专业音频处理使用。

3. GoldWave

GoldWave是一款功能强大的专业数字音频编辑软件，从最简单的录制和编辑到最复杂的音频处理、恢复、增强和转换都可以完成，是一个集声音编辑、播放、录制和转换的音频工具。它还可以对音频内容进行转换格式等处理。它体积小巧，功能却无比强大，支持许多格式的音频文件。

实践活动

利用 Adobe Audition 2021 进行声音编辑

活动目标：

1. 掌握 Adobe Audition 2021 的录音功能。

2. 熟悉 Adobe Audition 2021 基本工具和使用方法。

3. 掌握 Adobe Audition 2021 声音编辑和处理的常用技术。

活动准备：

1. Adobe Audition 2021 软件。

2. 声音素材。

活动过程：

一、Adobe Audition 2021 介绍

Adobe Audition 2021 基本界面如图 3－4－2 所示，不同版本的软件界面可能略有差别。除了菜单栏、常用工具栏、状态栏等基本功能区以外，主要由各种面板组成，如编辑器面板、媒体浏览器面板、选区/视图面板、历史记录面板等。

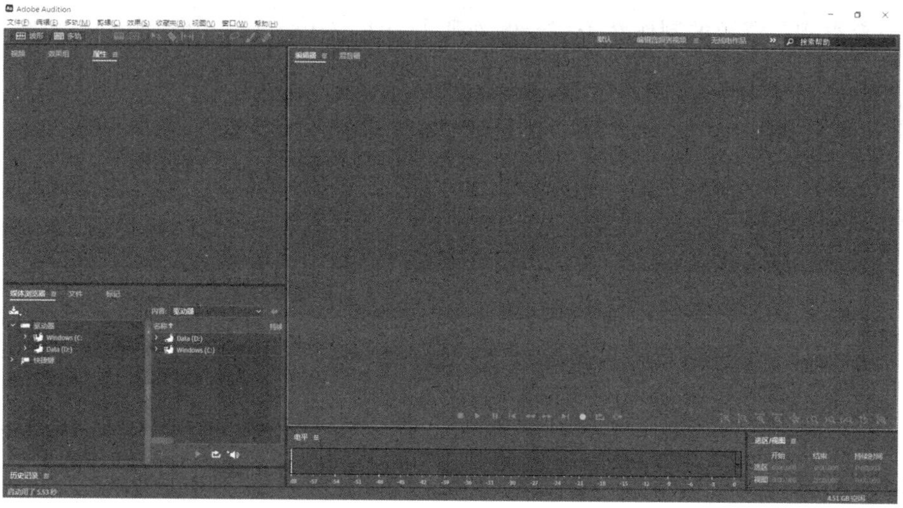

图 3－4－2　Adobe Audition 2021 基本界面

Audition 提供两个编辑环境：波形视图和多轨视图。波形视图用于创建或编辑单个音频文件，如果没有文件打开，单击"波形"按钮将创建一个新文件。多轨视图是用于在时间轴上放置多个音频剪辑以将它们混合到一个新文件的编辑环境，例如，可以将画外音、访谈和背景音乐组合起来制作一个播客，也可以对视频添加声音效果和旁白。可通过单击位于界面左上角、工具栏中的"波形"按钮和"多轨"按钮进行两种编辑模式的切换，还可在多轨视图界面双击轨道上的音频素材切换到该音频文件的波形编辑模式。

二、实例：利用 Adobe Audition 2021 制作配乐幼儿故事音频

1. 录制幼儿故事

（1）利用 Adobe Audition 2021 录制一段幼儿故事数字音频，确保计算机上安装了录音话筒（麦克风），调整好音量。

（2）启动 Adobe Audition 2021，双击电脑桌面上的"![Au](Adobe Audition 2021)"图标，进入 Adobe Audition 2021 工作窗口，选择"文件→新建→多轨会话…"命令，出现新建多轨会话对话框，选择保存文件夹位置、默认值（采样率 48000；位深度 32 位；混合立体声），单击"确定"按钮，如图 3-4-3 所示。

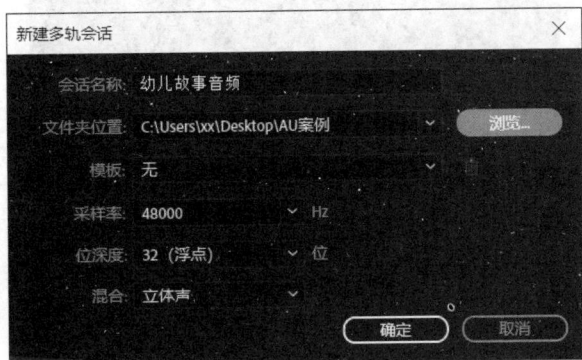

图 3-4-3 新建多轨会话对话框

（3）单击轨道 1 右侧的"R"按钮 ![轨道1 M S R I]，单击编辑器面板下方红色的"录音"按钮，开始录音（注意：开始半分钟不要说话，录一段环境噪音，以备后面降噪音时提供噪音样本），接着说话，录下幼儿故事的语音内容，讲话时看到语音在"编辑器"面板中显示为绿色波形。单击"停止"按钮结束录音。单击编辑器面板下方的"播放"按钮或按空格键，试听录音效果。

2. 音频的简单编辑

Audition 对声音的编辑过程：首先选中要编辑的部分（波形拖拽选择或"编辑→选择"菜单），然后进行编辑操作（如切割、移动、复制、删除等），有时需要在波形视图和多轨视图之间切换，操作后即可在窗口看到编辑效果。

例如，将声音文件的某一段删除，操作步骤：

（1）将红色播放头放置在要删除的声音段上，选择工具栏上的剃刀按钮 ![剃刀]，或者右键选择"拆分"命令，或者选择"剪辑"菜单中的"拆分"命令，切割音频。

（2）在轨道 1 上单击切割好的声音段，按 Delete 键，或者右键选择"删除"命令。

3. 降噪

（1）在多轨视图中，双击轨道 1 中的录音波形，进入录音的波形视图。然后选择录制的噪音区。

（2）选择"效果→降噪/恢复→捕捉噪声样本"菜单命令，单击"确定"按钮。

（3）选择要去噪音的声波区，选择"效果→降噪/恢复→降噪（处理）…"菜单命令，在"降噪"对话框中单击"应用"按钮。如图 3-4-4 所示。

图 3-4-4 "降噪"对话框

4. 添加背景音乐

（1）在 Audition 2021 多轨视图中，在"媒体浏览器"面板中找到"背景音乐.mp3"，并将其拖到轨道 2，分别移动轨道 1 和 2 中的声音文件到起始位置。

（2）单击编辑器右下角的"水平缩小"按钮，缩小水平方向的声波图。这时发现背景音乐和录音的长度不一致。将播放头放置在轨道 1 的结尾，选择工具栏上的剃刀按钮，切割轨道 2 音频，如图 3-4-5 所示，选择轨道 2 中多余的声波段，按键盘上的"Delete"键删除多余的波段。

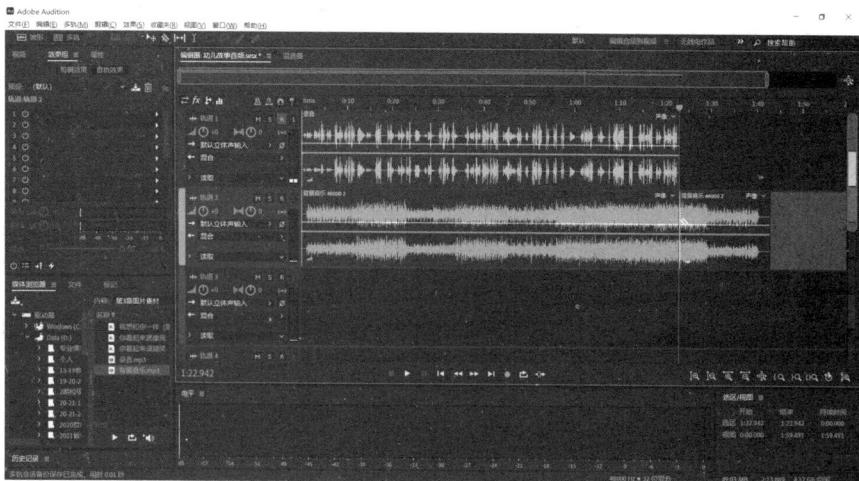

图 3-4-5 配乐幼儿故事编辑

（3）为背景音乐设置淡出效果。选择轨道2，选择"剪辑→淡出→淡出"命令，在波形上调整淡出效果。

（4）调节两个轨道的音量大小，背景音乐音量调小，录音音量调大。双击轨道波形进入对应的波形编辑视图，在波形上出现的圆盘 ▊⏱+0dB 上调整音量。也可以通过"效果→振幅与压限→增幅…"命令调整音量，或者使用显示在波形上方的 HUD（平视显示器）快速更改音量。最终编辑效果如图3-4-6所示。

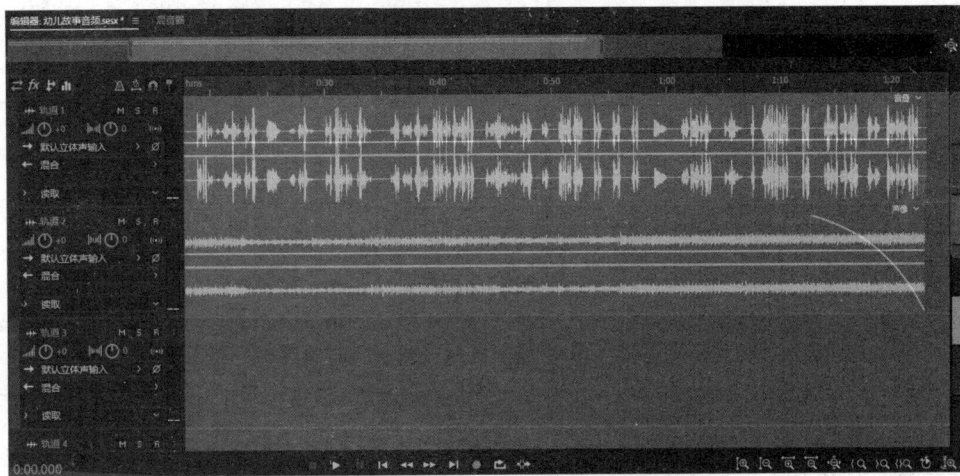

图3-4-6 配乐幼儿故事音频效果

（5）选择"文件→导出→多轨混音→整个会话…"菜单命令，在"导出多轨混音"对话框中设置导出的文件名、位置、格式等，点击确定即可。

第五讲 视频素材的采集与制作

基础知识

视频作为多媒体家族中的成员之一，在多媒体教学中占有非常重要的地位。视频本身可以由文本、图形图像、声音、动画中的一种或多种素材组合而成，利用其声音与画面同步、表现力强的特点，能大大提高教学的直观性和形象性。

一、常见的视频文件格式

常见的视频文件格式有 Microsoft 的 Video for Windows 文件（＊.avi）和 Apple 的 QuickTime 文件（＊.mov 和 ＊.qt），还有 MPEG 文件（＊.mpg）、VCD 上的 DAT 文件

（＊.dat）以及网络上常用的 Real Video 文件（＊.rm）等。视频文件的格式与特点列表如3－5－1：

表3－5－1　常见视频文件格式与特点

存储格式	扩展名	特点
AVI 格式	＊.AVI	兼容好、调用方便、图像质量好,缺点是占用存储容量大。
QuickTime 格式	＊.MOV	Apple 公司开发的一种音视频文件格式,用于存储常用数字媒体类型,画面质量要高于 AVI。
MPEG 格式	＊.MPG 和＊.MPEG	采用有损压缩的方法减少运动图像中的冗余信息,具有压缩率高、画面质量好的优点。
流媒体格式	高级流格式 ＊.ASF	ASF 是一个可以在网上即时观赏的视频"流"格式。
	实时流格式 ＊.RM、＊.RA、＊.RAM	常用在多媒体网页的制作上。 要在网页中使用该格式文件,要求浏览器的支持和支持流式播放的网页服务器。

二、 视频素材的采集方法

（1）摄录设备拍摄采集视频素材。教师利用数码摄像机或手机摄像头自制视频教学材料,在户外采集视频素材,再将其中的视频文件复制或移动到计算机中。

（2）从网上下载视频素材。介绍两种下载视频的方法:一是使用视频地址解析工具下载,如硕鼠 FLV 视频下载软件或硕鼠网站 FLVCD.com,只要复制视频网址,在硕鼠网站的输入框中粘贴地址,根据提示操作即可。二是使用客户端软件下载视频,如优酷视频、腾讯视频、搜狐视频、爱奇艺视频等。

（3）从 VCD/DVD 影碟或光盘中获取视频素材。

（4）使用屏幕录像类软件获取视频,如剪辑师、Camtasia Studio、KK 录像机、屏幕录像专家、Powersoft 录屏王、屏幕抓图软件 Snagit 等。

三、 视频素材的编辑处理

表3－5－2列举一些视频素材处理的任务,提供了相应处理软件的选择思路,可以结合实际任务进行合理选择。

表3－5－2　常见的视频编辑软件

视频处理任务	可选择软件
录制屏幕	剪辑师、Camtasia Studio、屏幕录制专家、QQ 视频录像机、ViewLetCam 等
视频截取	QQ 影音、超级解霸、视频截取专家、格式工厂等

视频处理任务	可选择软件
视频格式转换	格式工厂、超级解霸、视频转换大师等
视频拼合、特效	会声会影、Premiere Pro、Edius、Camtasia Studio、Movie Maker 等
从视频中提取声音	格式工厂、Audition 等

随着智能手机处理功能的增强，以及对于视频拍摄、处理、传输、分享的一体化操作越来越强大，涌现出很多手机视频编辑 App 软件，表 3－5－3 推荐几款手机视频编辑 App。

表 3－5－3　手机视频编辑 App

名称	图标	特点
剪映		剪映是一款手机视频编辑工具，带有全面的剪辑功能，支持变速，有多样滤镜和美颜的效果，有丰富的曲库资源。自 2021 年 2 月起，剪映支持在手机移动端、Pad 端、Mac 电脑、Windows 电脑全终端使用。
小影		小影内置多种拍摄镜头、多段视频剪辑、创意画中画，有电影滤镜、字幕配音、自定义配乐等。支持逐帧修剪、混剪、镜头分割、变速、倒放；字幕、配乐、转场、滤镜、主题、动态贴纸。
巧影		比较接近专业视频剪辑软件，操作的流程、逻辑都跟线性编辑软件很像，例如多层素材导入，各种转场特效、字幕特效，音频特效，色度键调节，抠图，绚丽滤镜，音频调节等等，还有素材库。
VUE		VUE 是短视频拍摄和剪辑软件，拥有很多出彩的滤镜，好看的字体美颜，贴纸，音乐。可以设置快放、字幕、配乐。可以调整短视频画幅，免费去水印。可以自由调色，能调节亮度、对比度、饱和度、色温、锐度，还能调出暗角来。
InShot		拥有超多的贴纸、特效包、日韩文字体，可设置视频的各种比例。具有剪辑功能，将长视频剪切，剪辑或拆分为小视频。模糊工具，为视频和照片设置模糊背景。音乐、文字和贴纸，为视频增添更多创意色彩。快动作、慢动作功能也非常有趣。InShot 不会降低导出视频的画质。

实践活动

活动一　使用剪辑师录制屏幕并编辑

活动目标：

1. 会用剪辑师软件进行屏幕的录制。

2. 掌握剪辑师的常用工具与操作。

3. 能使用剪辑师制作微视频作品。

活动准备：

1. 在"希沃易＋"网站(e.seewo.com)下载剪辑师软件并安装✂。

2. 准备制作视频的相关图片、音频、视频等多媒体素材。

活动过程：

一、软件介绍

剪辑师是广州视睿电子科技有限公司开发的,能支持快捷录屏、剪辑、一键转场等简单的视频制作功能,即使没有视频制作基础也可以快速掌握。登录后,进入主界面,如图3-5-1所示。

图3-5-1 剪辑师软件主界面

二、录制屏幕

在主界面选择"录屏",进入录屏界面,如图3-5-2所示。红色虚线是录制区域,十字箭头可以移动录制区域,虚线四角可以调整录制区域大小。录屏工具栏中可以设置摄像头、音频、音量、旋转、全屏、自定义区域,以及录制按钮🔴,其中音频设置有麦克风和系统声音两个选项,如图3-5-3所示。

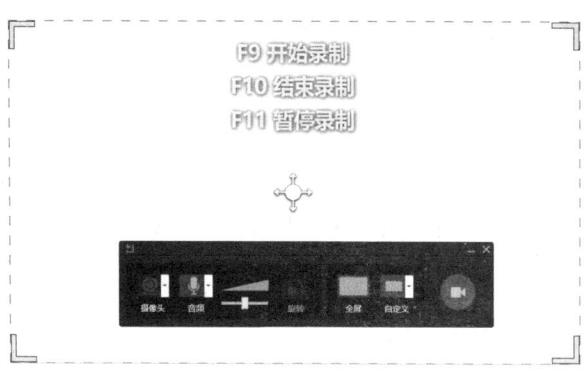

图3-5-2 剪辑师录屏界面

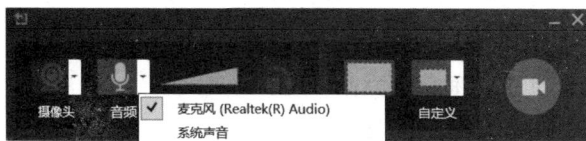

图3-5-3 剪辑师录屏工具栏音频设置

录屏操作步骤：① 确定录制范围；② 设置音频、摄像头和音量等；③ 点击红色的录屏按钮 开始录屏；④ 录制完成点击结束按钮 ，进入预览界面，预览界面如图3-5-4所示，点击"导出"按钮可直接保存为 MP4 文件，点击"编辑"按钮进入剪辑师的编辑界面，如果对录制效果不满意要丢弃可以点击"删除"按钮。

图 3-5-4　剪辑师录屏预览界面

三、视频编辑

在主界面选择"编辑"，进入剪辑师的视频编辑界面，如图3-5-5所示。

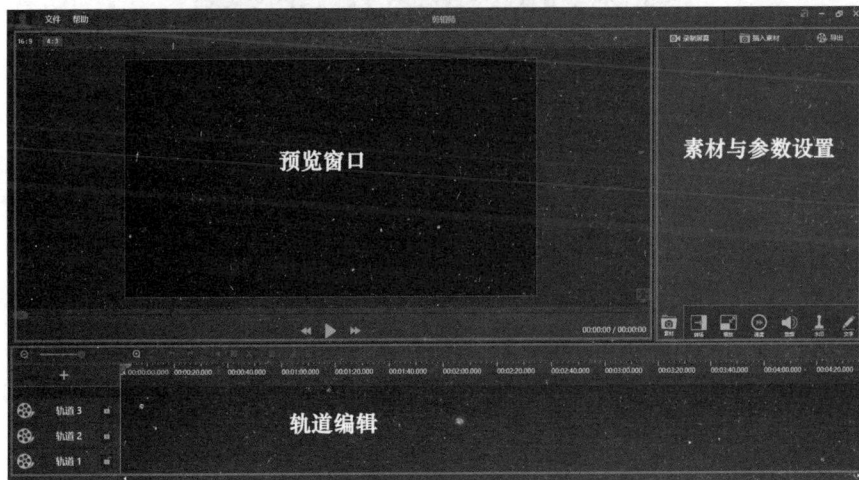

图 3-5-5　剪辑师视频编辑界面

操作要点：

（1）点击右上角的"录制屏幕"或"插入素材"可以录屏或导入电脑中的素材，素材可以是图片、音频和视频片段。

（2）将素材按顺序拖拽到轨道上。

（3）在轨道上编辑视频，对视频的编辑操作主要通过右键和轨道上面的工具栏实现，如图 3-5-6 所示，常用的有分割视频、删除视频、分离音轨、降噪、音频淡入淡出效果、静音等。

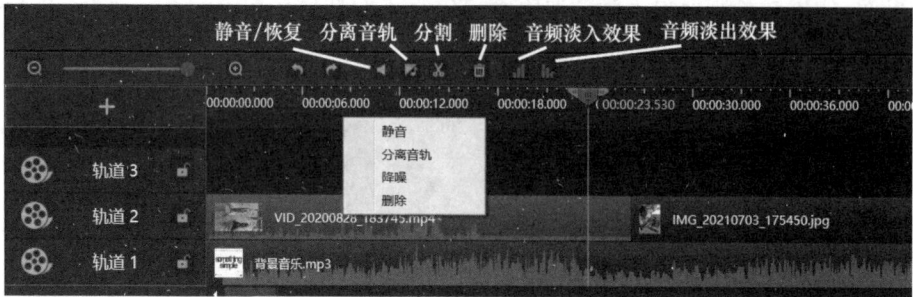

图 3-5-6　剪辑师的视频编辑工具

（4）在轨道上选中素材，在右侧的面板中设置或添加"转场""缩放""速度""音频""水印""文字"等，其中音频选项中可以进行音量调节和降噪。

（5）导出视频。点击右上角的"导出"，弹出导出设置对话框，如图 3-5-7 所示，根据提示操作完成视频的导出。

图 3-5-7　剪辑师导出设置对话框

活动二　格式工厂的使用

活动目标：

1. 熟悉格式工厂的使用流程。

2. 熟练掌握视频、声音、图片的格式转换操作。

3. 能使用格式工厂截取视频片段和提取视频中的声音。

活动准备：

1. 从格式工厂官网下载安装包并安装 。

2. 准备一个 FLV 格式的视频素材。

活动过程：

一、软件介绍

格式工厂是一款免费多功能的多媒体格式转换软件。支持各种类型的视频、音频、图片格式,能轻松转换想要的格式。可以给文件"减肥",使它们变得"瘦小、苗条",既节省硬盘空间也方便保存和备份。还能够实现 CD 音轨和视频 DVD 的格式转换。在电脑上双击软件图标进入格式工厂界面,如图 3 - 5 - 8 所示。点击左上角的选项按钮 ![选项] ,在打开的选项对话框中可以设置输出文件夹位置。界面左侧是各种格式类型所对应的功能汇总页面。右侧是任务列表区域,默认是空白。

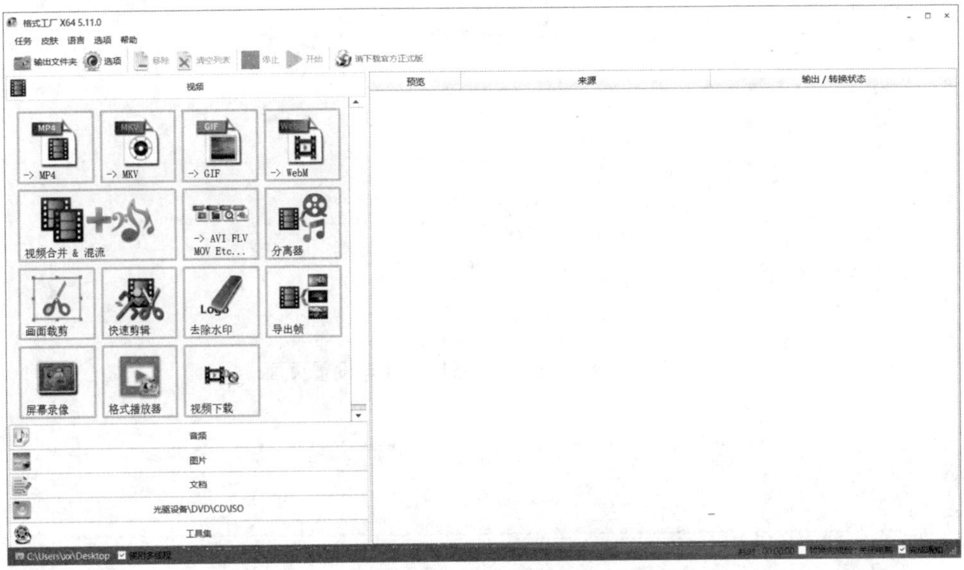

图 3 - 5 - 8　格式工厂界面

二、格式转换:FLV 格式的视频转换成 MP4 格式

(1)在左侧的视频菜单中,选择想要转换成的格式。要把 FLV 格式转换成 MP4 格式,就需要点击 MP4 格式图标 ![MP4] 。

(2)点击 MP4 格式图标之后会弹出具体的添加文件与设置页面,如图 3 - 5 - 9 所示,点击页面上的添加文件按钮,找到电脑上的 FLV 格式视频打开。添加文件后,这个文件就会出现在列表中,如图 3 - 5 - 10 所示。在本页面中的左下方还可以设置转换文件的保存位置。然后点击确定按钮。

(3)确定之后返回格式工厂主页面,在主页面上会显示刚刚添加的格式转换任务,然后点击主页面上方的开始图标 ![开始] 就开始进行格式转换了。格式转换过程中会有进度条提示,转换完成后点击左上角的输出文件夹 ![输出文件夹] 打开,就可以看到转换好的文件了。

其他类型格式文件的转换基本步骤是一样的,简单的三步,即选择格式,然后添加源文件,确定后开始转换。

图3-5-9 格式工厂添加文件与设置页面

图3-5-10 格式工厂视频文件添加

三、视频截取

在图3-5-10的视频文件添加列表中,点击需要截取的视频列表上的选项按钮，打开视频编辑界面,如图3-5-11所示。通过播放预览,设置截取视频的"开始时间"和"结束时间"。还可以点击声音图标调整音量。点击确定按钮,然后根据上文中的步骤继续完成操作即可。

图 3-5-11　格式工厂视频选项编辑界面

四、视频"瘦身"

如果对转换的音频质量有要求的话，可以点击图 3-5-10 文件添加页面上方的输出配置 ⚙ 输出配置，打开视频设置对话框，进入转换格式后文件的质量属性设置，如图 3-5-12 所示。设置完成后点击确定按钮，然后根据前文中的步骤继续完成操作即可。

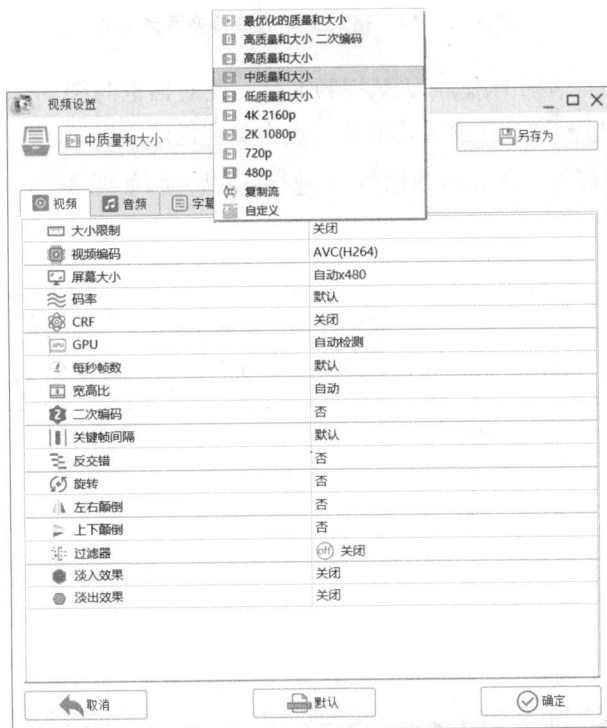

图 3-5-12　格式工厂视频设置对话框

五、从视频中提取声音

格式工厂能够提取视频中的声音,转换成声音文件格式。例如,将 FLV 格式视频中的声音提取成 MP3 音频,操作步骤如下:

(1) 在左侧的音频菜单中,点击需要转换成的音频格式 MP3 格式图标,如图 3-5-13 所示。

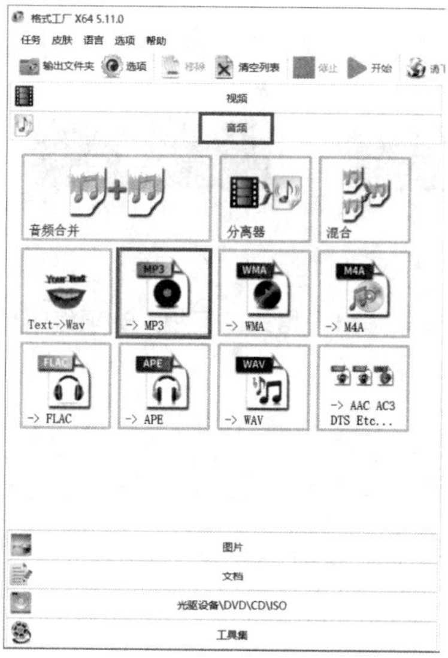

图 3-5-13 格式工厂选择转换音频格式

(2) 在打开的对话框中添加 FLV 视频文件。此对话框与图 3-5-10 的视频转换对话框的操作和设置类似,在此不再赘述。点击确定返回主界面。

(3) 点击主界面上方的开始图标▶开始进行格式转换,如图 3-5-14 所示。

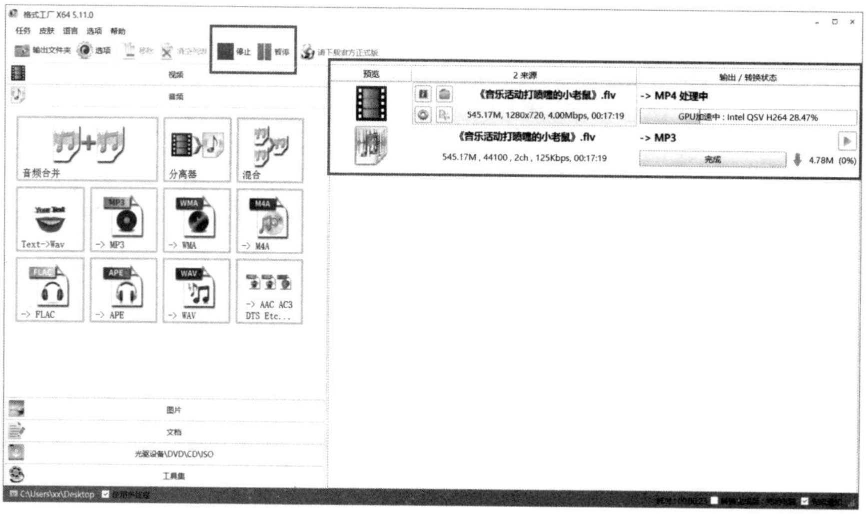

图 3-5-14 格式转换页面

活动三　幼儿活动短片制作

活动目标：

1. 熟练掌握 Video Studio Pro X5 视频编辑等操作。

2. 灵活应用视频软件制作视频短片。

3. 学习利用视频软件制作个性化作品。

活动准备：

Video Studio Pro X5 安装程序,《快乐洗衣》教学视频,相关文字、图片、音频、视频素材。

活动过程：

在视频素材编辑过程中,对截取出的图像或视频片段往往需要进行拆分、合并、添加特效、转场、制作片头片尾、加入背景音乐等进一步处理,形成渲染生成的视频作品。下面以 Video Studio Pro X5 软件为例介绍视频短片的制作方法。

制作视频短片《快乐洗衣》的操作步骤：

1. 导入视频素材

打开会声会影 X5 软件,在编辑界面,选择"媒体"选项,点击"添加",新建一个文件夹,命名为"快乐洗衣"。选择"快乐洗衣"选项,导入本地文件中收集的素材。通过单击　　按钮,弹出"浏览媒体文件"对话框,在对话框的文件类型选项中可以选择多种文件类型,包括图片、音频、视频、动画等类型素材。如图 3-5-15 所示。

图 3-5-15　导入视频素材

2. 视频轨道素材及转场效果的制作

视频轨道共使用了如下 6 个素材,按时间顺序它们是背景图.jpg(0:00—05:20)、2.bmp(0:00—08:00)、1.jpg(0:00—06:00)、重点难点背景.jpg(0:00—05:00)、黑色背

景.bmp(0:00—04:00)、视频边框.jpg(0:28—40:09)。按以上顺序在素材库中把这些素材依次拖放到视频轨道,在时间轴窗格中把鼠标移至素材的右侧边缘处,当鼠标变成双向剪头时,拖动鼠标可以调整素材在项目中的时间长度,把素材的时间长度调整到以上所标的时间长度。

具体素材与素材之间的转场效果设置如下:

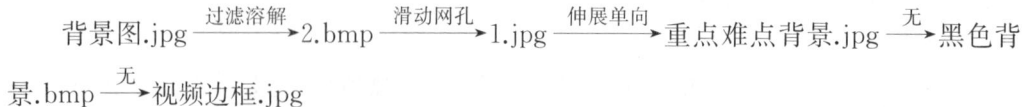

背景图.jpg $\xrightarrow{\text{过滤溶解}}$ 2.bmp $\xrightarrow{\text{滑动网孔}}$ 1.jpg $\xrightarrow{\text{伸展单向}}$ 重点难点背景.jpg $\xrightarrow{\text{无}}$ 黑色背景.bmp $\xrightarrow{\text{无}}$ 视频边框.jpg

点击素材库中的转场效果,按以上所列转场效果的顺序,选择转场效果,并将选中的转场效果拖至视频轨道上相邻素材之间,拖动转场效果柄可以调整转场的速度,右击时间轴标尺,可以放大和缩小时间的显示,完成后时间轴如图3-5-16所示。

图 3-5-16　时间轴

3. 覆叠轨道中素材及效果的制作

利用覆叠轨道可以制作出画中画效果。将素材库中"律动《快乐洗衣》.mp4"视频拖至覆叠轨道,开始位置与"视频边框.jpg"的起始位置对齐(26分钟开始),选中覆叠轨道上的"律动《快乐洗衣》.mp4",点击选项中的"属性"按钮,可以对动画的进入和退出效果进行设置,如图3-5-17所示。

图 3-5-17　覆盖轨动画效果设置

选中覆叠轨道上的"律动《快乐洗衣》.mp4",在预览窗口,可以通过拖动四周的8个控制点来改变画面大小。如图3-5-18所示。

图 3-5-18　覆盖轨画面大小设置

4. 添加字幕,给字幕设置动画效果

选择素材面板中的"标题"选项,选择合适的标题样式,拖动到标题轨道。界面如图3-5-19所示。

双击修改文字,并在弹出的选项菜单中,选择文字"编辑"菜单,设置字幕的字体、大小、颜色以及文字背景,如图3-5-20所示,如有多行字,则选择多个标题。

图 3-5-19　添加标题

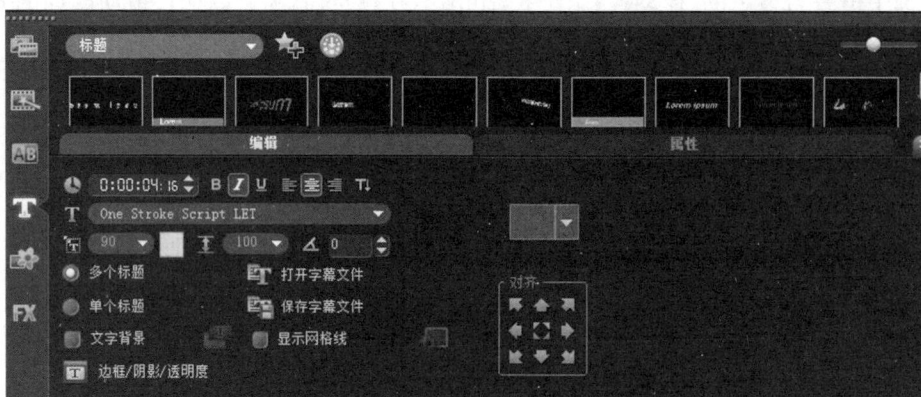

图 3-5-20　字幕字体编辑

设置字幕动画。在预览窗口里选中字幕,点击选项区中的"属性",出现如图 3-5-21 所示的内容,选中"动画",在"应用"处打钩,并选择一种动画效果,其余字幕制作方法类同。

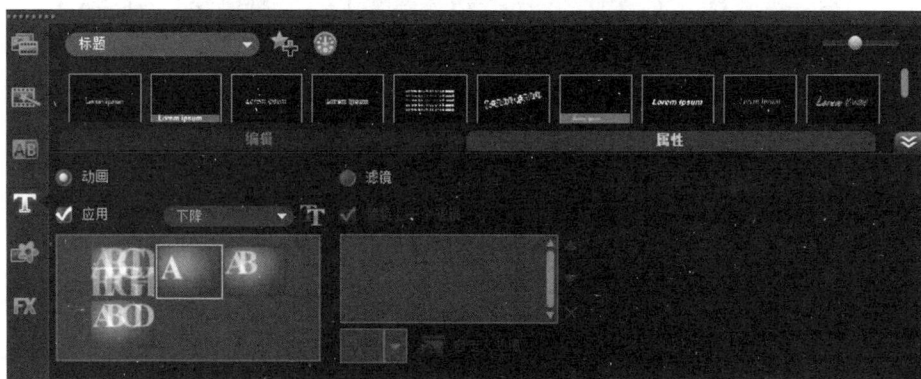

图 3-5-21　字幕动画设置

依照上面的方法,完成制作各段文字的设置。分别是快乐洗衣(0:00—05:09)、设计意图(0:00—06:14)、活动目标(0:00—04:04)、活动难点(0:00—03:23)、韵律活动(0:00—03:21)等。注意根据短片样例中情节位置,拖动时间轴中的穿梭头定位需要字幕的位置,如图 3-5-22 所示。

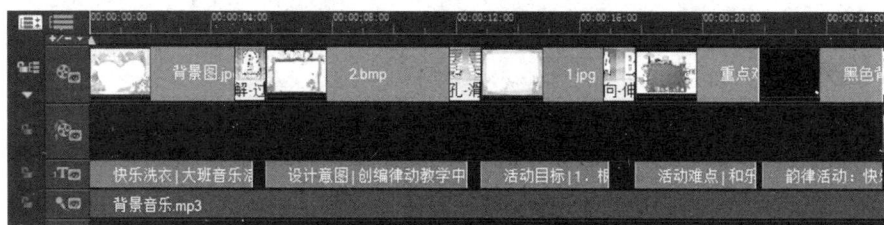

图 3-5-22　标题轨道时间轴

5. 添加背景音乐,并给音乐以淡入淡出的效果

选择素材库中的音频,将"背景音乐.mp3"拖至音乐轨道,音乐长度设置为0:01:55:16。会声会影有两个音频轨道,声音轨道一般放置配音,音乐轨道放置配乐。选中音乐轨道的背景音乐,在选项中的"音乐和声音"属性中,选择淡出按钮,使得配乐在片尾处慢慢地消失,如图3-5-23所示。

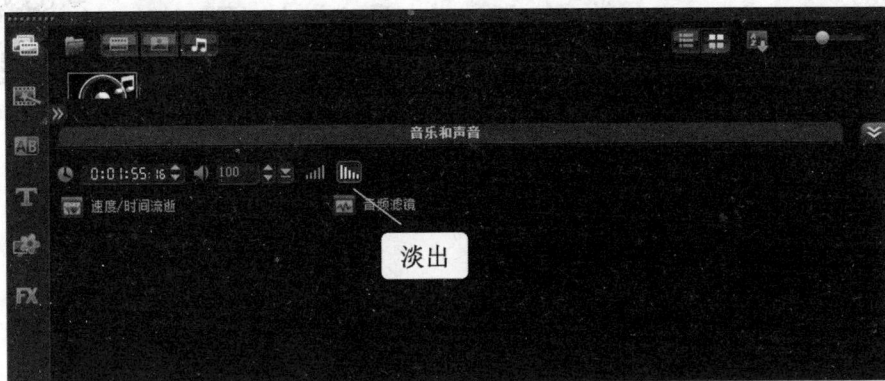

图 3-5-23 背景音乐设置

6. 视频素材的渲染输出

点击操作面板中的分享按钮,选择属性面板中的"创建视频文件",选择需要的视频格式,视频剪辑完成后,点击播放,在预览窗口预览视频效果,编辑无误后,点击操作面板中的"分享"按钮。

会声会影可以将项目输出为视频文件格式或单独输出声音文件,也可以将项目影片刻录成 DVD、SVCD 或 VCD 光盘,或者将影片录制到 DV/HDV 上。

探究与思考

1. 用自己所拍摄的照片制作一个 2 分钟左右的电子相册,配上适当的音乐。片头要有相册名称和制作者,片尾标明制作者所在的系、班级、制作日期等信息。要有滤镜效果、缩放效果、变形效果、遮罩效果、覆叠效果,输出成 MP4 格式。

2. 制作电视散文(诗),时间不少于 2 分钟。要求同上。

第四章
多媒体课件设计与开发

学习目标

1. 了解课件的类型、特点，掌握多媒体课件设计与开发的原则和制作流程。

2. 了解 PowerPoint 2016 的特点，掌握个性化课堂演示型课件开发的要素与方法。掌握利用 PowerPoint 2016 制作交互动画、片头动画等动态效果。

3. 学会利用美篇、易企秀等软件工具设计制作交互式多媒体作品。

4. 掌握微课的特点以及微课的一般制作方法。

5. 学会利用 Camtasia Studio、剪映 App 等软件工具制作幼儿教学微课。

思维导图

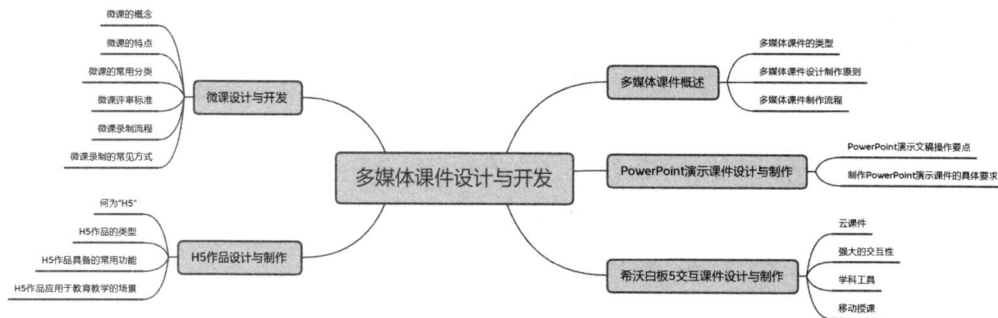

第一讲　多媒体课件概述

基础知识

　　多媒体课件是多种媒体元素通过相应集成平台组合制作而成的教学软件,具有集成性、交互性、实时性、数字化和多样化等特点。多媒体课件在教学中改变了教师信息的传递形式和方法,有效提高了教学效率和教学质量,同时促进了学生学习方式的变革,因此受到了广大教师的普遍关注,学会并开发高质量的多媒体课件已经成为合格教师的必备技能。

一、多媒体课件的类型

　　教学设计的理念不同,学科的特点不同,课件的开发平台不同,多媒体课件的类型也不一样。根据课件的使用目的可以划分为个别指导型、练习训练型、问题解决型、问答型、模拟游戏型等类型;根据实现的功能可以划分为演示型、自主学习型、模拟实验型、训练复习型、教学游戏型和资料工具型等类型;根据制作的结构不同可以划分为线性结构、树状结构、网络结构和复合结构,如图 4－1－1 所示。

线性结构

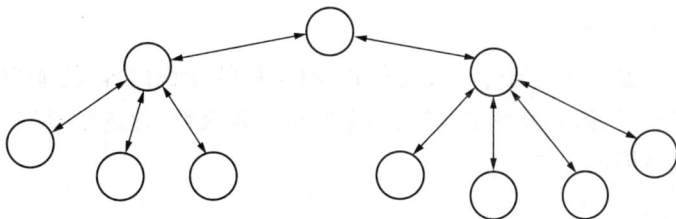

树状结构

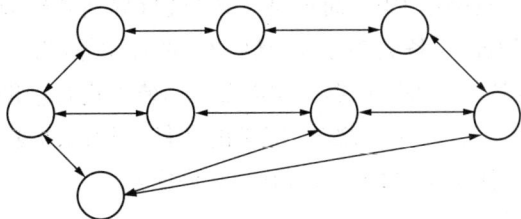

网状结构

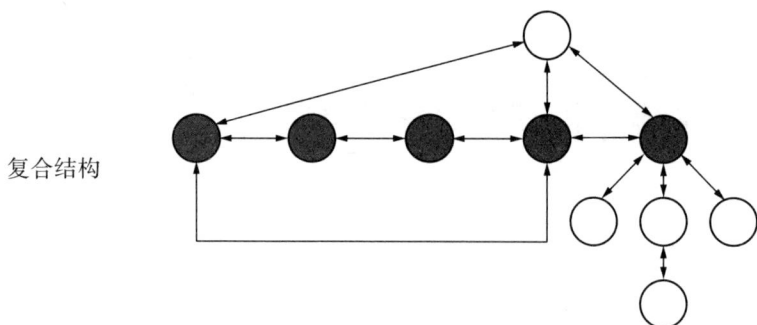

图 4-1-1 多媒体课件结构示意图

1. 演示型

演示型课件是展示事实性材料或反映问题解决的全过程,主要用于课堂教学、学术交流、企业产品展示等。在教学中根据教师的教学思路,运用多媒体形式展现教学信息,在直线式基础上进行简单的跳转和链接,逐步深入地呈现教学内容,可利用微软的PowerPoint、金山的 WPS 演示、Adobe 的 Flash 演示文稿等自行编制。

2. 自主学习型

自主学习型课件在功能上扮演一个类似于教师的角色,通过友好的界面、丰富的学习内容、清晰的导航、系统的学习测量(前测、后测)以及完备的学习行为记录等,为学生的个别化学习提供指导。

3. 模拟实验型

模拟实验型课件是借助计算机仿真技术,模拟教学相关现象、实验过程、操作程序、问题情境等,供学习者进行模拟实验或探究发现学习使用。

4. 教学游戏型

教学游戏型课件是通过游戏的形式,将学科的知识内容、技能贯穿于游戏,寓教于乐,从而激发学生的学习兴趣,调动学生的学习积极性,促进学科知识、能力的提高,促进学生多元智能的发展。

5. 资料工具型

资料工具型课件一般是按主题(而不是学科)进行规划和建设的课件,同时包括各种电子工具书、电子字典以及各类图形库、动画库、声音库等,为学习者提供丰富的学习资料供课余时间查阅,教师也可以根据教学需要在课堂上进行辅助教学。

目前多媒体课件有广义与狭义之分,广义的课件包括网络课件和网络课程。狭义的课件,如 PowerPoint 演示文稿、Flash 动画、电子书等。

二、 多媒体课件设计制作原则

多媒体课件从放映的过程来看,最终是通过静态的画面展现教学内容的,因此画面的设计总体上必须遵循现代教育技术下的视觉审美共性要求,利用九宫格、对角线、S形等构图方法进行画面构图。在注意学习者的视觉及心理规律的同时,要遵循以下几个原则:

(1)教育性原则。要根据特定的教学对象确定明确的教学目标,重点难点突出,教学形式、教学方法灵活,要能促进学生的全面、个性发展。

(2)科学性原则。内容符合教学要求,科学规范,动画、模拟等技术的运用与展示要规范化、标准化,能正确表达学科的知识内容。

(3)技术性原则。充分运用文字、图形、图像、动画等多媒体元素,做到画面清晰,重点内容表达方法多样,数据结构、程序结构清晰易懂,控制技巧灵活多变,运行稳定可靠。

(4)艺术性原则。充分发挥线条、图形、色彩等的造型作用与艺术感染力,各章节的画面色彩、构图、人机交互等风格和谐统一,画面美观大方。

除此以外,多媒体课件的设计制作还必须考虑经济性、价值性、集成性、易用性、可扩展性等原则。

三、多媒体课件制作流程

多媒体课件制作是个系统工程,是团队集体智慧的结晶,涉及人员广泛,有教师、技术人员以及学科专家,同时还需要恰当的硬件环境和一定的经费支持。因此在多媒体课件开发过程中,要遵循课件开发的流程,在现代教育思想和教育理论的指导下,做好项目计划、系统教学设计、系统结构设计、导航与交互设计等。多媒体课件制作的一般过程,如图4-1-2所示。

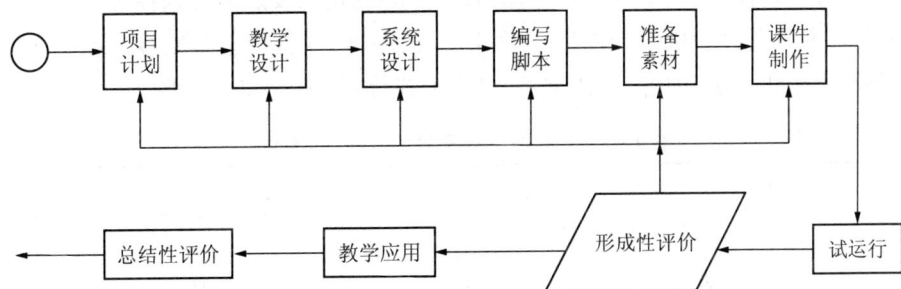

图4-1-2 多媒体教学课件开发的一般过程

1.项目计划

项目计划主要是确定选题,选择能发挥多媒体课件作用及优势、突出教学重点和难点的题材,同时对课题的需求以及可行性进行分析。包括开发课件的目的、需要解决的问题、预期的效果以及软硬件条件、技术储备、难易程度、投入成本与产出的综合效益等。

2.教学设计

课件质量的高低主要取决于系统教学设计。现代教育思想、理念与方法通过课件的结构体系加以体现。系统教学设计包括学习者特征分析、教学目标与教学内容分析、媒体的选择、教学策略的制定和教学评价等。

3. 系统设计

系统设计的主要工作包括结构与功能的设计、屏幕画面的设计、导航策略的设计及交互界面的设计。多媒体课件制作中的教学策略是对教学内容及其组织形式、教学方法、教学程序及教学媒体的总体设计，导航以及链接交互是教学策略的外在体现和实现手段。

系统知识的组织结构是知识内容及其相互关系逻辑体系的呈现方式，是教学课件设计的框架，一般由封面、主界面、次界面（单元界面）和内容等部分组成。

屏幕画面设计包括屏幕版面、颜色搭配、字体形象和修饰美化等，要求美观，风格统一，视觉冲击力较强，个性风格明显；颜色搭配要遵循色彩规律，如背景与图文主体色的对比度、主色调的一致性，搭配色的和谐关系等；文字要少而精，重点突出，均衡分布，文字大小要考虑课件的放映环境，不能太小，内页段落字体用 20 号黑体可满足大多数放映环境需求。

导航是系统知识体系的规律展示，是信息传播方式的具体体现。清晰的链接结构是学生知识建构的基础和关键，主界面和次界面（单元界面）均有导航作用。

4. 编写脚本

脚本是课件设计的文字描述，是课件设计制作的依据，对提高课件质量水平和制作效率有着重要的影响。脚本有文字脚本和制作脚本之分。

文字脚本用于描述教学内容及其呈现方式，包括教学目标分析、教学内容和知识点的确定、学习者特征分析、学习模式选择、教学策略制定以及媒体的选择等。

文字脚本可通过表格的方式进行设计，包括序号、课件的教学对象、课件的功能与特点、课件的使用方法、内容、媒体类型、呈现方式等，如表 4-1-1 所示。

表 4-1-1　课件"粽子里的故事"文字脚本

学　科	语言	课题名称	粽子里的故事		
使用对象	中班	课题用途	新授课	设计	×××
序号	内容		媒体类型	呈现方式	
1	老奶奶生病了		表情、文字	出现主人公形象，提问发生了什么	
2	各种小动物形象		图片	小动物们在干什么	
3	琵琶语音乐		音频	配合讲述故事播放	
4	小动物们都讲不出故事		图片、文字	请幼儿猜一猜会发生什么	
5	小姑娘会去老奶奶家吗		文字、音频	幼儿继续听故事	
6	小姑娘采蘑菇		图片	她会去老奶奶家吗	
7	琵琶语音乐		音频	继续配合故事播放	
8	小姑娘吃了粽子讲故事		图片	幼儿观察，发表想法	
9	大家一起听小姑娘讲故事		图片、文字	观察所有人的表情，学会倾听	

制作脚本是在文字脚本的基础上,详细说明课件标志、色彩风格、字体类型、版面布局、导航方式、呈现方式、课件结构以及交互设计等内容,如表4-1-2所示。

表4-1-2 制作脚本卡片格式

页面编号		所属模块		文件名	
版面布局结构图		版面描述			
呈现顺序、效果要求		媒体呈现描述			
页面进入、退出方式		链接关系描述			

实践活动

1. 网络查询幼儿园课堂教学的比赛获奖课件,分析并讨论课件制作的指导思想与开发方法。

2. 结合自己的专业,针对幼儿园课程中的某一教学单元,设计一个多媒体课件制作的结构图,并编写好文字脚本和制作脚本。

第二讲 PowerPoint 演示课件设计与制作

一、PowerPoint 演示文稿操作要点(以 PowerPoint 2016 为例)

(一)基本操作

(1)启动 PowerPoint,在"文件→新建"菜单中选择"空白演示文稿",如图4-2-1所示。

(2)增删新幻灯片页面。单击"开始"选项卡中的"新建幻灯片"命令,即可插入一张新的幻灯片。在左侧的幻灯片缩略图窗口中选择要删除的幻灯片页面,然后按"Delete"键,即可删除一张幻灯片。

(3)调整幻灯片次序。在普通视图的左侧缩略图窗口或幻灯片浏览视图中,拖动幻灯片到目的位置,即可完成幻灯片次序的调整。

(4)保存 PPT。单击保存图标,或"文件→保存"命令,选择文件存放的路径,输入文件名,默认后缀名为.pptx。

图 4-2-1　新建 PPT 演示文档

（二）PPT 的编排与修改

1. 选择版式

在工作区右击鼠标，在右键菜单中选"版式"，可以选择不同的幻灯片版式，一般可以选择"空白版式"。

2. 应用背景

在工作区右击鼠标，在右键菜单中选"设置背景格式"，可以设置 PPT 的背景是"纯色填充"或"图片填充"等。

3. 插入文本

（1）输入文本。选择"插入"选项卡中"文本框→横排文本框"命令后，在编辑区拖动鼠标，绘出文本框，即可输入相应文字。选中输入的文字，设置相应的字体、字号、颜色等。

（2）调整文本位置。通过调整文本框的位置来调整文本的位置。先选中要调整的文本框，使其边框上出现 8 个控制点，当鼠标指针放在文本框边上非控制点位置时，鼠标指针附带十字箭头，这时拖动鼠标就可以调整文本框的位置。

4. 插入图片

选择"插入"选项卡中"图片"命令，插入指定图片。选中图片，其四周出现 8 个控制点，拖动控制点可调整图片大小；转动控制点上方的小绿点可旋转图片角度；在图片上拖动鼠标可以调整图片的位置。（PPT 几乎支持所有图片格式）

5. 插入声音

选择"插入"选项卡中"音频→PC 上的音频…"命令，插入指定声音。此时会有一小喇叭图标出现，可拖动其至指定位置。

单击小喇叭图标，上面会出现音频工具栏，在"音频工具/播放"选项卡中可以对音频进行相关设置，如剪裁音频、音量、开始方式（单击时/自动）、跨幻灯片播放、循环播放等。

（三）创建交互

PPT 放映的默认顺序是按照幻灯片的次序进行播放。通过对 PPT 中的对象设置动作或超链接，可以改变课件的线性放映方式，从而提高课件的交互性。

1. 动作按钮链接

PowerPoint 包含 12 个内置的动作按钮，可以进行前进、后退、开始、结束、帮助、信息、声音和影片等动作设置。

在幻灯片页面上制作动作按钮的步骤：

（1）选择动作按钮。单击"插入"选项卡"形状"中的"动作按钮"，选择所需的动作按钮。

（2）制作动作按钮。鼠标指针变成十字形后，在幻灯片页面上拖动鼠标，即可制作所需的动作按钮，同时弹出动作设置对话框。

（3）定义动作。在动作设置对话框中，选择"单击鼠标"选项卡中将进行的动作或超链接，可跳转到本文档中的某一幻灯片或打开某一程序。

2. 图形对象超链接

选中要设置超链接的图形对象，单击"插入"选项卡中的"超链接"命令 ，弹出"插入超链接"对话框，在对话框中设置超链接目标对象，如本文档中的位置、电脑中的文件、网址等。

3. 文字超链接

选中文本或文本框，单击"插入"选项卡中的"超链接"命令 ，其他设置同上。

（四）动画

1. PowerPoint 动画基本特点

（1）动画对象多样化。文字、图形和图像等各种对象都可产生动画效果。

（2）动画动作模式化。无论动画对象是什么，其动作模式（或称动画方式）都被限制在 PowerPoint 所规定的 50 余种内。

（3）动画制作方法相对简单。

2. 自定义动画

（1）在普通视图下，单击幻灯片中要设置动画效果的对象。

（2）单击"动画"选项卡，从"动画"组中选择合适的动画效果。在动画选项卡和动画窗格中可设置动画出现的速度、先后顺序等。

（3）单击"预览"可看到动画效果。

（五）PPT 页面的切换

（1）选中第一张幻灯片，单击"切换"选项卡，选择其中一种切换效果，若点击"全部应用"，则所有幻灯片切换均使用这一效果。

（2）"换片方式"若选中"单击鼠标时"，则在放映时，单击鼠标可播放下一张幻灯片；若选中"设置自动换片时间"，并输入时间间隔，则在放映时按固定时间间隔自动换页。

（六）PPT 的放映

PowerPoint 幻灯片的放映有三种操作方法：

1. 从头开始

单击"幻灯片放映"选项卡中的"从头开始" ，从幻灯片第一张开始放映。

2. 从当前幻灯片开始

单击"幻灯片放映"选项卡中的"从当前幻灯片开始" ，从当前正在编辑的这张幻灯片开始放映。

3. 自定义幻灯片放映

单击"幻灯片放映"选项卡中的"自定义幻灯片放映"，可以指定只播放其中的几张幻灯片。比如一个 PPT 有 30 页，那么可以指定播放其中的 10 页，这 10 页可以是连续的页面，也可以是不连续的页面。

（七）PPT 的打包与解包

课件制作完成后，往往不是在同一台计算机上放映，如果仅仅将制作好的课件复制到另一台计算机上，而该机又未安装 PowerPoint 应用程序，或者课件中使用的链接文件或字体在该机上不存在，则无法保证课件的正常播放。常见问题及解决方法如下：

1. 目标电脑上 PowerPoint 应用程序版本太低

PPT 完成后，PowerPoint 2016 版本会生成后缀为.pptx 的文件，可以拷贝到其他装有 PowerPoint 2016 的电脑上使用。如果目标电脑上只有 PowerPoint 2003 或更早的版本,则必须安装 Office 2016 格式兼容包,才能正常打开.pptx 的文档;或者在制作 PPT 的电脑上将其另存为.ppt 格式后使用。

2. 目标电脑上未安装 PowerPoint 应用程序

(1) 将 PPT 文件另存为后缀名为.pps 的文件,就可以直接在没有安装 PowerPoint 的电脑上双击运行。

(2) 打包 PPT。在"文件→导出→将演示文稿打包成 CD",选择需要打包的文件复制到指定文件夹。此时运行指定文件夹内的 PPTVIEW.EXE 程序,即可播放 PPT。

在课件放映过程中,按 Esc 键即可终止放映;单击"Exit"按钮,即可退出 PowerPoint 播放器。

二、 制作综合 PowerPoint 演示课件的具体要求

制作 PowerPoint 课件的要求可参看下表。

表 4-2-1 PowerPoint 课件制作要求

各项指标	具体要求
教学设计	教学目标、对象明确,教学策略得当; 界面设计合理,风格统一,有必要的交互; 有清晰的文字介绍和帮助文档。
内容呈现	内容丰富、科学,表述准确,术语规范; 选材适当,表现方式合理; 语言简洁、生动,文字规范; 素材(文本、音视频、动画等)选用恰当,结构合理。
技术运用	程序运行稳定,操作方式简便、快捷; 导航方便合理,路径可选; 有效运用新技术。

实践活动

活动一 制作电子相册

活动目标:

1. 掌握 PowerPoint 2016 中插入相册、声音的方法。

2. 掌握幻灯片自动切换的方法。

活动准备:

美食图片若干、背景音乐。

整体 PPT 演示要求:

演示文稿支持自动播放美食图片,每隔 3 秒自动换页,同时播放背景音乐,幻灯片放映结束时停止背景音乐的播放。

活动过程：

1. 运行 PowerPoint 2016，新建一个空白文档。

2. 在"插入"选项卡中选择"相册"，同时选择多张美食图片，如图 4-2-2 所示，并选择"插入"。

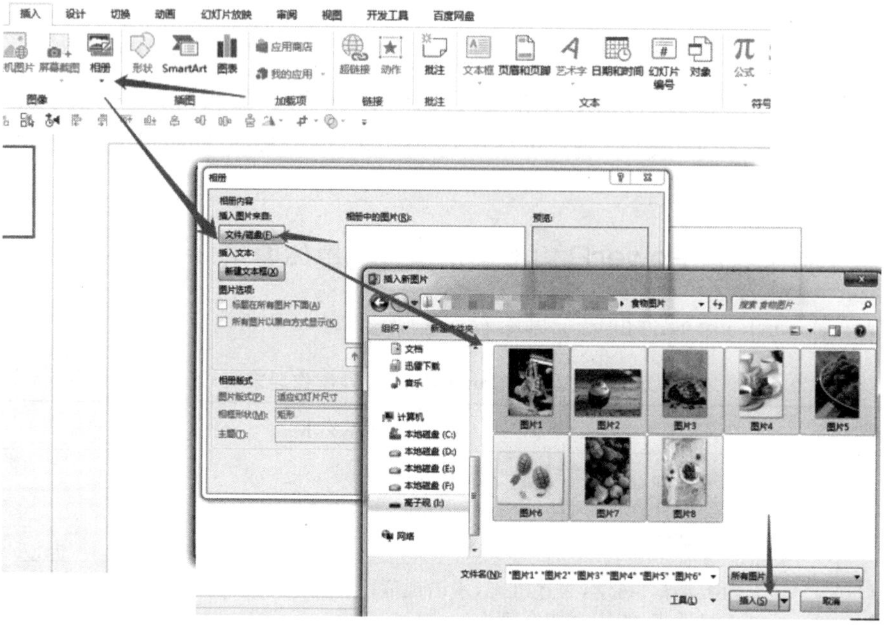

图 4-2-2　选择【插入】-【相册】，插入多张图片

3. 勾选需要插入的多张图片，点击"创建"按钮，如图 4-2-3 所示。

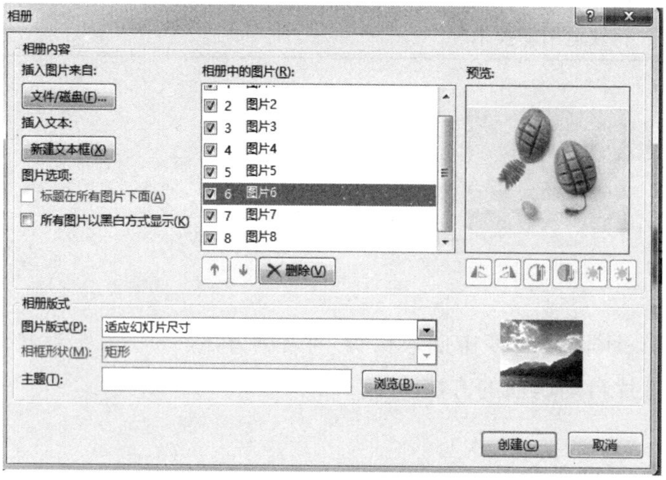

图 4-2-3　创建相册

4. 创建的相册，会出现在自动新建的演示文稿中，默认情况下，幻灯片背景色为黑色，如图 4-2-4 所示。

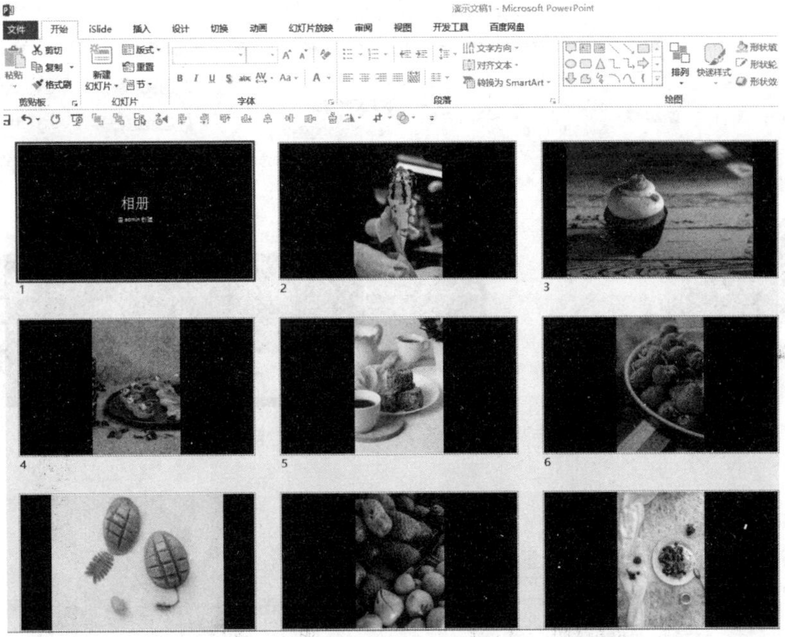

图 4-2-4　相册会生成在自动新建的演示文稿中

5. 根据设计需要,对幻灯片中的图片进行适当的处理,如裁剪大小、缩放、旋转等,如图 4-2-5 所示。

图 4-2-5　对幻灯片中的图片进行裁剪、缩放等处理

6. 根据设计需求,可以新建幻灯片,制作相册封面。

7. 选中第一页幻灯片,选择"插入"选项卡中"音频→PC 上的音频…"命令,如图 4-2-6 所示,找到"背景音乐.mp3"插入。

图 4-2-6　插入音频

8. 此时在画面中出现一个小喇叭,点击小喇叭,可见"音频工具/播放"选项卡,如图 4-2-7 所示。在"开始"栏选择"自动",以设置音频的自动播放,如图 4-2-8 所示。同时,勾选"跨幻灯片播放""循环播放,直到停止",如图 4-2-9 所示。

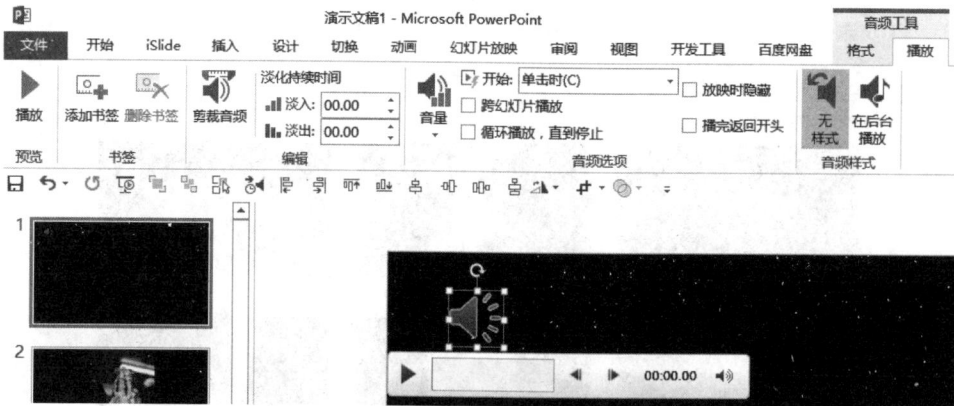

图 4-2-7 "音频工具/播放"选项卡相关功能

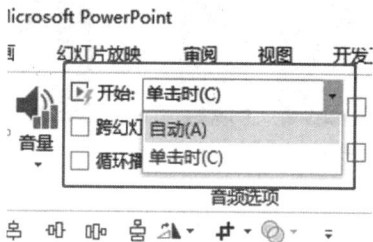

图 4-2-8 设置音频的自动播放　　图 4-2-9 设置音频的"跨幻灯片播放"

9. 在"切换"选项卡中选择"随机"效果,如图 4-2-10 所示。勾选"设置自动换片时间"并设为 3 秒,点击"全部应用",如图 4-2-11 所示。

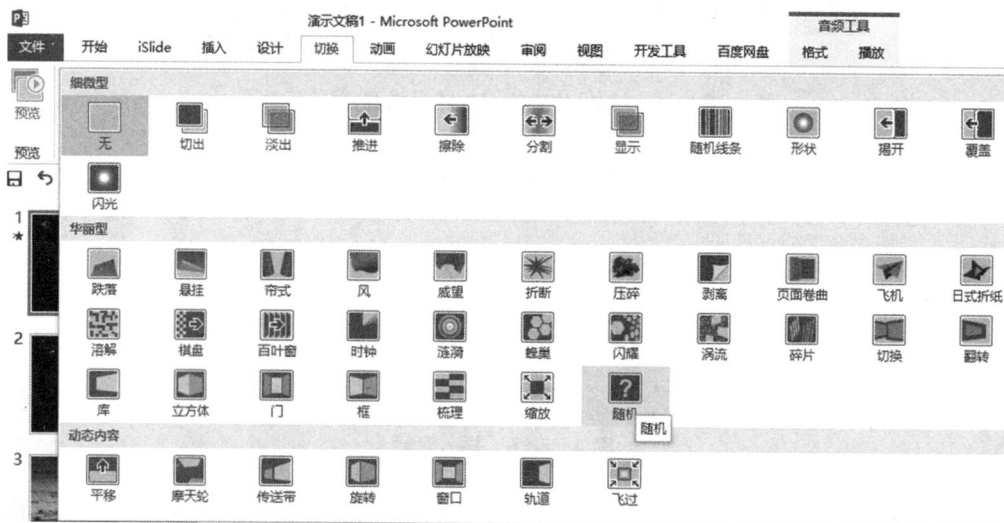

图 4-2-10 设置幻灯片的切换方式

图 4-2-11　设置"切换"的自动换片方式

10. 选择"幻灯片放映"选项卡中的"从头开始" 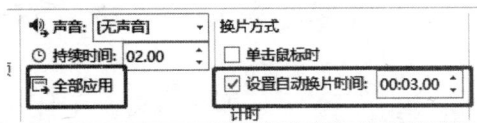。现在就可以跟着音乐欣赏电子相册了。

活动二　制作触发器动画

活动目标：

1. 掌握 PowerPoint 2016 中实现触发器互动动画的方法。

2. 掌握动画的触发器设置方法。

整体 PPT 演示要求：

1. 实现鼠标点击幻灯片中的指定对象才能触发动画的效果。

2. 点击幻灯片中的对象,实现动态反馈。

活动过程：

1. 将制作触发器动画的所有对象插入幻灯片中,并合理地摆放。如图 4-2-12 所示,涉及文本、图片、形状等内容。其中形状"√"是由两个矩形旋转拼出并组合而成,如图 4-2-13 所示。为了之后的动画操作,需要在此将两个矩形进行"组合",详见图 4-2-14。由此,形状"√"才算是添加完成。而形状"×"是在"插入"选项卡中选择"形状"→"公式形状"→"乘号",如图 4-2-15 所示,将该形状直接插入即可。

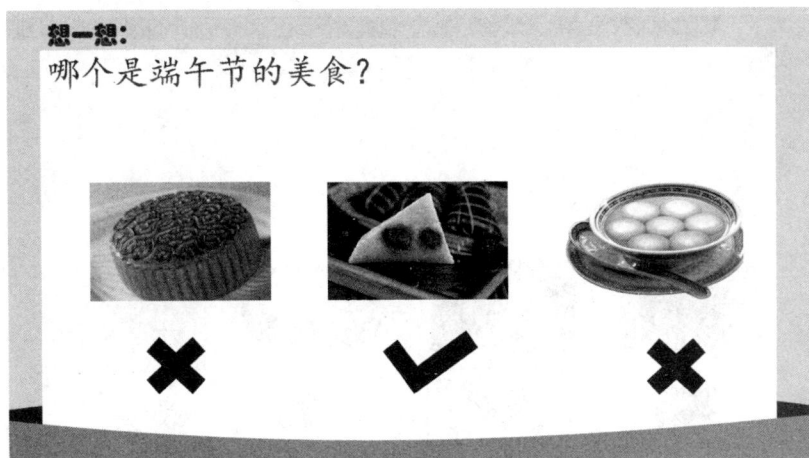

图 4-2-12　将文本、图片等内容插入至幻灯片

图 4－2－13　形状"√"由两个矩形旋转拼出

图 4－2－14　两个矩形需要组合

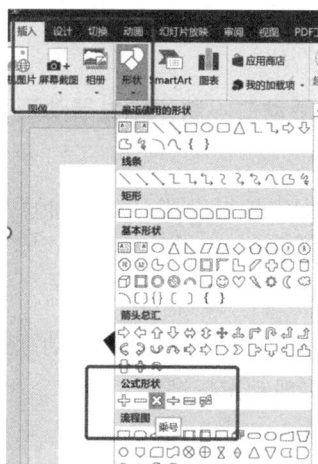

图 4－2－15　插入形状"乘号"（即叉号"×"）

2. 要想实现点击图片出现"√"或"×"的反馈（即答对或答错的反馈），必须先对"√""×"的形状对象添加动画，才能设置相应的触发器。以正确答案"粽子"为例，先选中形状"√"，对"√"添加进入动画，如淡出。详见图 4－2－16。

图 4－2－16　对形状"√"添加"淡出"动画

3. 在动画窗格中的列表中，选择"效果选项"，如图 4-2-17 所示，进入"淡出"动画的"效果选项"对话框。点击"计时"标签中的"触发器"，在"单击下列对象时启动效果"的下拉菜单中选择对应的"粽子图片"，详见图 4-2-18，即设置"粽子图片"为形状"√"的触发器。放映幻灯片时，就会出现这样的触发动画效果：点击粽子图片，淡出形状"√"，表示回答正确。

图 4-2-17　在动画窗格中选择"效果选项"

图 4-2-18　在"淡出"动画的计时标签中设置触发器

4. 另两个图片的触发动画设置同理，依旧是先对形状"×"添加"淡出"动画，再进入动画的"效果选项"对话框中的触发器做相应的设置。如图 4-2-19 所示，设置后的形状"×"左上角会出现小闪电的标志，即表示设置了触发器。

图 4-2-19　设置了触发器的标志

图 4-2-20　完成触发器设置后的动画窗格

5. 放映幻灯片，鼠标移至图片时，会出现的小手图像，表示该图片可触发动画效果。测试图片与形状"×"或"√"的对应情况是否准确。完成后的幻灯片动画窗格如图 4-2-20 所示。

活动三 制作简易片头动画

活动目标：

1. 掌握 PowerPoint 2016 中设置衔接动画的方法。

2. 掌握幻灯片中对象的排列对齐的一般方法。

整体 PPT 演示要求：

1. 幻灯片中依次出现"新年快乐"四个字。

2. "新年快乐"四个字分别沿水平线方向，在幻灯片中平移，一字排开。

活动过程：

1. 运行 PowerPoint 2016，新建一个空白文档。

2. 选择"插入→文本框"，分别键入"新""年""快""乐"，字体为"华文琥珀"，文本颜色为橙色，文本框填充色为白色，如图 4-2-21 所示。

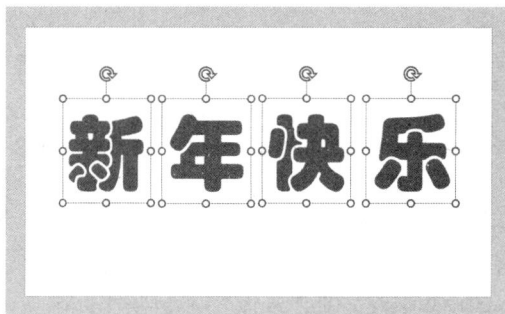

图 4-2-21 幻灯片中插入文本

3. 用鼠标自左向右选中四个文本框，一起添加进入动画"缩放"，见图 4-2-22。接着，在"计时"栏中对这四个文本的动画设置"上一动画之后"的条件。随后，在动画窗格中可以发现，四个动画前段均会出现小时钟的标识，见图 4-2-23，说明已完成"上一动画之后"的设置。

图 4-2-22 对文本添加"缩放"动画

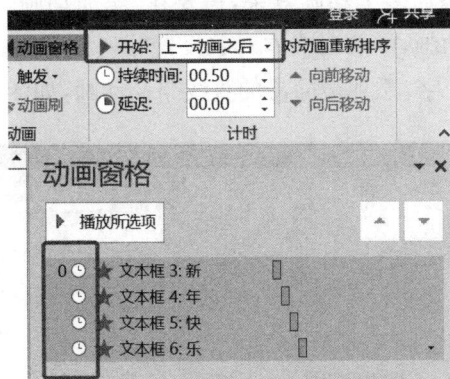

图 4 - 2 - 23　设置"上一动画之后"

4. 将"新""年""快""乐"四个字同时选中,在"排列"→"对齐"中选择合适的对齐方式,见图 4 - 2 - 24。如水平对齐、垂直对齐,可将四个字叠放至幻灯片中央,如图 4 - 2 - 25所示。

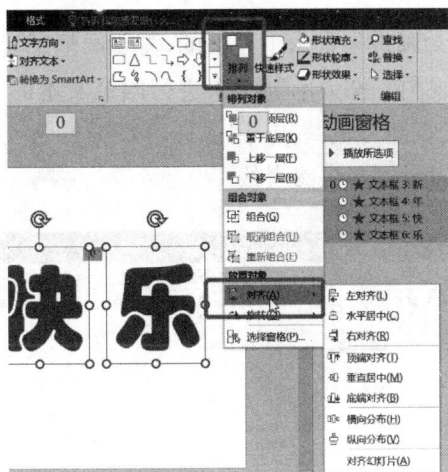

图 4 - 2 - 24　对文本进行排列对齐

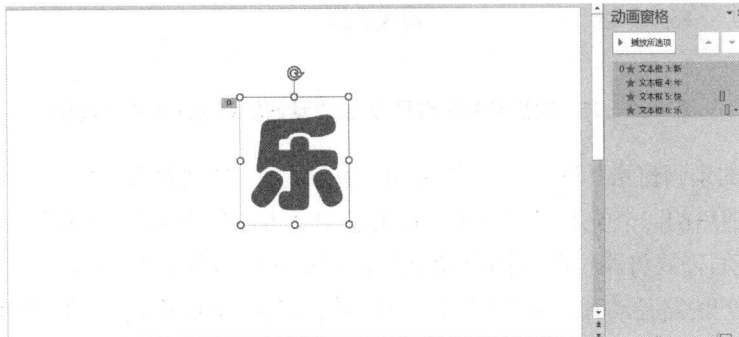

图 4 - 2 - 25　四个字重叠至幻灯片中央

5. 在同一个对象上添加多个动画效果,需要在"添加动画"栏中进行选择。想让文本呈现一字排开的位移动画,需要对文本对象设置"路径"动画。所以,先用鼠标同时选中"新""年""快""乐"四个字,添加最简易的直线路径动画,如图 4-2-26 所示。

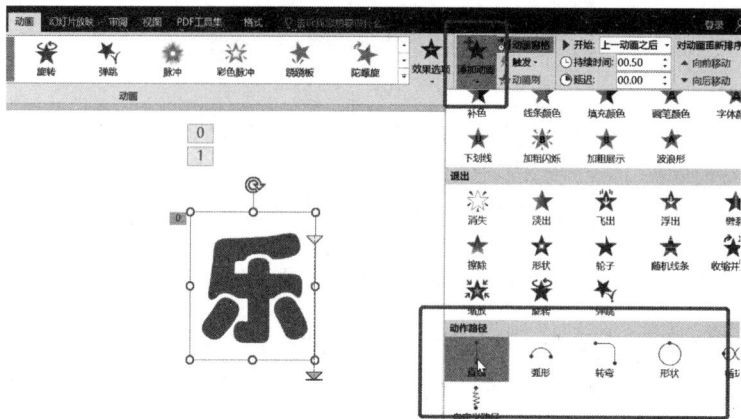

图 4-2-26 对文本添加路径动画

6. 此时,默认的路径动画效果是由上至下的,需要调整。为了文本路径位移的准确合理,可利用参考线(在"视图"→"显示"中)来进行四个文本的布局,详见图 4-2-27。路径动画中的红色箭头代表路径的终点,用鼠标可以进行路径终点的调整。按住 Ctrl 键,用鼠标拖动参考线可以复制多条参考线。

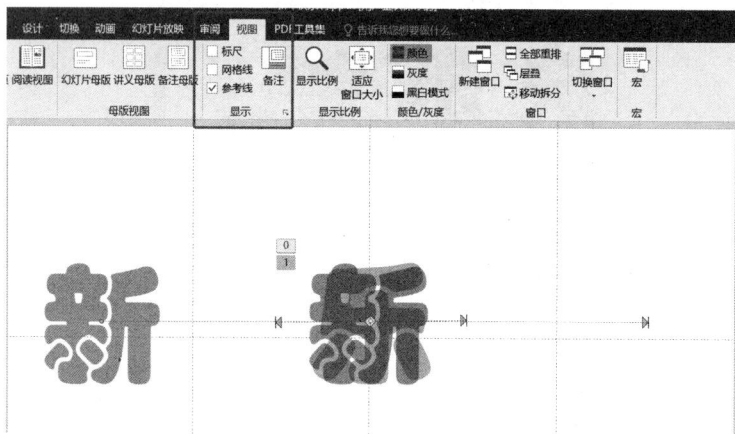

图 4-2-27 利用参考线布局,对文本动画的路径终点进行调整

7. 此时的动画窗格如图 4-2-28 所示,表示在文本"缩放"动画之后,需要单击鼠标才会启动随后的四个文本路径动画。如若希望文本路径动画在"缩放"动画播放完毕之后直接启动,需要将路径动画的启动条件进行相应的设置。如图 4-2-29 所示,在"文本框 3:新"的路径动画设置为"与上一动画同时"后,动画窗格中的动画轴随即发生变化。

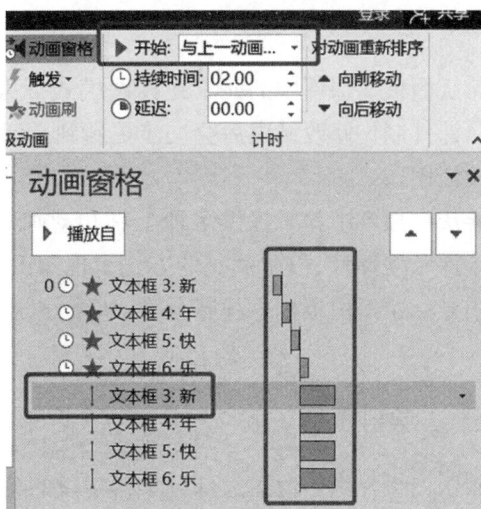

图 4-2-28　添加路径动画后的动画窗格　　图 4-2-29　将添加动画设为"与上一动画同时"

这样就实现了"新""年""快""乐"四个字逐个缩放出现、随即一字排开的动画效果。由此,简易的片头动画就完成了。按 F5 键即可演示放映效果。

第三讲　希沃白板 5 交互课件设计与制作

基础知识

希沃白板 5 是一款专为信息化教学设计的互动式课件制作工具,由希沃(seewo)自主研发,以生成式教学理念为核心,提供云课件、互动授课、学科工具、教学资源、微课录制等备授课功能。支持电脑、一体机、网页和手机兼容显示,多种设备无缝衔接。支持课件的一键分享和接收,突破时间和设备限制。软件功能介绍如下:

一、云课件

在希沃白板中创作的课件,均存储在云端。希沃白板课件主要以云课件形式存在,用户通常不用关心文件格式,登录希沃账号,即可实现对课件的多平台随调随用。希沃白板提供海量的云空间,足够用户存放自己的所有日常课件。在备课模式下的课件会自动同步到该账号的云课件中,老师可以直接从云课件列表拉取课件进行备课编辑以及授课,也可以直接新建课件,还可以把自己制作的 PPT 导入云课件。

二、 强大的交互性

希沃白板 5 课件中的元素在授课模式下可以随意拖动变更位置，可以随意扩大和缩小。课件制作修改结束后会同步更新到云课件中，不用优盘，只要有网就可以随时登录修改使用。

希沃白板 5 中除了提供多种工具和动画外，课堂活动是它的亮点。课堂活动功能增强了课堂互动性，以游戏化的方式呈现知识点，将课堂教学由传统的单向灌输转变为兴趣引导。希沃白板提供趣味分类、超级分类、选词填空、知识配对、分组竞争 5 类课堂活动。

三、 学科工具

希沃白板提供了覆盖大部分学科学段的备授课工具，如汉字、拼音、古诗词、几何画板、英汉字典、星球、乐器等专属工具，也有幼儿园各领域的教学资源，以及各个学科的微视频以及题库。

四、 移动授课

通过希沃白板 5 等软件可以实现移动授课，实现这个功能需要手机安装希沃授课助手，手机和电脑同时登录可以实现双屏同步，可以利用手机控制白板，远程操作，能使用手机控制课件翻页、手机批注大屏同步显示、手机拍照上传大屏，也可以对幼儿的手工、绘画作品等进行拍照上传，实时展示与评价幼儿的学习成果等。

实践活动

活动一 希沃白板 5 软件的使用

活动目标：

1. 熟悉希沃白板 5 软件的打开、新建与关闭。

2. 知道希沃白板 5 软件的备课模式和授课模式。

3. 掌握希沃白板 5 软件的常用工具的使用。

活动准备：

1. 下载安装希沃白板 5 软件。

2. 相关素材。

活动过程：

一、注册账号

1. 启动软件

双击桌面上的软件快捷方式图标 ，启动希沃白板 5，进入希沃白板 5 的登录界面,这个界面有两个选项,一个是账号登录界面,一个是微信扫一扫登录界面(微信扫一扫登录界面是在已有的账号基础上,绑定微信账号后可以用微信扫一扫登录),第一次登录希沃白板 5 要用手机进行注册,才能够登录到希沃白板 5 的云课件的操作界面。

2. 注册账号

点击注册,要求我们输入手机号,输入图片验证码,获取手机验证码,验证正确后,进入输入密码界面,设置完成后将进入完善个人信息界面,输入学段、学科、绑定学校。完成注册,登录成功,进入云课件的操作界面。首次登录后,会有一个希沃白板 5 功能介绍的课件。

软件界面如图 4‐3‐1 所示。界面分为左右两部分,左面的列表是个人信息、云课件、课件库、云课堂、我的学校等内容,右面就是已经设计好或是新创建的课件组和课件。

图 4‐3‐1 希沃白板 5 软件界面

手机版希沃白板 5 App 可以在手机应用商店下载,也可以在其他地方下载。

二、创建课件组

在建立课件前,要对课件进行分类,也就是要创建一个或几个课件组。(这里的课件组,跟电脑上"文件夹"的功能一样,可以编辑、删除、重命名、移动。)

点击上方的新建课件组,可以新建一个课件组(也就是一个文件夹)进行命名就可以了,如图 4‐3‐2 所示。

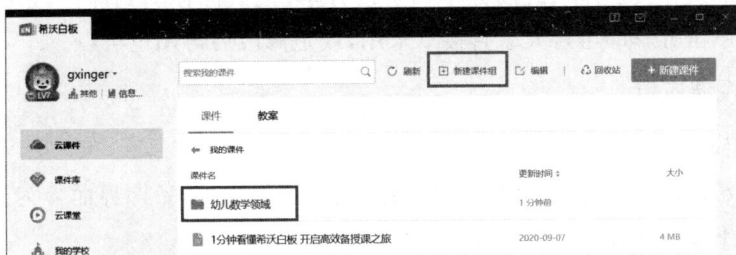

图 4‐3‐2 创建课件组

三、创建课件

创建课件一般有两种方法,下面对这两种常用方法进行介绍。

1. 常规法

点击刚才创建的课件组,点击界面右上角的新建课件按钮 ▦ + 新建课件 ,进入新建课件界面,如图4-3-3所示,给课件命名、选择新建空白模板或合适的背景模板,点击对应模板就可以创建一个新课件了。

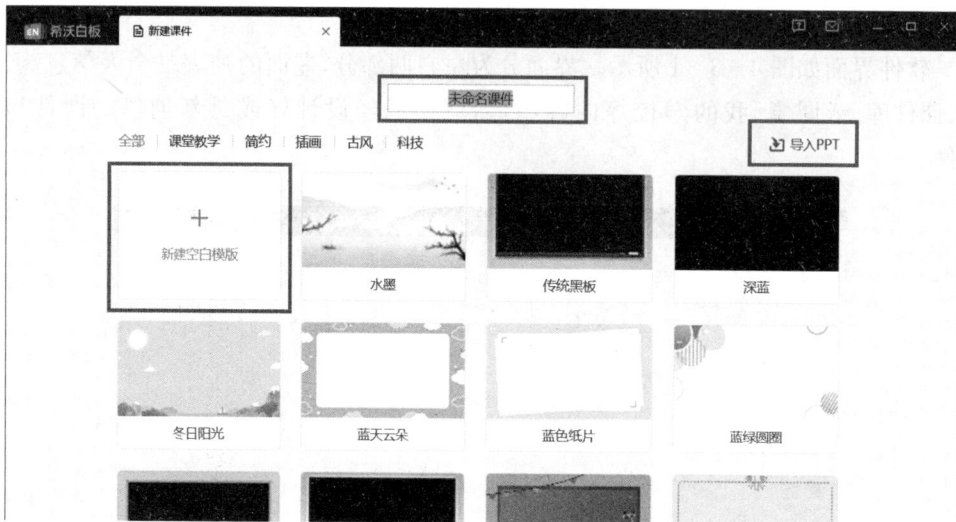

图4-3-3 新建课件界面

2. 导入法

在新建课件界面,如图4-3-3所示,点击界面右上角的"导入PPT"按钮,在打开的对话框中选择事先做好的PPT文件。或者在备课端菜单栏点击【文件→导入课件】,选择本地PPT文件导入;或者直接拖动PPT文件到希沃白板画布解析PPT。

如果是早期版本的.ppt格式的文件会出现一个选项,要求以背景模式导入,点击确定导入课件。这时导入的课件就是一个个图片,不能够进行修改。如果是后期高级版本的.pptx格式的文件,可以正常导入。

课件是可以共享的,一个年级组,每人备一部分课件,分享到学校课件资源里(分享课件有三种形式:手机分享、链接分享和学校分享,把鼠标移动到课件,选择分享,选择年级、学科,点击分享即可),大家直接拿来用,或是修改后再用也可以。

四、备授课应用

1. 备课模式

点击创建好的课件,或是新建课件,就进入备课界面了,备课界面分为五个部分,每个部分展示不同的功能,如图4-3-4所示。

下面介绍备课界面中的一些常用功能:

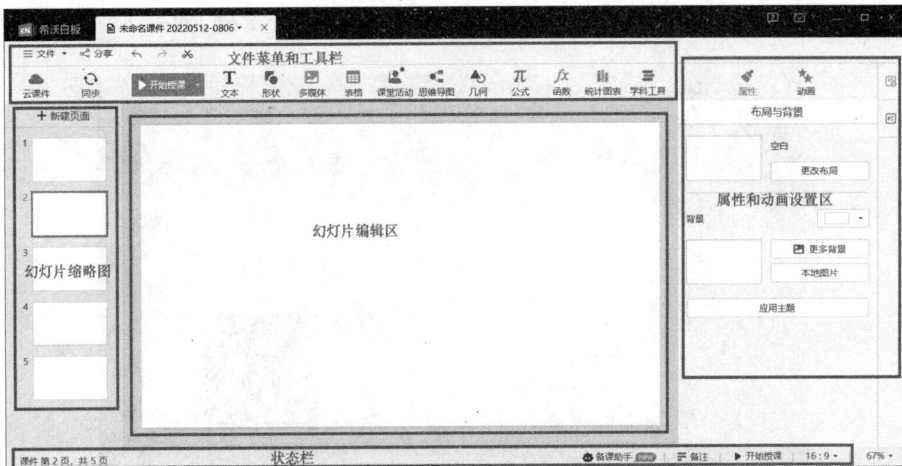

图 4-3-4　希沃白板 5 备课界面

（1）文件菜单和工具栏。备课界面最上面的一行,有【文件】菜单和一些快捷工具按钮,如分享、撤销、截图等功能。下面一行是工具栏,主要有云课件、同步、开始授课按钮,以及常用的制作工具。

- 点击云课件可以回到登录后的界面,也就是云课件界面。
- 同步可以理解成保存。
- 点击开始授课按钮进入授课模式。
- 常用的制作工具包括文本、形状、多媒体、表格,课堂活动、思维导图、几何、公式、函数、统计图表、学科工具等。

（2）幻灯片缩略图。备课界面的左侧显示幻灯片缩略图,每一个缩略图的左上角都有当前幻灯片的页数信息,对幻灯片的新建、移动、复制、删除等操作都是在这里完成。

（3）幻灯片编辑区。中间部分是幻灯片的编辑区域,空白的部位是画布,课件中的对象都是在画布中添加和修改的。

（4）属性和动画设置区。右面是设置面板和教学设计面板,常用的是设置面板,主要是页面的属性设置和动画设置的一些功能。

属性设置:"更改布局"相当于 PPT 中的母版功能,背景可以用不同的颜色或是图片来代替,图片可以用软件自带的,也可以导入自己的图片,这些功能和 PPT 的相关操作类似。

动画设置:动画设置的功能跟 PPT 的使用差不多,不再赘述,可以慢慢在使用过程中去操作,灵活运用。

（5）状态栏。包括课件页数信息,以及显示比例、切换授课模式等按钮。

2. 授课模式

点击画布上方的开始授课(按 F5 也可以)按钮,进入授课界面,也可以点击开始授课的下拉菜单,后出现四个选项,分别是从当前页授课(Shift+F5)、从第一页授课(F5)、自定义备课工具栏、自定义授课工具栏,根据需要自行选择对应功能。

进入授课界面,会看到授课界面下面的工具栏分为三个部分,如图 4 - 3 - 5 所示。

图 4 - 3 - 5　希沃白板 5 授课界面

下面对工具栏的功能进行介绍:

(1) 最左面的工具栏,分别是菜单(如图 4 - 3 - 6 所示)、最小化和云课件。

图 4 - 3 - 6　授课界面菜单

· 菜单项的选项主要有打开文件、扫描分享、导出、帮助、返回备课等。

打开文件:单击"打开文件",弹出"打开文件"对话框,如图 4 - 3 - 7 所示,从中可以选择云资料夹中的文件,也可以选择电脑上的文件,支持打开的文件主要有动画、图片、音频、视频和 PPT 等。

导出:包括保存为图片(含板书)和导出课件两个选项。其中,"保存为图片"功能是把当前课件的页面根据页数保存成对应数量的图片。

返回备课:点击"返回备课",或按 Esc 键,就从授课模式返回到备课模式(这个跟PPT 中的结束播放是一样的)。

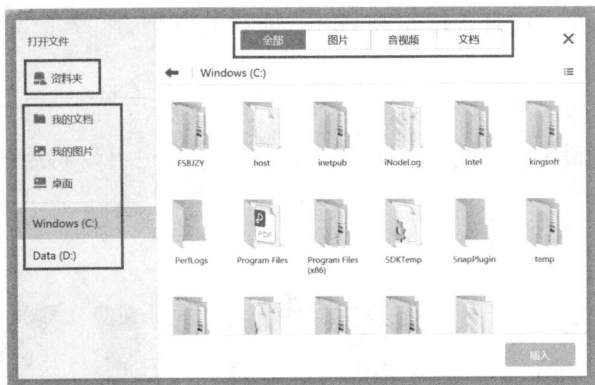

图 4-3-7 授课界面菜单项"打开文件"对话框

• 最小化：点击最小化后，会在计算机桌面出现一个浮动的按钮图标，这个按钮图标有四个选项，分别是鼠标模式、画笔模式、橡皮模式和返回模式。

（2）中间部分如图 4-3-8 所示，有八个选项，分别是鼠标模式、画笔模式、橡皮模式、撤销、更多、录制胶囊、班级管理、手机投屏。下面主要介绍"更多"功能。

图 4-3-8 授课界面中间部分工具栏

点击"更多"，出现一个页面，这个页面包括通用、学科和在线资源三个部分，如图 4-3-8 中所示。

• 通用：通用中有形状、放大镜、板中板、截图、计时、恢复等工具，它们在课件使用过程中随时可以使用。

• 学科：顾名思义就是学科工具，主要是针对语文、数学、外语、艺术等学科。

汉字："汉字"这个功能选项支持手写输入，汉字会出现在田字格中，在田字格中可以展示这个字的笔顺、读音等功能。

拼音：直接在键盘上输入拼音，就会在四线格子中出现所输入的拼音，可以拼读、书写笔顺等。

古诗词：点击"古诗词"，出现古诗词选择画面，选择一个古诗，点击插入，就会出现一个新的页面。这个页面有古诗原文、翻译、朗读的音频、作者介绍以及古诗的中心思想等。

画板:点击"画板",出现画板界面,如图4-3-9所示。在底部的工具栏中可以设置笔触的大小、笔形(铅笔、毛笔、刷子)、橡皮擦、颜色等,也可以将绘制的图片保存到电脑中。

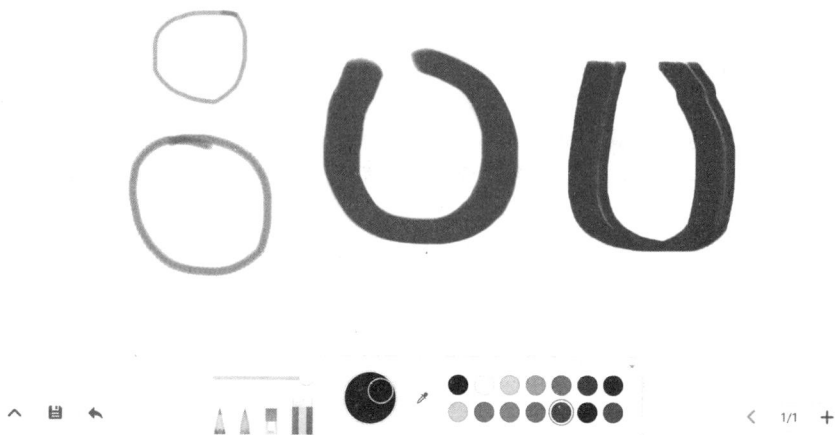

图4-3-9　画板界面

星球:点击"星球",出现星球面板,选择一个星球即可打开该星球的三维空间界面,如图4-3-10所示,拖拽鼠标,星球可以转动。

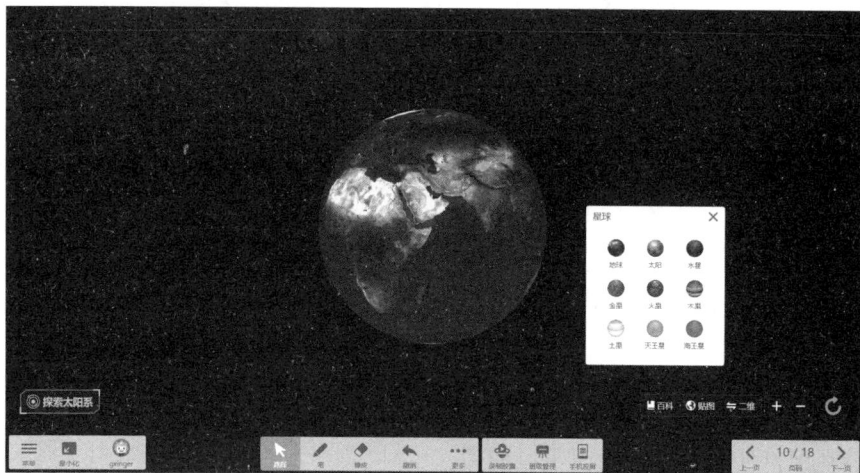

图4-3-10　星球界面

乐器:点击"乐器",出现一个钢琴界面,如图4-3-11所示,有自由演奏和乐理学习者两个选项卡。"自由演奏"选项卡下面有四个选项,分别是曲库、录音、删除和音量的调节。打开"曲库"可以选择合适的音乐进行播放,并且在钢琴上显示按键、曲谱变化。利用"录音"功能可以把弹奏的音乐录制出来,停止录音就会回放刚才的演奏。

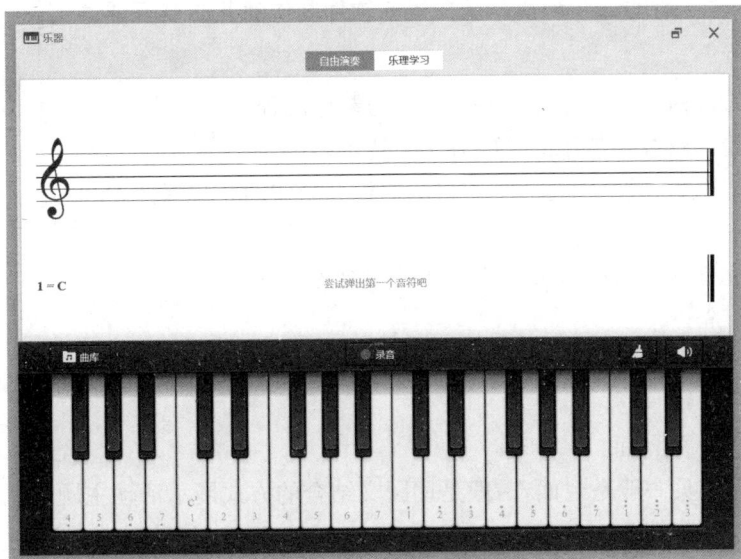

图 4-3-11　乐器界面

（3）最右面是翻页菜单，上一页、下一页和页码。点击"上一页"回到上一个页面，点击"下一页"进入下一个页面，点击"页码"会出现所有页面，选择需要的页面进行跳转即可。

另外，在授课界面中，选择一个对象后，可以出现一些工具，如"置顶""克隆""删除"选项，非常实用，操作灵活，如图 4-3-12 所示。

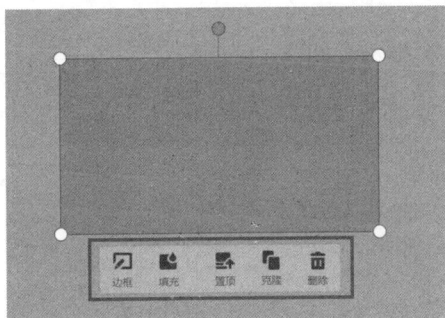

图 4-3-12　对象操作工具

课件授课过程中，虚线框表示有涂层，点橡皮或用手掌擦除。花色底纹则直接点击就可出现。思维导图后有加号，点一下就可出现，减号表示下级内容可隐藏。有"笔记本"状态的表示有链接内容，有"曲别针"状态的表示超链接到相应的幻灯片。

如果进行移动授课，需要手机下载安装希沃白板。网络连接（也可以用手机热点）时，必须在同一网络中。打开课件，手机上显示已打开，手机点击"开始授课"，可以实现遥控翻页、批注、传屏、摄像等功能。

活动二　利用希沃白板 5 软件制作幼儿园交互课件

活动目标：

1. 了解希沃白板 5 交互课件设计思路与制作流程。

2. 掌握希沃白板 5 制作课件的方法与技术。

3. 能够根据活动设计需要，利用希沃白板 5 制作幼儿园课件。

活动准备：

1. 设计完善基于希沃白板 5 的活动设计教案。

2. 素材准备。

3. 希沃白板 5 软件。

活动过程：

1. 制作第 1 页封面

课件的第 1 页一般是封面，一般是用图文结合的方式展示活动主题信息。

（1）设置背景颜色。新建空白模板后，在属性面板中，设置背景颜色为蓝色（♯FF79AEF3）。

（2）导入图片并加工。点击上面工具栏上的"多媒体"按钮，在打开的对话框中，定位图片位置，选择图片后点击"插入"按钮导入图片。选择图片后，图片四周会出现触控点，从而可以改变图片大小和旋转图片，然后通过右侧的属性面板对图片进行调整，如图 4－3－13 所示。可以进行替换图片、裁剪图片、去除图片背景、添加蒙层，以及边框、阴影、倒影、透明度等外观效果设置，还可以对图片进行 90 度旋转和镜像、对齐方式、层级、锁定、组合等设置。

（3）添加文字标题。点击上面工具栏上的"文本"按钮，在编辑界面滑动鼠标即可出现文本框，输入课件标题——"幼儿

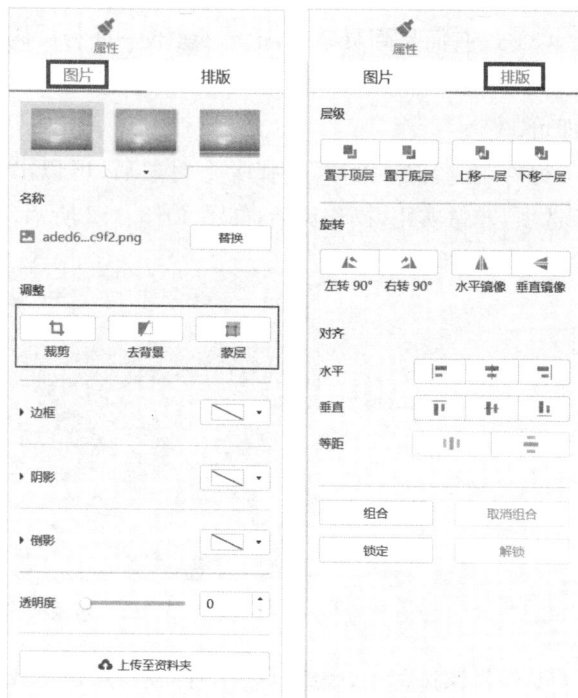

图 4－3－13　图片属性设置

园.大班.数学认知活动""认识图形"，通过右侧的"属性/文本"的设置，对输入的文字进行"字体""字号""颜色""对齐"等修改。

2. 新建页面，创建第 2 页

（1）更改页面背景颜色为浅蓝色（♯FFA7C9F5）。

（2）导入边框图片和彩虹图片，放置在适当位置。添加文字"活动目标"。如图4－3－14所示。

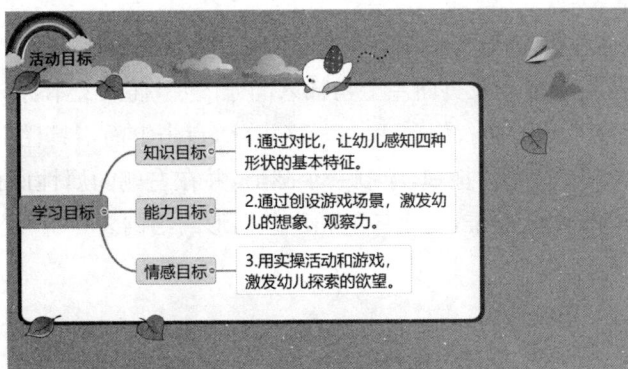

图 4－3－14　活动目标页面

（3）创建思维导图。点击上面工具栏中的"思维导图"按钮，然后选择第一个选项，如图4－3－15所示，即可在页面上创建思维导图。在页面中双击主题文字即可输入活动目标的具体内容。通过右侧的思维导图属性面板插入节点、更改样式，如图4－3－16所示。需要注意的是，还可以给每个主题添加图片、声音、视频等多媒体对象，还有备注、联系、总结等元素，可以根据需要应用到交互课件中。

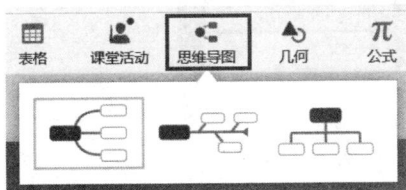

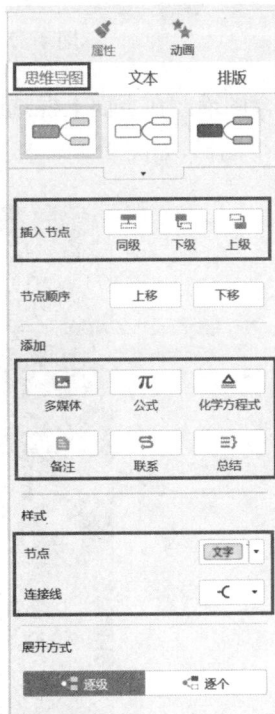

图 4－3－15　"思维导图"按钮　　　　图 4－3－16　思维导图属性面板

3. 新建页面,创建第 3 页

点击上面工具栏中的"多媒体"按钮,插入导入环节的视频(图形.mp4)。在页面上调整视频的大小至合适。

4. 新建页面,创建第 4 页

(1) 制作标题:猜一猜。在页面左上角插入问号图片,插入文本:猜一猜。

(2) 绘制乌龟和小鱼图形。如图 4-3-17 所示,点击上面工具栏中的"形状"按钮,选择圆形,在屏幕中按住 Shift 拖拽,绘制一个圆形,并在右侧的属性面板中更改填充色为绿色,边框为黑色。以此类推,完成乌龟和小鱼图形的绘制。

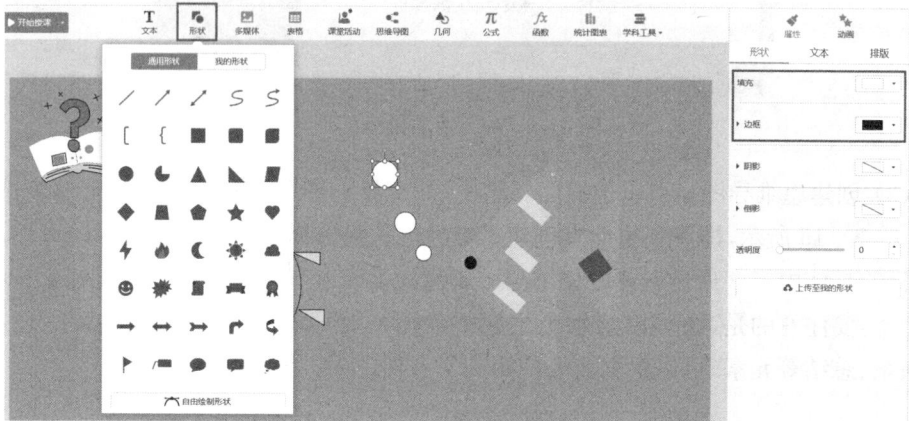

图 4-3-17　绘制乌龟和小鱼图形

(3) 组合图形。在页面上框选组成乌龟的所有图形,点击右键,选择"组合"命令,将其组合成一个图形,如图 4-3-18 所示。用同样的方法组合小鱼。

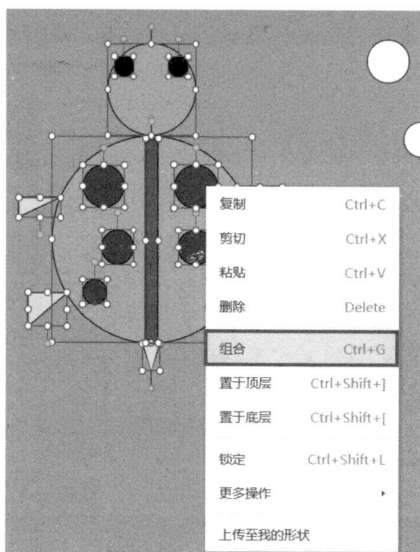

图 4-3-18　组合乌龟图形

（4）添加蒙层。选中页面上的乌龟组合图形，点击右键，在弹出的菜单中选择"更多操作—添加蒙层"，可以将乌龟进行"隐藏"，在授课模式下使用橡皮擦擦除后可显示出来，如图4-3-19所示。用同样的方法为小鱼添加蒙层。

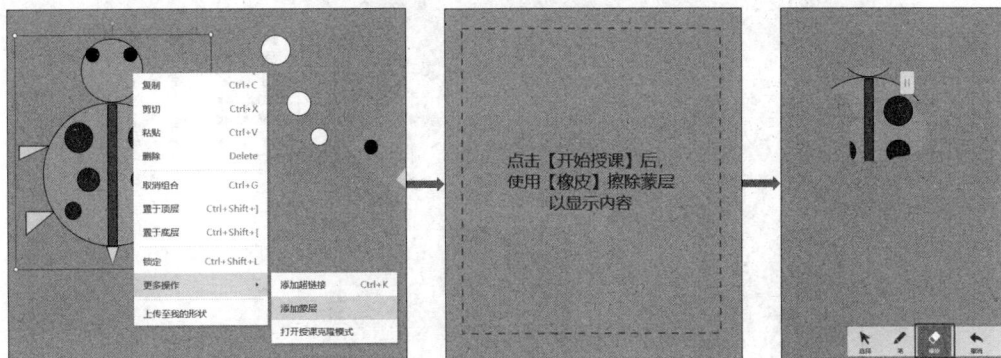

图4-3-19 添加蒙层

5. 创建第5页：看一看

用类似上一页的方法制作第5页，使用蒙版让幼儿在一幅图画中探索寻找图形，如图4-3-20所示。

图4-3-20 创建第5页：看一看

6. 创建第6页：说一说

（1）导入和制作素材。导入彩虹图片，输入标题"说一说"，绘制三角形、圆形、长方形、正方形，并设置不同的填充色。

（2）为三角形添加动画效果。在页面上选中三角形，然后在右侧的"动画/元素"选项卡中添加"出现—强调"动画，同时可以在下面设置它的"时间""延时""播放数次""声音"等参数，这里我们保持默认设置，如图4-3-21所示。

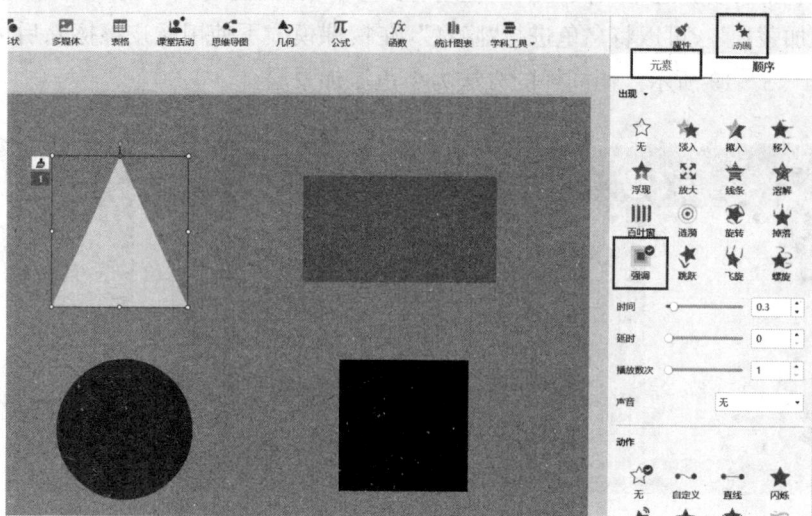

图 4 - 3 - 21　为三角形添加动画效果

（3）为圆形、长方形、正方形添加"出现—强调"动画，方法同上。

（4）为四个动画设置顺序和触发方式。点击右侧"动画—顺序"选项卡，可以调整动画播放顺序。也可以调整触发方式，这里我们保持默认设置（点击下一页触发），也可以删除动画，如图 4 - 3 - 22 所示。

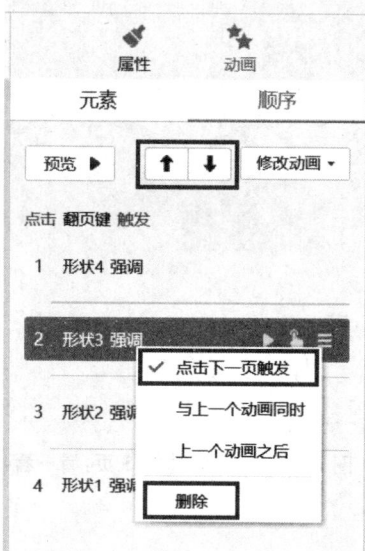

图 4 - 3 - 22　设置动画顺序和触发方式

7. 创建第 7 页：我帮小猪盖房子

（1）导入和制作素材。导入草地图片、小猪图片和彩虹图片。输入标题：我帮小猪盖房子。绘制房子图形和正方形、长方形、三角形、圆形等图形。将这些对象摆放在合适的位置。

（2）组合房子和草地，并将其锁定。同时选中房子和草地，点击右键，选择"组合"命令，将房子和草地组合成一个对象。然后在该组合对象上点击右键，选择"锁定"命令，这样该对象在备课和授课模式下都不能移动位置了。

（3）为图形设置授课克隆模式。同时选中页面上的正方形、长方形、三角形、圆形，点击右键，在弹出的快捷菜单中选择"更多操作—打开授课克隆模式"命令，如图4－3－23所示，这样在授课模式下，选中某一图形，如三角形，下面会出现工具栏，默认会选中"克隆"按钮，直接拖拽图形即可，这样就可以反复使用这些图形了，如图4－3－24所示。

图4－3－23 设置授课克隆模式

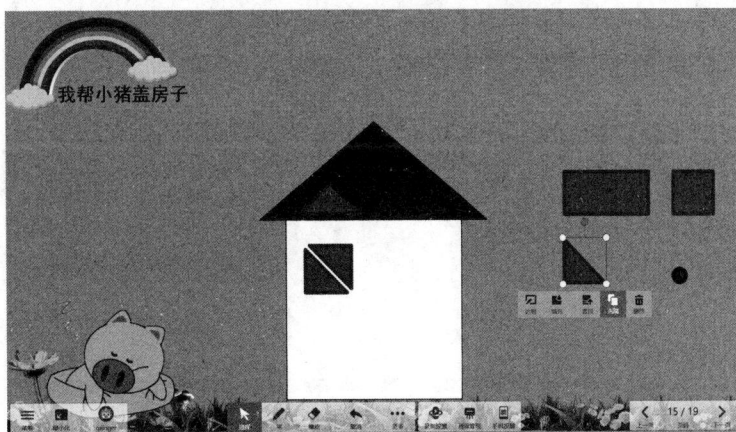

图4－3－24 克隆功能效果

8. 创建第8页：送小动物回家

（1）制作标题。导入彩虹图片，输入文字：送小动物回家。

（2）插入"趣味分类"课堂活动。点击上方工具栏中的"课堂活动"按钮，弹出"课堂活动"对话框，在"超级分类"选项组中，选择"萌狐与小屋"，点击"应用"按钮，如图4‐3‐25所示。在下一页中输入游戏内容，左侧是三角形，右侧是长方形，如图4‐3‐26所示，点击完成。

图4‐3‐25　"课堂活动"对话框

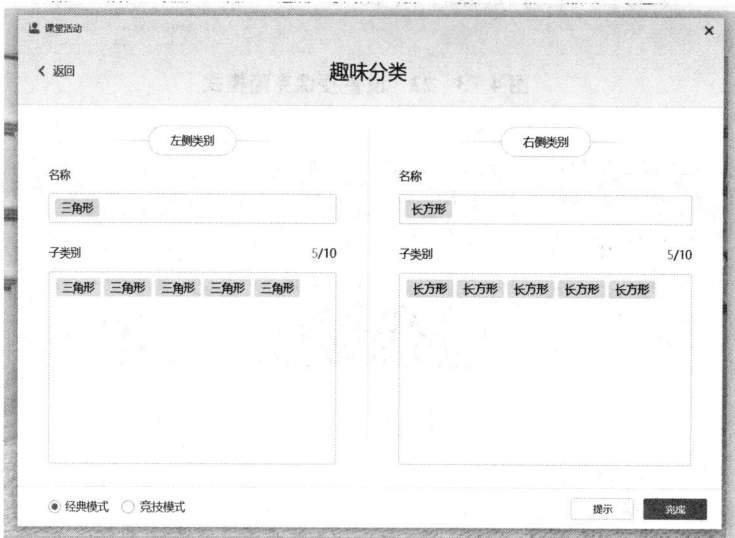

图4‐3‐26　输入游戏内容

（3）在页面中更改图片。在页面中选中背景，在右侧的"属性—课堂活动"面板中选择"本地图片"按钮，更换准备好的背景图。用同样的方法，将页面中的三角形和长方形更换为准备好的图片，删除图片选项的文字，然后拖拽移动，将它们打乱位置，如

图 4 - 3 - 27 所示。

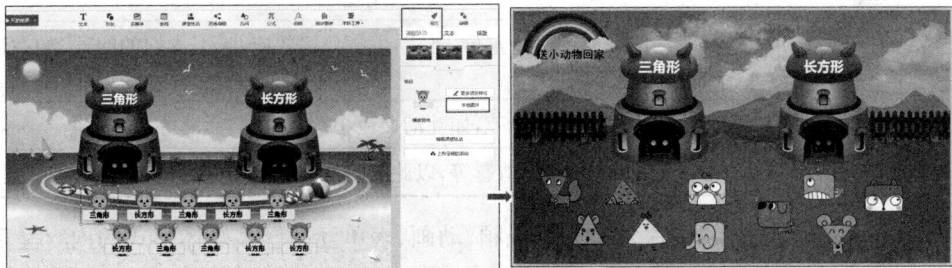

图 4 - 3 - 27　在页面中更改图片

9. 创建第 9 页

用同样的方法,创建"课堂活动—分组竞争",选择"奇幻森林",让幼儿在竞争游戏中巩固对图形的认识。

10. 储存课件

课件会自动同步到云课件,也可以保存到本地。

第四讲　H5 作品设计与制作

基础知识

一、 何为"H5"

所谓"H5",即"HTML5",是指"HTML"的第 5 个版本,而"HTML",则是指描述网页的标准语言。因此,HTML5,是第 5 个版本的"描述网页的标准语言"。

那么,"描述网页的标准语言"到底是什么?"描述网页的标准语言",其实就是网页文件的格式。就像 Word 可以打开.doc 文件,我们的浏览器基本都能打开 html 文件。而我们浏览网页,并在其中进行各种交互操作的过程,本质上都是我们的浏览器下载了一个网页文件,然后"播放"或者"运行"这个网页文件的过程。这个过程,和我们下载一个 MP4 的电影,然后用 QuickTime 打开,基本上是一样的。可以理解为,H5 是一个解决方案,一个看起来酷炫的移动端网站的解决方案。

二、 H5 作品的类型

现如今,应用较为广泛的 H5 作品类型一般用于商业宣传、活动推广等,也可以按照在活动的前期、中期与后期发挥不同的功能,将其分为以下三种:

表 4 - 4 - 1　H5 作品的主要类型与用途

类型	用途
前期宣传类	一般是为品牌前期进行宣传、推广,发挥传播效应,吸引人们的眼球,如邀请函、商品介绍等
中期互动类	形式一般应用于互动环节,如互动交流小游戏、抽奖活动等
后期回顾类	一般是展示活动掠影、剪影等,以此突出活动的圆满成功,如主题活动回顾

由于 H5 作品中包含图片、文本、音视频、动画、表单互动等多媒体形式的内容呈现,在不同程度上体现出对信息传播效应的重视,调动受众的各个感官通道,有效实现信息的双向传播与互动,因此在宣传推广、商业展示、数据收集或信息普及等方面的表现力、传播力均较为出色。

三、 H5 作品具备的常用功能

H5 作品常用功能如下:能加载音乐;能滑动页面;页面转场中,可以实现涂抹擦除;有动态的文字和图片;可以填表报名,即表单;可以支持分享自定义的文案和图片;等等。

四、 H5 作品应用于教育教学的场景

H5 作品以其制作成本低、内容呈现多样、传播便捷等特点,受到了不少商业推广者的欢迎。因此,不少教师也将其应用于学校的教育教学场景中,如家园互动、教研交流等,如图 4 - 4 - 1 所示。

图 4 - 4 - 1　H5 在教育教学中的应用场景

2020 年年初,受新冠肺炎疫情影响,全国中小学(包括幼儿园)开始了"停课不停学"的线上教学模式。但幼儿园的活动因学前幼儿的年龄小、自主学习弱,需要家长的更多陪伴与引导。与此同时,家园互动与合作在这一时期显得尤为被动。针对这一系列问题,不

少幼儿园在园所的微信公众号中开设了利于亲子互动、促进家园交流的图文专栏。这一平台除了成为园所活动的宣传阵地，也成为辅助幼儿居家学习与发展的资源库。

实践活动

活动一 利用美篇 App 制作居家亲子活动资源单

活动目标：

1. 掌握利用美篇制作图文的常用功能与方法。

2. 能够在图文中合理排版与呈现文本、图片以及音视频多媒体资源。

制作要求：

1. 图文生成链接，可保存，并传播便捷。

2. 所有资源均可以在图文链接中播放或呈现。

活动过程：

1. 进入美篇网页版官网(https://www.meipian.cn/)，并新建文章。如图 4-4-2 所示。

图 4-4-2 新建文章后的页面

2. 点击页面中的"＋"，如图 4-4-3 所示，可以添加多媒体内容资源，如图片、文字、视频、音频，其中视频可以是网页链接，也可以是本地视频。

3. 根据活动需求，添加文章封面、标题，并按活动需求罗列教学资源。可以依据主题选择合适的模板美化页面。如图 4-4-4 所示，网页中的图文编辑页面分左中右三个部分，左侧部分显示封面与大纲；中间部分是图文的编辑区域，包括文章标题、段落标题与多媒体资源内容等；右侧部分则是美篇自带的模板与音

图 4-4-3 点击"＋"可添加多媒体资源

乐面板,可以在其中为自己的美篇文章选择适合的页面模板或背景音乐。

图 4-4-4 利用美篇编辑图文文章的网页页面

4. 编辑好的图文文章,可以点击"手机预览"键进行预览,以此检查图文在手机等移动设备中的呈现效果,如图 4-4-5 所示。

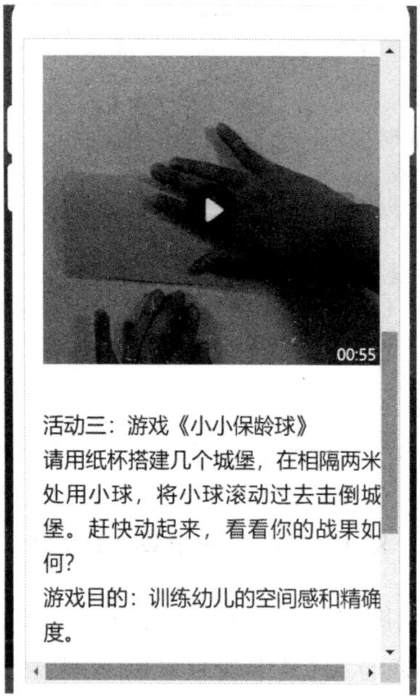

图 4-4-5 检查手机预览图效果

5. 确认无误后即可发布,如图 4-4-6 所示。发布成功的美篇图文,可以通过二维码或链接进行传播或转发。发布后的成品图如图 4-4-7 所示。

图 4-4-6　美篇图文发布成功　　图 4-4-7　发布成功的美篇活动资源单截图

活动二　利用易企秀 App 制作教研活动简报

活动目标：

1. 掌握利用易企秀制作 H5 作品的常用功能与方法。

2. 了解 H5 教研活动简报的主要内容与呈现形式。

制作要求：

1. 图文生成链接，可保存，并传播便捷。

2. 所有资源均可以在图文链接中播放或呈现。

活动过程：

1. 进入易企秀官网（https://store.eqxiu.com/），点击"创意设计"中的"H5"，如图 4-4-8 所示。

图 4-4-8　进入易企秀官网

2. 根据教研活动的主题选择合适的 H5 模板，如电子简报类中的总结复盘，详见图 4-4-9。

图 4 - 4 - 9　选择合适的 H5 模板

3. 选择合适的简报模板,可以观看手机预览页面动态效果。若确认使用该模板,如图 4 - 4 - 10 所示,则点击按钮"免费制作",进入制作页面。

图 4 - 4 - 10　手机预览之后进行制作

4. 双击文本框,即可修改文本内容。字体、字号、颜色等格式化设置均可按需修改,详见图 4 - 4 - 11。部分页面因文本内容调整,需要在页面中进行背景形状缩放、文本删减等操作,如图 4 - 4 - 12 所示。

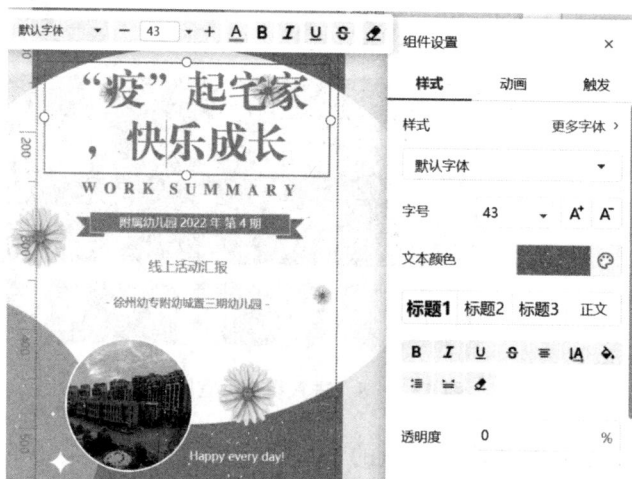

图 4 - 4 - 11　修改文本格式

图 4‑4‑12 模板页面修改的前后比较

5. 对页面中的图片素材可以进行"换图""裁切"与"抠图"等操作。如图 4‑4‑13 所示，换图操作过程中，可以上传本地图片进行替换，并保留动画效果。修改完善的图文页面参见图 4‑4‑14。

图 4‑4‑13 图片素材的换图、上传等操作

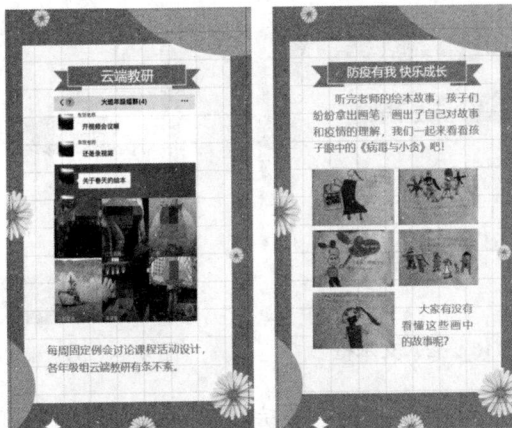

图 4‑4‑14 修改内容后的图文页面

6. 选择页面中的任意对象,点击"添加动画"按钮,可以为该对象添加动画效果。这里的动画类型,类似 PowerPoint 动画类型,可根据用户需求设置动画时间、效果等。如图 4-4-15 所示,为花朵添加"淡入"动画效果,点击"预览动画"可以对添加的动画效果进行预览。

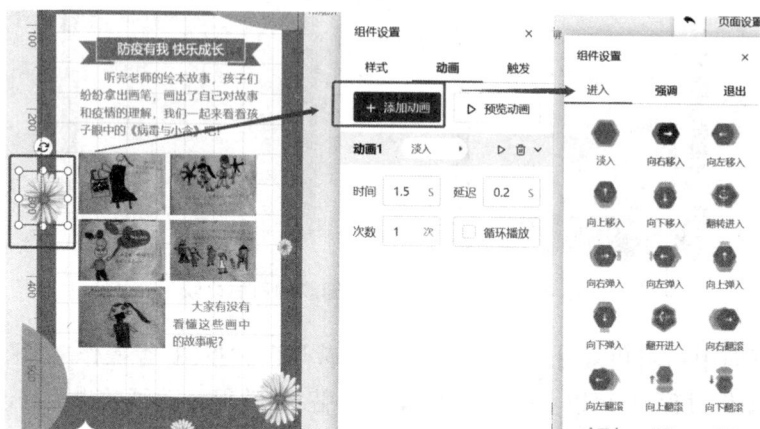

图 4-4-15　对页面中的对象添加动画

7. 利用互动页面中的表单收集,增强家长与教师之间的交流互动,收集合理的活动建议,为今后的活动开展积累经验。因此,如图 4-4-16 所示,在互动页面,插入新文本框并编辑指导语,完成后的页面,详见图 4-4-17。

图 4-4-16　插入文本框

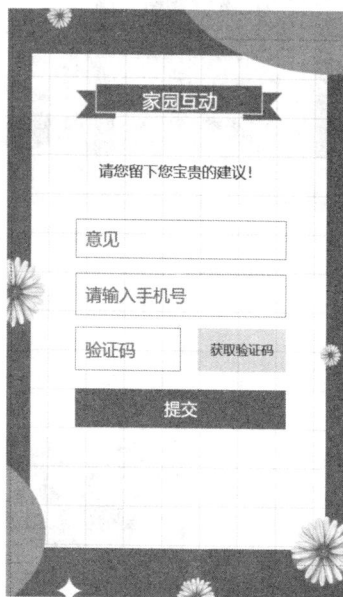

图 4-4-17　修改后的互动页面

8. 如图 4-4-18 所示,所有页面制作完成后,可以通过"预览和设置"进行播放效果的预览。确认无误后,点击"发布"按钮,完成"分享设置"的撰写,如图 4-4-19 所示。

确认"发布"后,即可生成作品的分享链接。

图 4 - 4 - 18　播放效果的预览

图 4 - 4 - 19　完成分享设置,即可发布作品

第五讲　微课设计与开发

基础知识

一、微课的概念

教育部教育管理信息中心首届中小学微课大赛文件认为:"微课"是以教学视频为主要呈现方式,围绕学科知识点、例题习题、疑难问题、实验操作等进行的教学过程及相关资源之有机结合体。微课是以阐释某一知识点为目标,以短小精悍的在线视频为表现形式,以学习或教学应用为目的的在线教学视频。通常,微课的时间在 10 分钟以内,有明确的教学目标,内容短小,集中说明一个问题。随着技术的发展,也有观点认为,微课是一种以短视频或 H5 等新媒体为载体,将知识点或技能点(重点、难点、疑点、热点等)按照一定结构组合并视听化呈现的,并进行网络化传播的教学资源。

二、微课的特点

微课以视频作为主要载体,这种线性播放的富媒体以时间轴的形式进行持续播放,内容根据要求以不同组合形式附着在时间轴对应的时间内。信息的呈现非常高效,再结合互联网,让其得到了新的生命力,它符合当今年轻人对信息高效吸收的特点。微课可以看成不同媒体的组合或穿插,并基于时间线的线性播放呈现的一种组合新媒体。它是当前个性化学习的基本单元,一系列微课可以作为知识的切片。微课的特点如下:

1. 短

短是指微课的呈现时间短。根据人的注意力的持续时间,建议微课视频长度不要过长,微课呈现内容多为一个知识点,时间一般在 10 分钟以内。根据互联网教育研究院的调查显示,60% 的人认为微课应该小于 10 分钟,32% 的人认为应该小于 15 分钟。当然,针对不同的教学内容和用户群体,时间也应该是不一样的,面向幼教学习者,建议微课时间长度不要超过 2 分钟;面向中小学学生,微课时间不超过 6 分钟;面向成人,微课时间不超过 18 分钟。相对于传统的 40 或 45 分钟一节课来说,微课可以称之为"课例片段"或"微课例"。

2. 小

小是指主体和容量都要小。相对于较宽泛的传统课堂,微课的问题聚集,主题突出,更适合教师的需要。一个微课设计围绕一个主题,主要是为了突出课堂教学中某个学科知识点(如教学中的重点、难点、疑点)的教学,或是反映课堂中某个教学环节、教学主题的教与学活动。微课充分使用多种辅助媒体,突出教学知识点。

3. 精

精是微课的核心所在。精是指微课呈现形式新颖,富有创意。视频化的特点是信息立体,设计出节奏快(语速、情节)的影视艺术(区别于文字表达),具有一定特色的教学风格,体现有用有趣的特点。

4. 悍

微课的快节奏和碎片化学习效果令人难忘或震撼。微课能引发学习者的兴趣和思考或者情感上的共鸣。此外,微课实现了课前的组内"预演",人人参与,互相学习,互相帮助,共同提高,在一定程度上减轻了教师的心理压力,也让教师能更关注教学内容的设计与呈现。

正因为课程内容的微小,所以,人人都可以成为课程的研发者;正因为课程的使用对象是教师和学生,课程研发的目的是将教学内容、教学目标、教学手段紧密地联系起来,是为了教学,而不是去验证理论、推演理论,所以决定了研发内容一定是教师自己熟悉的、感兴趣的、有能力解决的问题。此外,微课技术门槛较低,广大教学者都能轻易参与进来。

可以看出,微课和早期的教育系统在制作教学视频方面存在很大的不同。早期辅助教师讲课的多媒体课件,课堂教学实录的视频切片,以 50 分钟到 1 小时为单位的传统课堂实录都不能称之为微课。为此,教育工作者们也需要转变观念。脱离工业模式的教育生产方式,注重知识的碎片化,使学习者可以快速根据自身需求完成学习。

三、微课的常用分类

微课的最终格式为本地播放的影像视频和网络中播放的网络流媒体影像视频两大类,格式通常为 MP4 或 FLV 等,播放以时间轴为准,从第一秒播放到最后,教学内容随着时间进度进行穿插。这种形式的特点是简单明了,设计与制作相对简单。根据录制与拍摄方式不同,微课又可细分为三种模式。

1. 录屏式微课

录屏式微课主要技术手段是采取计算机桌面录屏的方式实现,这种方式最为快捷,深受中小学教育工作者欢迎。这种类型的微课适合具体体现或详细讲解,其内容的呈现使用 PPT 组织教学内容,通过录制整个 PPT 讲解的过程,将 PPT 内容与音频进行同步,最后输出视频格式。软件实操类讲解也常用这种录屏的方式记录讲解过程。

2. 录拍式微课

录拍式微课是采用简易或专业拍摄设备进行实景拍摄制作录像型课程。根据片子要求制作质量的不同,需求不高的,可用手机、DV＋黑板或其他实景拍摄,后期使用影视编辑软件进行简单剪辑并输出为视频格式。专业制作在部分职业类院校或者高校使用较为广泛。

3. 混合式微课

混合式微课综合了录屏与拍摄设备两种不同视频源而制作出既有录屏讲解的画面,又融合了人或物的真实拍摄画面。这种模式较为新颖,应用得当能取得非常好的教学效果,如抠像型混合式微课。

四、微课评审标准

微课评审标准可参考表 4-5-1。

表 4-5-1　第十六届全国多媒体课件大赛(微课组)评分标准

一级指标(分值)	二级指标(分值)	指标说明
作品规范(10)	材料完整(4)	材料包含微课视频、教学设计方案、微课录制中使用的辅助扩展资料、课件、习题等
	技术规范(6)	视频长度 8—10 分钟;视频图像清晰稳定、声音清楚,构图合理;主要教学环节配有字幕;文字、符号、单位和公式符合国家标准;方便学习者选择停止和继续播放等

一级指标 （分值）	二级指标 （分值）	指标说明
教学设计 （30）	选题（4）	所选主题紧紧围绕一个主要知识点或主要教学问题,适合以微课的形式展现;有助于学生事先学习或理解、巩固或扩展所学课程内容
	教学目标（4）	教学目标正确、明确、具体,教学思路清晰;能够解决教学内容中的难点、重点、个性化教学等问题,提高教学效率
	教学内容（7）	教学内容适当、准确,无科学性、政策性错误,能理论联系实际,反映社会和学科发展,能确保教学目标的实现
	学习者（5）	微课教学目标和教学内容适合学习者的年龄和认知发展水平;根据学习者个性差异有相应处理
	教学策略（10）	教学顺序、教学活动安排、媒体的选择等适合确定的教学目标、教学内容和学习者特征
教学实施 （25）	教学呈现（15）	教学导入简短顺畅,促进学生回忆先前知识经验;新内容的呈现能激发学生学习的动机;教学具有启发性、指导性,有助于学生建构或巩固知识,形成能力,建立态度
	教学语言、节奏或教态（10）	如有声音,普通话讲解,语言清晰生动,表达能力强;如有教师出现,仪表得当,教态亲切自然大方,展现良好教学风貌;教学节奏适合学生的学习,具有较强的感染力
技术实现 （30）	操作与传播展示（15）	便于教学演示操作,能够通过网络便捷传播,具有较强的通用性,易于被学习者在各种技术环境下观看（兼容 PC、手机和平板电脑等）
	教学视频制作（15）	选用的制作软件适当,编辑制作准确,符合通常教学和学习环境的使用;视频播放格式兼容性好,主要采用高清、标清标准;文件量适度
教学效果 （5）	应用推广（5）	有良好应用效果,受到学习者的普遍欢迎,具有在相关专业或学科上推广的价值
加分（5）	学员网评（5）	作品点击率高、投票较多、学习者评价好;作者与学习者互动良好

五、 微课录制流程

微课主要分为四个环节进行设计,每个环节所需要考虑的细节不一样,但是都必须以教学目标为中心进行设计。

1. 教学分析

教学分析主要是确定选题。确定选题是制作微课的首要环节和起点,科学的选题是微课成功的前提和基础。知识点选取一般是一节课中的重点或难点,且知识点必须足够细,五分钟左右能够讲解透彻。

2. 教学设计

教学设计可从撰写教案开始,根据选题及教学要求,编写教学设计和教案。后期的微课开发以教学设计为蓝本。可参考表4-5-2和表4-5-3。

表4-5-2　微课选题与教学设计方案

微课题目	
学习对象	
教学目标	
教学策略与方法	说明设计思路(先行组织者? 基于问题的教学? 情景化、案例化、故事化? 其他策略……)
内容框架	可以使用思维导图软件绘制微课的内容框架
制作方式	
特色与创新点	

表4-5-3　微课设计稿本

录制时间		时长	
微课名称			
所属学科			
教学目标			
作者姓名		单位	
微课制作类型			
设计思路			
教学过程			
教学环节	画面/内容	音频解说词	时长
片头			
导入			
讲解			
小结			
片尾			

3. 微课开发

微课开发分为以下三个阶段。

(1)准备教学素材与练习测试。结合微课知识点,充分运用图、文、声、像、动画等多媒体元素制作相应的课件,辅助教师现场讲授。

(2)视频录制。微课的录制可以选择计算机录屏软件、摄像工具以及录播教室等进行录制。对于摄像工具的选择,可以是手机、数码相机、DV 摄像机或者视频摄像头等一切具备摄录功能的设备。在视频后期处理过程中要保证画质清晰、图像稳定、声音清楚(无杂音),声音和画面、字幕同步。在整个教学过程中,教师要适当注意镜头,与摄像头或者摄像机有眼神交流。特别是采用录屏软件时,可利用鼠标的单击与拖动或者使用画笔功能来配合解说。讲解的知识点不宜照本宣科,表述应有自己的见解。

(3)后期制作。后期制作是指利用实际所得素材,通过视频编辑制作软件,例如 Premiere、AE、Camtasia Studio 等,将镜头剪辑到一起,形成完整的影片;将视频片头和片尾的空白部分分割移除,并为视频的片头和片尾配上背景音乐等。后期制作最后生成导出 MP4 或 FLV 高清视频格式文件,确保视频画面导出后清晰和不变形。

4. 实施与评价

实施与评价指要及时听取学习者观看后的感受和反馈,对于学生不满意的方面要和学生多交流,找出好的解决方法和途径。也可以和爱好微课的同行多切磋交流,多观摩同行的优秀微课作品,找出每个作品的优秀设计加以学习借鉴,以期不断提升。

六、 微课录制的常见方式

(一) 可汗学院模式(屏幕录制软件+手写板+画图工具)

1. 工具与软件

屏幕录像软件(如 Camtasia Studio)、手写板、麦克风、画图工具(如 Windows 自带绘图工具)等。

2. 方法

通过手写板和画图工具对教学过程进行讲解演示,并使用屏幕录像软件录制。

3. 过程简述

第一步,安装手写板、麦克风等工具;
第二步,使用手写板和绘图工具对教学过程进行演示;
第三步,通过屏幕录像软件录制教学过程并配音;
第四步,录制完成后,可对视频进行后期美化和编辑。

(二) 手机录制(手机+白纸+支架)

1. 工具与软件

手机、笔、支架(如手机支架)、直尺、耳机麦克风等。

2. 方法

使用手机对纸笔结合演算、书写等教学过程进行录制。

3. 过程简述

第一步,固定支架,将手机安放在支架上,调整好位置,使手机镜头对准桌面;

第二步,根据手机录制的范围,在桌面上划定位框;

第三步,准备就绪,开始录制;

第四步,录制完成后,可对视频进行后期美化和编辑。

(三)摄像机拍摄(DV 录像机+白板)

1. 工具与软件

便携式录像机、黑板、粉笔、其他教学演示工具。

2. 方法

使用录像机摄录教学过程。

3. 过程简述

第一步,利用黑板开展教学过程,使用便携式录像机将整个过程拍摄下来;

第二步,录制完成后,可对视频进行后期美化和编辑。

(四)录屏软件录制(屏幕录制软件+PPT)

1. 工具与软件

电脑、耳麦(附带话筒)、录屏软件 Camtasia Studio、PT 软件等。

2. 方法

对 PPT 演示进行屏幕录制,辅以录音和字幕。

3. 过程简述

第一步,制作 PPT 课件;

第二步,在电脑屏幕上同时打开视频录像软件和教学 PPT,执教者戴好耳麦,一边演示一边讲解;

第三步,对录制完成后的教学视频进行必要的处理和美化。

实践活动

活动一　Camtasia Studio 9(CS9)软件的使用

录屏型微课的制作是使用录屏软件将教学内容的动态画面和解说音频采用同步或异步的方式录制,并进行后期合成的一种制作方法。推荐使用录屏型微课软件 Camtasia Studio,中文名字为喀秋莎。

Camtasia Studio 是 TechSmith 公司开发的一款专业的屏幕录像和编辑的软件套装

工具,它能在任何颜色模式下轻松地记录屏幕动作,包括影像、音效、鼠标移动轨迹、解说音频等。也可以将拍摄好的素材导入 Camtasia Studio 编辑器中进行编辑。

Camtasia Studio 主要包含两大功能:屏幕录制和后期编辑。利用该软件,可以轻松地进行屏幕捕捉、声音录制和后期编辑等。其功能强大,具有输出视频清晰,程序占用计算机内存小,输出文件小等优点。

活动目标:

1. 熟悉 Camtasia Studio 9 软件界面。

2. 掌握 Camtasia Studio 9 的屏幕录制功能及其操作方法。

3. 掌握 Camtasia Studio 9 的常用编辑功能及其操作方法。

4. 能够按照需求输出视频。

5. 能够独立制作一个幼儿园微课。

活动准备:

1. 安装 Camtasia Studio 9 软件。

2. 录屏素材、封面素材等。

活动过程:

一、Camtasia Studio 9 软件界面

双击 Camtasia Studio 9 桌面图标 ![图标] 打开软件,点击"新建项目"进入 Camtasia Studio 9 的主界面,如图 4 - 5 - 1 所示。Camtasia Studio 9 的主界面主要包括菜单栏、工具栏、视频预览窗口、时间轴和属性栏。

图 4 - 5 - 1 Camtasia Studio 9 软件界面

1. 菜单栏。包括文件、编辑、修改、查看、分享、帮助等菜单项。

2. 工具栏。包括媒体、注释、转场、行为、指针效果、语音旁白、视觉效果等工具项。

3. 属性栏。主要是在时间轴中对选中的对象进行格式编辑。

4. 时间轴。时间轴是将素材按照时间顺序排列。时间轨道的高低是有优先级别的,若有多个轨道,上面的轨道级别比下面的级别高,即放在上面轨道的素材会盖住下面轨道的素材。时间轴工具按钮与右键菜单选项如图 4-5-2 所示。

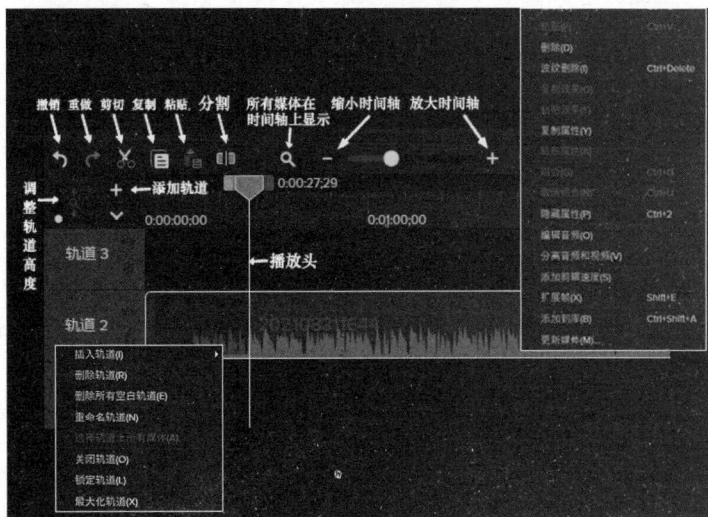

图 4-5-2　时间轴工具按钮与右键菜单选项

时间轴从左到右,从上到下的主要功能有:撤销、重做、剪切、复制、粘贴、分割;轨道缩放条;刻度尺与播放头;轨道;轨道上的媒体;等等。

(1)轨道上媒体的缩放可以通过缩小、放大和缩放滑块实现。

(2)"分割"按钮可以将轨道上的视频切割成几段,然后分别编辑,如果需要将视频中的一段去掉,或截取其中的一部分,必须用到切割按钮。

(3)时间轴包括若干个轨道,用户根据需要随时增、减轨道的数量。轨道的操作大多数通过右键快捷菜单实现,在左侧的轨道名上点击右键即可,轨道操作主要包括插入轨道上方、插入轨道下方、删除空轨道、重命名轨道、选择轨道上的所有媒体、打开或关闭轨道、锁定或解锁轨道、缩放轨道等。

(4)轨道上媒体的编辑除了上面的工具栏之外,还可以通过右键快捷菜单实现,在轨道素材上点击右键即可,主要包括分离视频与音频、剪辑速度、扩展帧与持续时间、添加资源到库和更新媒体。

(5)播放头由开始选择、播放头、选择结束三部分组成。在时间轴刻度尺上的某一个位置,单击鼠标左键,播放头就会定位在该位置上,同时三个滑块聚在一起,用鼠标拖动播放头的三个滑块使其分开,当任意双击某一个滑块时,三个滑块即聚到一起。

(6)刻度尺是时间轴上选取视频的重要参考依据,刻度尺上的时间表示时、分、秒、帧,其格式为 00:00:00:00,因为视频在时间轴上的顺序是从左向右,所以刻度尺上的某一点的时间代表了视频的长度。

二、Camtasia Studio 9 的屏幕录制功能

（1）在 Camtasia Studio 9 主界面的左上角，点击"录制屏幕"按钮 ○ 录制(R)，打开屏幕录制窗口，默认录制全屏幕，由选择区域、录制输入、开始录制三部分组成，如图 4-5-3 所示。

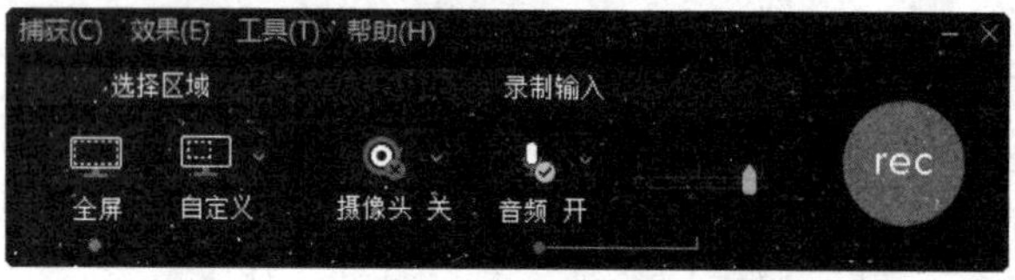

图 4-5-3　Camtasia Studio 9 屏幕录制窗口

"选择区域"由全屏和自定义两部分组成。"录制输入"可以设置是否打开摄像头和音频输入。录屏时，如果打开摄像头，录制的屏幕就会有一个摄像头的小窗口。音频有三种选择：不录制麦克风、录制麦克风、录制系统音频，可以设置一种音频输入方式，也可以将麦克风和系统音频同时录制。单击红色"rec"按钮开始录制视频。

（2）开始录制屏幕时会弹出一个正在录制的窗口，如图 4-5-4 所示。如果对录制的视频不满意可以直接单击"删除"按钮删除视频；如果录制出现一些状况需要暂停，可以单击"暂停"按钮；当视频录制完毕，单击"停止"按钮或者按快捷键"F10"结束录制。结束录制后，录制的视频会自动导入软件主界面，下面就可以对录制的视频进行编辑了。

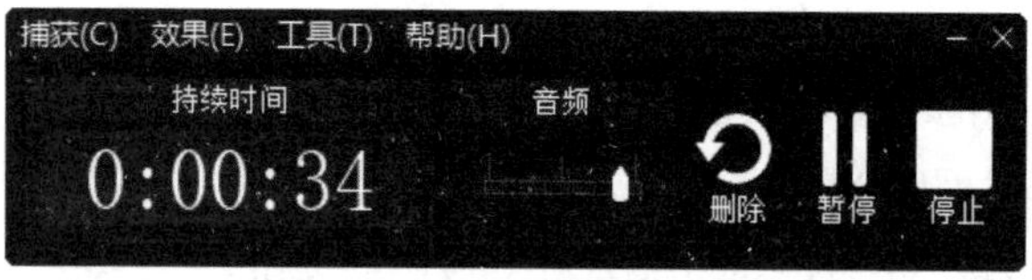

图 4-5-4　正在录制窗口

三、Camtasia Studio 9 的编辑功能

（一）基本剪辑

在录制微课视频时会出现一些冗余的画面，或讲课过程中停顿时间过长。这些前期录制中出现的问题都可以在后期视频编辑中进行处理。Camtasia Studio 9 在视频的后期编辑中删除多余和停顿延长的方法主要有分割工具、扩展帧等。

1. 使用分割工具删除多余

步骤1：选中轨道上需要分割的文件，将播放指针拖动至要分割片段的起始位置，单击分割工具 按钮，则完成起始点的切割，再将播放指针放至结束点，再次单击分割工具 按钮，完成分割。

步骤2：接着选中被分割片段，按 Delete 键将其删除即可。

注意：如果有多个轨道需要分割同一个时间段，则可以按 Shift 键同时选中，即可实

现多个轨道同时分割。

2. 使用扩展帧,实现画面的停顿延长

扩展帧是视频(屏幕)文件特有的功能,音频文件不可使用。扩展帧的作用是使得视频的某个画面停顿的时间延长,延长的画面是静止的。

步骤 1:选中需要扩展的文件,将播放指针拖动到要延长的画面的位置。

步骤 2:右击轨道上的此文件,选择"扩展帧"选项,然后输入延长的时间,单击"确定"按钮即可。如果有多个轨道在同一时间段都需要延长停顿,可以按 Shift 键同时选中。

修改扩展帧的方法:右击扩展帧实现的扩展区域,选择"持续时间"选项即可重新设置扩展时间。

(二)利用注释、动画和行为突出教学重点

1. 使用"注释"添加必要的提示

Camtasia Studio 的注释功能十分强大,种类也有很多,具有很强的注释、指向、特效或强调重点内容的作用,能很好地吸引视频观看者的注意力。在 Camtasia Studio 9 主界面左上角可以找到注释 ![注释] ,点击打开注释功能界面,有标注、箭头 & 线条、形状、模糊 & 高亮、草图运动和按键标注 6 种类型,具体如图 4 - 5 - 5 所示,每种类型都有许多的样式,各个类型的注释都有不同的功能。

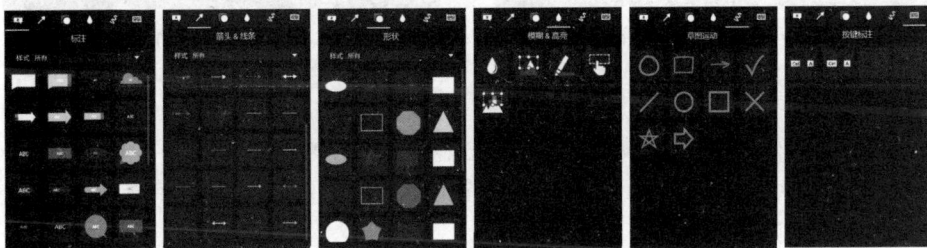

图 4 - 5 - 5 标注的 6 种类型

示例:添加"草图运动"注释,步骤如下:

步骤 1:将播放指针定位在批注出现的起始点,拖拽"草图运动→ 椭圆"按钮至轨道面板,则此批注就被添加到轨道上了。注意:在添加新的标注前要保证没有选中轨道上其他已存在的标注,否则被选中的标注将会被新的标注替换。

步骤 2:鼠标指针放置在(轨道上)这个圆形批注的右侧,指针变成双向箭头,即可拖动修改批注的长短,设置批注存在的时长。

步骤 3:在视频预览框中,通过对批注上编辑圆点的操作,可以实现批注的移动、大小调整、旋转等操作。如,当鼠标在批注上变成双向十字箭头时可移动批注,拖动批注边缘的编辑圆点变成双向箭头时可以调整批注的大小。

有些类型需要修改文字,则直接在视频预览框中双击即可。

2. 使用"动画"在教学过程中突出显示某个知识点

Camtasia Studio 能够为视频创建动画并添加动画效果。动画效果是为了让观看者能更清楚地看到视频的某一个局部而对该局部做的一个镜头缩放，以达到目的。

动画效果类型：动画不仅可以把视频的局部画面放大及缩小（图4-5-6），还可以添加自带的动画效果（图4-5-7），主要有自定义、还原、完全透明、完全不透明、向左倾斜、向右倾斜、按比例放大等。

图4-5-6　缩放和平移

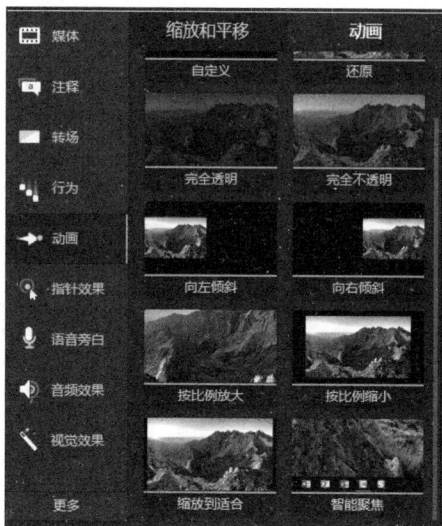

图4-5-7　动画

（1）动画效果的设置

将播放指针定位在画面拉近放大的终止点，在"动画"栏"缩放和平移"选项卡"缩放"设置中调整尺寸的百分值，鼠标拖动上面预览框中的显示区域，动画效果就完成了。

（2）动画效果在时间轴上的显示

在"缩放和平移"选项卡中调整动画效果后，在时间轴轨道素材上就会出现一个动画效果的箭头，如图4-5-8所示，调节轨道上动画"箭头"的长短，调整画面拉近的时间长短和起始点，不需要的时候，也可以在"箭头"上右键删除或按Delete删除。

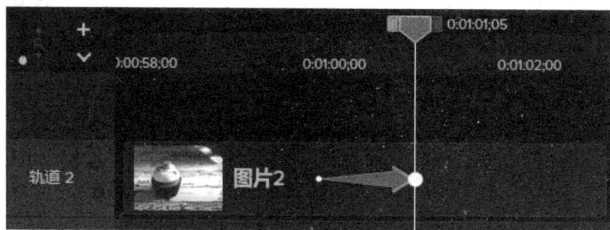

图4-5-8　轨道上的动画

（3）动画的可视化属性

在Camtasia Studio 9主界面右侧的属性里可以看到动画的可视化属性，如图4-5-9所示，可以调整素材的缩放（大小）、不透明度、旋转以及位置。

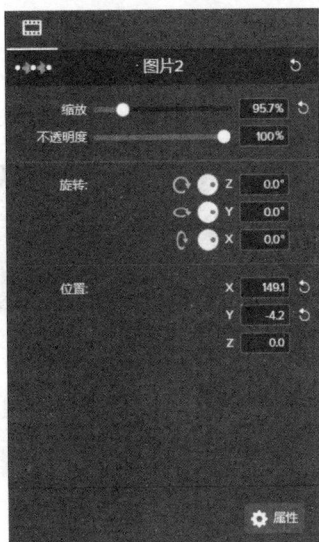

图 4-5-9　动画的属性

（4）动画类型的设置

在 Camtasia Studio 9 的动画效果中，提供了 9 项已经制作好的效果，分别是还原、完全透明、完全不透明、向左倾斜、向右倾斜、按比例放大、按比例缩小、缩放到适合、智能聚焦。这些动画可以直接拖拽到时间轴的所选素材上，然后根据自己的需求调整开始与结束的时间以及持续时间。

3. 使用"行为"动画吸引注意

行为特效是 Camtasia Studio 9 的一个新功能，它是给素材添加一种动画效果，每种行为都会带来不同的效果，这些效果对视频的特效与文字、素材带来意想不到的帮助，使视频显得更加生动、活泼、有趣。

Camtasia Studio 9 共有 9 种行为效果，如图 4-5-10 所示，分别是漂移、褪色、下落和弹跳、弹出、脉动、揭示、缩放、偏移以及滑动。使用时直接将该行为拖拽到时间轴轨道面板里的文字或素材上即可。

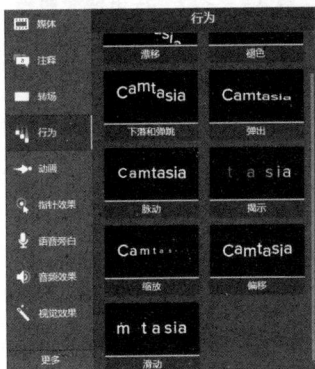

图 4-5-10　Camtasia Studio 9"行为"特效

在时间轴轨道面板上可以看到已添加了行为特效的素材,可以单击该素材下方的小三角查看所添加的行为特效,同时,还可以为一个素材添加多种特效,如果需要删除的话,直接在该行为上点击"右键→删除"即可,如图4-5-11所示。

图4-5-11 素材上的行为特效

在右侧的属性栏里,可以对所添加的行为特效进行更深入的设置。从进入到退出,每一项每一个细节都能按照需求来设置,如图4-5-12所示,不同的行为特效,其属性设置选项也会不同。

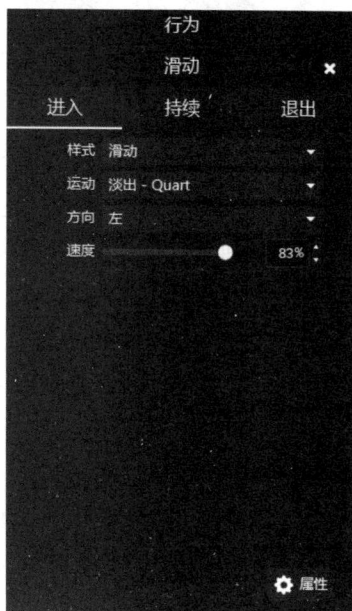

图4-5-12 行为特效属性

(三)利用标题和字幕提示教学文本

1. 制作标题

(1)将播放指针定位在标题开始的时间点,接着在"注释"栏选择"标注"选项卡,拖拽一个标注效果到编辑轨道上或预览窗口中。

(2)在预览窗口的文本框中双击,输入标题文字。

(3)在右侧的属性面板的"文本属性 [a]"中设置字体字号等,在属性面板的"注释属性 [图]"中设置标题的"形状""填充""效果""不透明度"等,在属性面板的"视觉属性 [图]"中调整"缩放""旋转""阴影"等。

（4）对标题添加"转场"特效。在"转场"栏中，选择"百叶窗"特效，并分别将其拖动到轨道上"标题"的左侧和右侧。当鼠标指针指着轨道上的百叶窗特效时，鼠标指针变成双向箭头，此时可以调整转场特效持续的时间。

（5）在预览窗口中调整标题在画面中的大小和位置，制作完成。

2. 制作字幕

在工具菜单中选择【其它】，在弹出的下拉列表中选择【字幕】，字幕分为手动字幕和同步字幕。

（1）手动字幕

手动字幕需要逐字逐句手动添加进去，适合字幕不多的情况。

将播放指针定位在时间轴上字幕要开始出现的位置，单击"添加字幕 ┃　+ 添加字幕　┃"，在弹出的文本框中输入字幕，拖动【持续时间】来设置字幕持续时间，单击【a】设置字体大小。

重复以上步骤，即播放位置定位→单击添加字幕→添加需要的文字→设置时间长短，完成字幕的添加。另外可以在轨道上给字幕添加注释、动画等效果，做出漂亮的动态的字幕。

（2）同步字幕

同步字幕一般事先在 Word 文档或者文本文档编辑好。再非常轻松便捷地实现字幕与画面、音频的同步。

先将文字脚本复制到字幕中，选择"同步字幕"，在播放的过程当中单击复制过去的脚本，完成添加，然后根据音频的进度，按"空格"键分割字幕。需要注意的是，字幕在视频【生成向导】中，在【选项】选项卡下，要选择【烧录字幕】，而不是"关闭字幕"，否则字幕无法在视频中正常显示。

（四）用背景音乐控制微课的节奏

背景音乐的合理选择可以有效带动观众跟着音乐的节奏观看微课视频，同时也能够为学习者自学营造一个良好的学习氛围。在微课中插入背景音乐，步骤如下：

步骤1：在工具栏的"媒体"选项中，点击导入媒体"＋"按钮，导入"背景音乐.mp3"文件。

步骤2：将"背景音乐.mp3"拖动到轨道上。

步骤3：将播放指针放置在录屏文件结束的时间点，选中轨道上的背景音乐，单击"分割工具"按钮，按 Delete 键删除多余片段，保证背景音乐的时长和录屏文件相同。

步骤4：选中轨道上的背景音乐，当鼠标指针变成双向箭头时，向下拖拽音量线即可降低音量，保证背景音乐的声音低于录屏文件的声音。

步骤5：在工具栏的"音频效果"选项中，拖拽"淡入"命令至时间轴轨道的音乐素材上，这时在音量线左侧出现圆点，拖拽调整淡入范围。用同样的方法制作"淡出"效果，如图 4-5-13 所示。

图 4 - 5 - 13   音量调整与淡入淡出效果设置

四、视频的分享与输出

运用 Camtasia Studio 9 软件编辑完整体项目后,接下来就要生成和分享视频。

方式一:默认设置输出。

点击"分享"→"本地文件…"命令,可以选择预置的输出设置,如"仅 MP4(最大 1080 p)",如图 4 - 5 - 14 所示。

视频输出有 480 p(标清)、720 p(高清)、1080 p(超高清)三种。标清适合手机观看,高清适合电脑,超高清适合高清数字电视。720 p(高清)的文件很清晰,而 480 p(标清)视频在电脑中显示很模糊,1080 p(超高清)产生文件很大。720 p 比较适合在网站上播放,1080 p 文件大而且不能隐藏字幕。在本地文件输出时,720 p(高清)文件比较适合,相对于来说文件小,清晰度高。

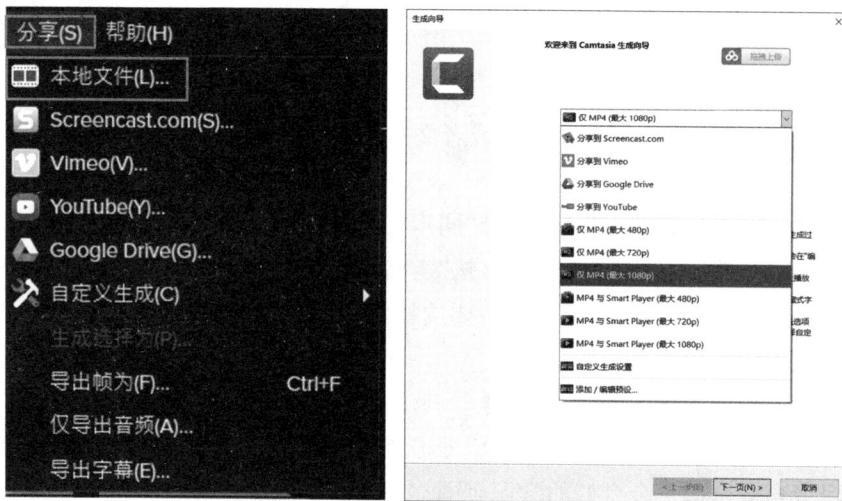

图 4 - 5 - 14   默认设置输出视频

方式二:自定义设置输出。

点击"分享"→"自定义生成"→"新建自定义生成"命令,在弹出的"生成向导"对话框中,选择视频输出的格式类型,包括 MP4 文件、WMV 文件、AVI 文件、M4A(纯音频)文件和 GIF 文件。

① MP4:最常见的视频格式。

② AVI:输出的文件比较大,但是最清晰、最完整。

③ WMV:文件比较适合用于本机电脑自带的视频播放器。

④ GIF:是动画文件,文件较小,适合较短的视频文件。

通常选择 MP4,点击"下一步",对视频的相关选项参数进行设置,如字幕(烧录字幕)等。然后继续操作完成即可。

五、录屏型微课的制作流程

录屏型微课的制作流程大体分为录制屏幕、保存文件、编辑音视频、输出视频四个步骤。

1. 录制屏幕

录屏前需确保已做好微课制作的相关前期工作,即写好了解说稿,对应解说稿做好了PPT,且按照解说稿完成了微课录音。这里讲的是采用先音后画法来制作。

微课录屏时可以先将微课录音保存在手机里。用手机播放录音进行听音录画面的方式来录屏,也可以直接在计算机里用播放器播放音频,通过手动切换画面,用计算机同步录制屏幕的方式进行。这里采用计算机播放录音,计算机同步录屏的方式来制作。

在屏幕录制窗口点击录制按钮进行PPT屏幕录制,也可以使用快捷键F9开始录制。根据录音,手动切换PPT。

2. 保存文件

录制完毕后,使用快捷键F10停止录制。停止录制后会自动出现视频预览窗口。预览无误后,点击保存并直接进入编辑窗口。然后将需要编辑的音频加入素材区。

3. 编辑音视频

将视频和音频素材拖至时间轴,对素材进行剪辑标记、缩放和添加转场效果等,完成音频的整合。

4. 输出视频

制作完毕并检查无误后就可以单击"分享"按钮进行发布,根据导向按需选择要输出的格式,一般最低推荐使用720 p的MP4格式。这个格式占用空间小,清晰度高,在常用设备上都可播放。最后输入项目名称,确定保存位置,就可以输出微课视频了。

活动二 利用剪映App制作数字绘本《亲爱的小鱼》

活动目标:

1. 掌握利用剪映App制作数字绘本作品的一般流程。

2. 掌握声音、画面合成的基本技巧与方法。

活动准备:

绘本图片,绘本文本内容。

整体作品要求:

1. 声音画面合成同步。

2. 为画面添加合适的字幕。

3. 在原绘本内容的基础上,添加背景音乐、画面转场等,并合成为视频。

活动过程:

1. 将绘本《亲爱的小鱼》书页内容扫描成图片格式。

2. 在移动设备上运行剪映App,点击"开始创作"。

3. 如图4-5-15,添加绘本扫描图片,图片自动罗列至画面轨道。需要按照绘本内容顺序检查插入的图片排序是否正确。

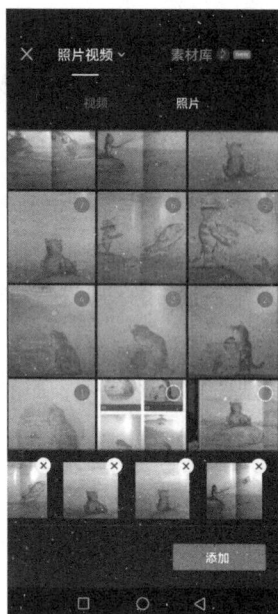

图 4 - 5 - 15 在剪映 App 中添加绘本图片

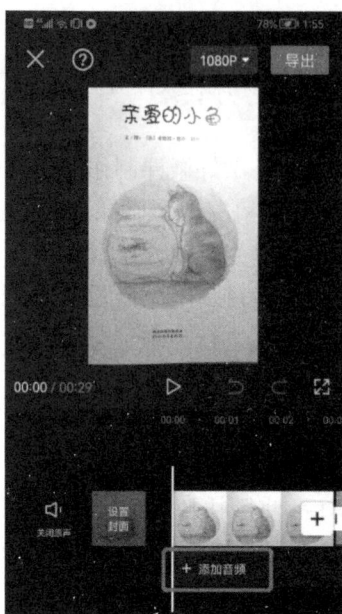

图 4 - 5 - 16 添加音频

4. 如图 4 - 5 - 16,点击"添加音频",选择"录音",以"按住录音"的方式进行人声录制,如图 4 - 5 - 17 所示,音频轨道会自动生成音频段落。

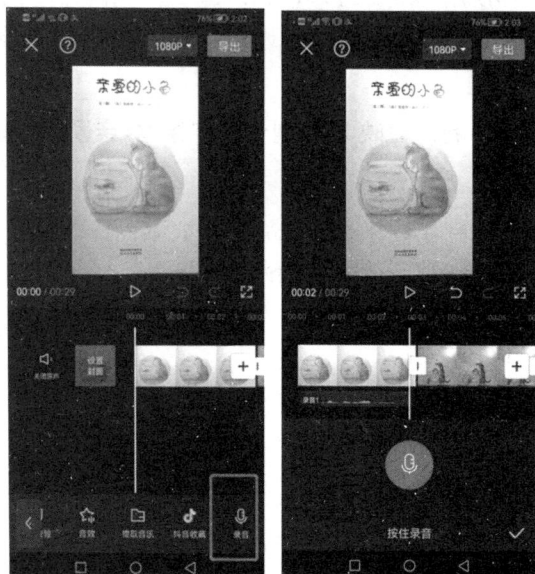

图 4 - 5 - 17 录制人声

5. 如图 4 - 5 - 18,点击"识别字幕",可以实现自动识别音频内容生成字幕,自动生成的字幕文件在画面下方,如图 4 - 5 - 19 所示。如遇到字幕识别错误的情况,可以轻触字幕进行文本编辑修改。

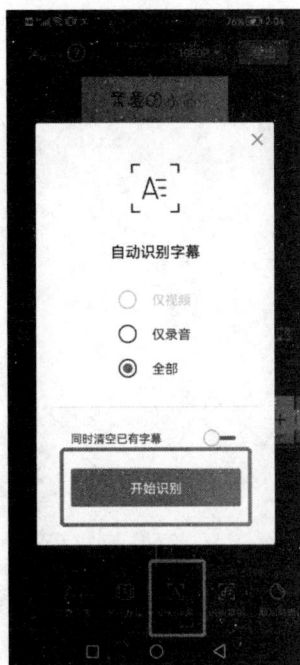

图 4-5-18　识别字幕

图 4-5-19　字幕文件自动生成在图片下方

6. 为了最终的播放效果，可以添加舒缓的背景音乐（见图 4-5-20），或添加合适的转场动画（见图 4-5-21），丰富作品的声画合成效果。

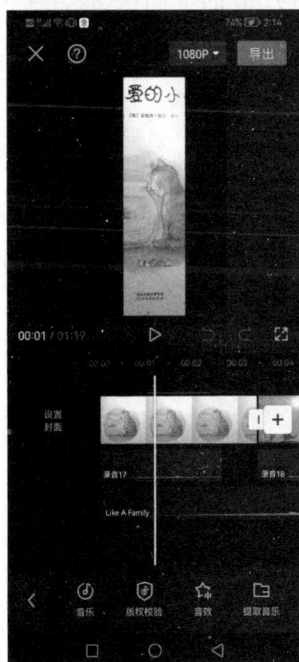

图 4-5-20　添加背景音乐

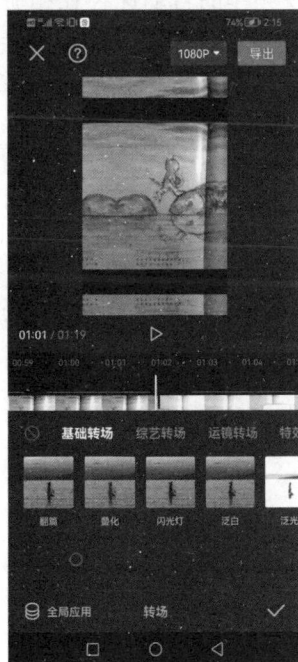

图 4-5-21　添加画面转场

7. 仔细检查声画播放效果,如音量大小、声画同步等,确定无误后可以导出作品,如图 4 - 5 - 22 所示。

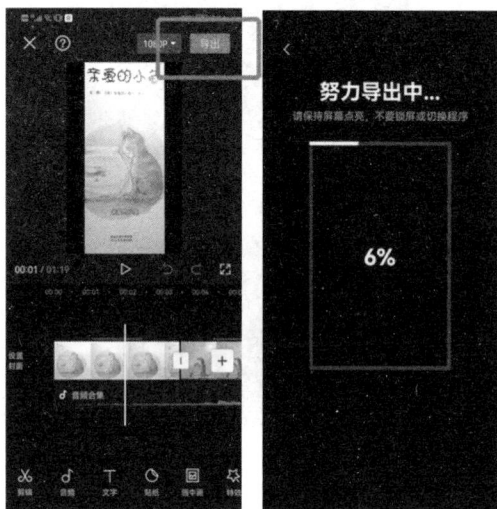

图 4 - 5 - 22　导出视频

图 4 - 5 - 23　数字绘本视频成品

8. 导出的视频作品自动保存在相册和剪映 App 的草稿箱,打开手机/移动设备的相册,你的数字绘本作品就可供欣赏了,如图 4 - 5 - 23 所示。

探究与思考

1. 什么是微课? 它有什么特点?

2. 简述微课录制流程的四个环节。

3. 自主选择幼儿活动中的重点或难点内容,制作一个微课。

第五章
互联网＋教育应用

学习目标

1. 掌握网络教育资源的种类及检索方法。
2. 掌握网络通信及资源共享的方法。
3. 掌握思维导图的特点及教学应用。
4. 掌握常用家园互动工具的使用。
5. 掌握 MOOC 在线学习的特点及教学应用。

思维导图

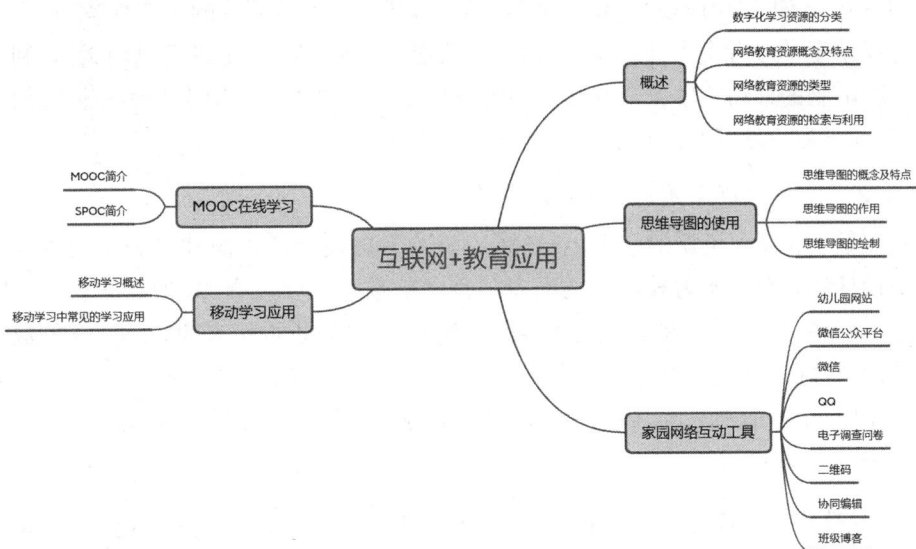

第一讲 概 述

基础知识

一、 数字化学习资源的分类

在当今世界,互联网是最大的数字化学习资源的公共网,资源类别丰富,门类众多,涉及社会生活中的方方面面。面对互联网如此之多的学习资源,我们有必要对它们进行分类研究,以便于查找和应用。

1. 根据媒体形式划分

数字化学习资源按照媒体形式可以划分为五大类,即文本类素材、图形图像类素材、音频类素材、视频类素材、动画类素材。

2. 根据学习模式划分

在数字化学习环境中,学习者可以采用多样化的学习组织形式。数字化学习资源可以分为三种类型:以学生个性化学习、自主学习为主的数字化学习资源,以小组协作、探究学习为主的个性化学习资源和以班集体学习为主(如网络同步课堂等)的数字化学习资源。基于不同学习模式的数字化学习资源,其侧重点是不同的。个性化、自主学习资源主要用于学习者个人开展学习、研究和反思,如网络课件、记录反思的微博、利用手机和平板电脑的移动式学习资源等。小组协作学习资源主要是用于合作和探究的资源和工具,如学习论坛、BBS 讨论版、QQ 群、手机互联协助等。

3. 根据学习资源的来源划分

按照数字化学习资源的来源划分,可以分为专门设计的资源和可利用的资源。所谓专门设计的资源是指为教学目的而专门预备的数字化学习资源,如教学软件。所谓可利用的资源,是指本来并非为教学专门设计的,但被发现可用来为教学服务的数字化学习资源,特别是网上传输的多种多样的网上信息资源,主要包括电子图书、电子期刊、网上数据库、虚拟图书馆、百科全书、教育网站、通信新闻组、虚拟软件库等。

4. 根据学习资源整合后的形式划分

根据《教育资源建设技术规范(征求意见稿)》,从学习资源建设的实际出发,我国目前可建设的信息化学习资源主要包括九类,分别是媒体素材、试题库、试卷、课件与网络课件、案例、文献资料、常见问题解答、资源目录索引和网络课程。另外,还可根据实际需求,增加其他类型的资源,如电子图书、工具软件等。

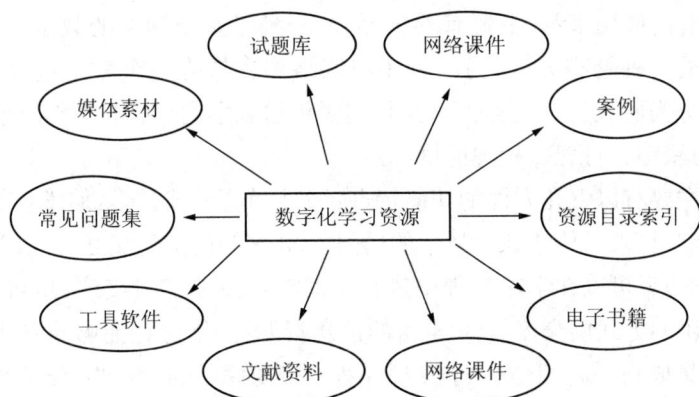

图 5 - 1 - 1　数字化学习资源

二、 网络教育资源概念及特点

1. 什么是网络教育资源

一般来说,我们将网络资源中与教育相关的部分都称为网络教育资源。网络教育信息资源是一种以网络为承载、传输媒介的新型信息资源,这种信息资源是在网上获取的,所以也将基于网络的教育信息资源称为网上教育资源。

网络教育资源包括网络环境资源、网络信息资源、网络人力资源。在这三部分资源中,网络信息资源是核心,因为其他两部分资源是为信息资源的建立、传播和利用而服务的。

2. 网络教育资源的特点

在具备诸多不同于传统信息资源、优于传统信息资源的特点的同时,目前网络教育信息仍存有诸多问题:① 信息资源分散,数量庞大;② 有价值信息不免费;③ 信息加工深度不够;④ 实质性信息少;⑤ 灰色信息过多。

因此,网络信息资源呈现出来的最大特点是信息容量的无限性和信息组织的无序性。无限性给网络信息资源的教育利用带来几乎无限的可能性,而无序性又会给这种资源的实际利用带来很大的困难性。即使利用当前世界最先进的搜索引擎来检索网页信息,其覆盖率仍不会超过三分之一。

三、 网络教育资源的类型

按信息内容和组织方式的不同,网络教育资源可分为网络课件、网络课程、电子书刊、网络资源库、教育网站等。

1. 网络课程

网络课程是一种新的课程形态,它是通过网络表现的某门学科的教学内容及其教学活动实施的总称。网络课程一般包括两个部分,其一是按一定的教学目标和教学策略组织起来的教学内容;其二是保障课程和学习活动管理与实施的网络教学支撑环境。

从网络课程的应用来看,主要有两种形式:一种是基于课堂的教学,网络课程只是作为课堂教学的一种补充方式;另一种是将网络课程作为整个教学过程的主要形式。网络课程栏目分为两大类,一类是主栏目,用来传送教学内容;另一类是辅助栏目,包括参考资料、学习跟踪、讨论区、相关链接等。

网络课程主要有以下几方面的功能特点:① 支持开放式教学:使学生的学习不受时间和空间的限制,打破了传统课堂教学的局限。② 多维的信息交互:能够为学生提供多渠道的交互,学习者可以在学习过程中进行实时交流或非实时交流,也可以进行文字、语音或视听等不同方式的交流。③ 丰富的信息资源:网络课程能够将各类课程与相关图文声像资料集成到一起,形成一个支撑课程的资源库,同时可以为学生提供扩展性资源的网络链接,有利于学生的学习与知识面的扩展。

2. 电子书刊

电子书刊可以分为两种类型:一种是传统纸质媒介信息的电子版,即直接将各类印刷图书和报纸、杂志等信息内容转化为网络格式的电子信息,如网上的各类中外文学名著及各种专业期刊、杂志、报纸的电子版等;另一种类型则是专为适应网络电子媒介而编辑制作的各种网络书刊,它们利用网络的特性,快捷、及时、海量地提供各种信息。信息内容不仅包括文本、图片等,有些还含有大量的声音、视频、动画等多种媒体形态。另外,较之传统书刊,网络电子书刊还允许用户进行上传、下载、讨论、评议等各种交互操作。

3. 网络资源库

网络资源库集合了大量的信息对象,并允许用户根据某些属性检索使用这些数据资源。网络数据库既有各种专题型的信息资源库,如学位论文数据库、中文期刊数据库、学科教案数据库、多媒体教学素材库等;同时也有只提供图书编目、网站地址或索引链接等信息的虚拟资源数据库。例如,数字图书馆就是针对某些专题,广泛收集相关图书资源和网站地址等信息,按照一定规则进行分类编目,或是用超文本建立链接索引,或是采用关键词进行信息检索等,从而为用户提供经过筛选和组织、方便检索和使用的网络图书信息资源等。例如,中国知网(www.cnki.net)、万方数据库(www.wanfangdata.com.cn)等。

4. 教育网站

教育网站一般是指围绕教育、教学或相关领域而建立的各种主题型网站,提供教育信息、用于课堂教学的附加材料等,甚至是完整的网络课程。

教育网站的内容通常涉及各级各类学校教育的各个方面。教师为了上课的需要,可以利用搜索引擎,通过选择恰当的目录或关键词进行信息搜索。

四、 网络教育资源的检索与利用

参考以下搜索引擎或资源网站,学习网上信息资源的检索与利用。

1. 网页搜索引擎的使用

(1)百度的使用。

(2) Google 的使用。

2.目录检索工具的使用

(1) Sohu 目录检索的使用。

(2) Yahoo 目录检索的使用。

3. 利用各种类型网站查找所需的资料

如行业网站、教育网站、专业网站、主题网站、资源网站、个人网站等。

4. 利用中文数字图书信息检索查找所需的资料

(1) 中国期刊全文数据库(CNKI)。

(2) 中文科技期刊数据库(维普全文库)。

(3) 超星数字图书馆。

实践活动

活动一 利用专门的幼儿科学知识网站,搜索相关素材

专业的幼儿科学知识网站,资源丰富,具有针对性且专业性强。学习者只需输入网址,打开网站,找到相关导航,就可以找到关于幼儿科学知识的文本、图片、声音、动画、视频等素材。

1. 了解国内比较专业性的幼儿科学知识网站

(1) 小精灵儿童网

小精灵儿童网站是一个集婴儿、婴幼儿、幼儿、学前儿童教育于一体的网站,内容包括歌曲、游戏、故事、谜语、舞蹈、动画片、图片等各类素材。学习者可以通过网站导航找到相关素材,也可以通过网站的搜索键找到相关素材,网址:http://www.060s.com/,网站界面如图 5-1-2 所示。

图 5-1-2 小精灵儿童网站首页

（2）幼师口袋

幼师口袋是一款简单实用的幼儿园教师资源分享应用，可以帮助幼儿教师轻松发现与相互分享幼儿园环境布置、个别化学习活动等素材、制作方法，为教学情境设计提供解决方案，同时支持应用内直接购买图片素材上所需的材料以及幼儿个别化学习资源素材包。幼师口袋有电脑版和手机 App 版。幼师口袋软件具有以下特色：

① 云量优质环境创设、个别化学习活动素材一键管理。

② 关键热词随时搜索，快捷获取主题相关素材。

③ 自定义口袋主题，随时管理主题素材。

④ 幼教前辈云集，可以学到许多直接的经验，获得许多直接可用的幼教材料。

幼师口袋 App 界面如图 5-1-3 所示：

（3）儿歌资源库

贝瓦儿歌集合了许多朗朗上口的经典曲目，它们语言活泼、歌词丰富，并呈现出鲜明的音乐性和节奏感，是培养孩子乐感和审美的重要途径。贝瓦儿歌界面如图 5-1-4 所示。

图 5-1-3　幼师口袋 App 手机界面

图 5-1-4　贝瓦儿歌界面

2. 了解国外专业的幼儿科学知识网站

（1）苏斯博士

网站画面童趣十足，富有创意。涉及内容包括推荐书籍、视频、活动设计、音乐、教育、同伴互助等模块。网址：http://www.seussville.com/，如图 5-1-5 所示。

图5－1－5 Seussville网站首页

（2）小尼克

小尼克是专门为儿童量身定制的一份专属幼儿能力发展的课程，是一个可为家长定制课程、设定观看时长、了解孩子观看情况、搜寻个性化的幼儿素材的网站。网址：http://www.nickjr.com/，如图5－1－6所示。

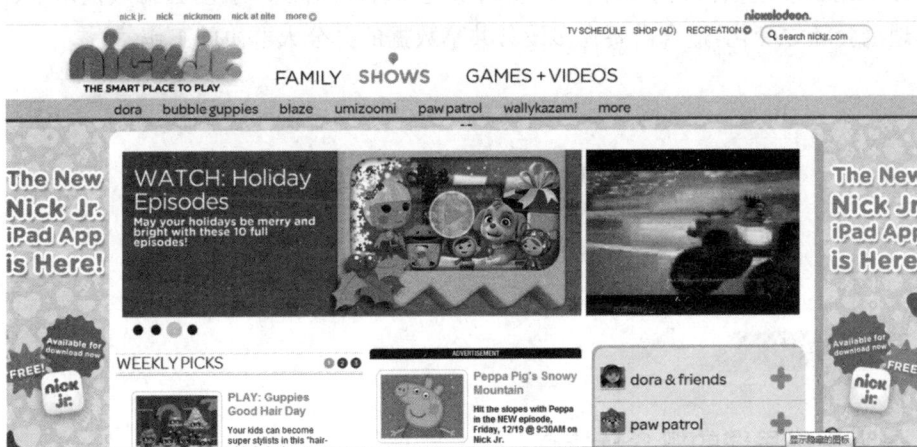

图5－1－6 小尼克网站首页

3.熟悉网络音频、视频下载及客户端的运用

（1）音频资源下载。在百度音乐主界面搜索框中输入所需要的音乐，通过播放按钮来试听音乐，单击下载按钮会弹出下载窗口。

（2）视频资源的下载。通常需要借助客户端或者下载工具来实现，常见的下载工具及客户端有迅雷、电驴、优酷等。

活动二　利用QQ群和百度云管家上传和共享资源

活动目标：

1. 掌握QQ即时通信工具交流信息和共享文件的方法。

2. 熟悉各种云服务商的运用。

3. 掌握运用百度云管家以及百度同步盘共享文件的方法。

活动准备：

1. 目前常用的网络通信工具有QQ、微信、Internet Phone等，它们都具有呼叫功能，能进行文本、语音、视频对话，有些还具有文件传输功能。可以选择适用的通信工具，实现网络信息的交换与获取，达到资源共享的目的。

2. 比较常见的云服务商有百度云、360云盘、金山快盘、够快网盘、微云等，可选择自己熟悉的云工具。

活动过程：

1. 利用QQ进行资源共享。QQ群中提供了网络硬盘共享空间，供该群中的用户上传或下载文件。

2. 登录百度云管家，在文件列表界面上传文件，存入百度云。

3. 在上传的文件列表中，选中希望共享的文件。

4. 利用百度同步盘共享数据。百度同步盘具有双向同步功能，云端数据增加、删除后本地也会随之变化，适合需要在多设备共享数据的办公人群协同工作。

第二讲　思维导图的使用

基础知识

一、思维导图的概念及特点

思维导图（Mindmap）又称为心智图，是表达发射性思维的有效图形思维工具。它简单却又极其有效，是一种革命性的思维工具。思维导图运用图文并重的技巧，把各级主题的关系用相互隶属与相关的层级图表现出来，把主题关键词与图像、颜色等建立记忆链接。思维导图充分运用左右脑的机能，利用记忆、阅读、思维的规律，协助人们在科学与艺术、逻辑与想象之间平衡发展，从而开启人类大脑的无限潜能。

所有的思维导图都有共同之处。它们都使用彩色，都有从中心发散出来的自然结构，都使用线条、符号、词汇和图像，都遵循一套简单、基本、自然、易被大脑接受的规则。使用思维导图，可以把一长串枯燥的信息变成彩色的、容易记忆的、有高度组织性的图，它与我们大脑处理事物的自然方式相吻合。

二、 思维导图的作用

思维导图可以作为辅助学生学习的工具；也可以作为教师和研究人员分析评价学生对知识的理解和构建的方法；还可以作为设计结构复杂的超媒体、大型网站以及交流复杂想法的手段。思维导图在教学与学习方面起着重要作用。

三、 思维导图的绘制

绘制思维导图的方法有很多，不一定使用特定的计算机软件，学生和教师利用一切绘图软件都可以设计出自己的思维导图，如 Word、PowerPoint 和 WPS 等，几乎所有专门用于绘图的软件都可以用来绘制思维导图，但最具个性化、最好的视觉思维导图往往是手工绘制的。目前流行的思维导图绘制工具有 Xmind、Freemind、MindMannager 等。此外，还可以在手机上安装思维导图 App 制作思维导图，如幕布 App、Mindjet Maps App 等。

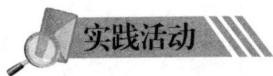

实践活动

利用 Xmind 制定幼儿活动计划思维导图
以在幼儿园中三班开设《秋天来了》主题为例设计活动

活动目标：

秋天的红树叶，秋天的黄树叶，形状各异的树叶让孩子们感受到植物随着季节而变化的神秘。周围水果成熟了，农民伯伯收获粮食，大雁飞向南方去，种种信息告诉我们秋天来了。根据"幼儿的好奇心是基于对事物认知的兴趣"这一特点，应充分利用"大自然是活教材"的教育观念，用孩子喜欢的方式来表达对秋天的感受，这对于中班孩子发展是有益的。由此确立了班级主题活动《秋天来了》。

1. 感知秋天天气的明显特征、周围植物的变化，参加收集树叶等集体户外活动。

2. 尝试用树叶拼贴画、拓印画，体验其中的乐趣，激发创造兴趣，提高对美术活动的兴趣。

3. 引导幼儿知道秋天是个丰收的季节。

活动过程：

1. 观察秋天周围事物的变化，请家长带幼儿到农田参观农民伯伯劳动。

2. 墙饰体现秋天植物、水果等明显特征。

3. 区角投放相关制作材料。

图 5-2-1 为幼儿园活动计划的思维导图。

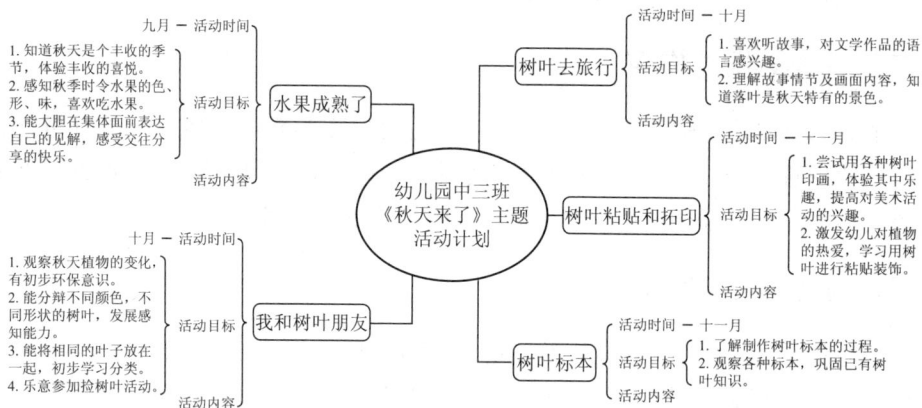

图 5-2-1　幼儿园活动计划思维导图

第三讲　家园网络互动工具

基础知识

　　"家""园"之间良好的沟通是幼儿园教育必不可少的。《幼儿园工作指导纲要(试行)》指出:"家庭是幼儿园重要的合作伙伴。应本着尊重、平等、合作的原则,争取家长的理解、支持和主动参与,并积极支持、帮助家长提高教育能力。"家长除了是幼儿园活动的旁听者、观察者、参与者角色,还扮演着活动的支持者、志愿者、学习者、组织者、评价者、决策者等角色。及时互通信息,使家长获取第一手资料是亲师之间实现良好沟通和建立信任的基石,幼儿园应当根据自己的实际情况,选择和提供多种方式,建立促进亲师沟通的良好渠道。

　　互联网的兴起,突破了人们在信息交往中所受的时空限制,极大地丰富了信息内容和表现形式,为信息交流和资源共享提供了更多的途径和可能。当下,在众多的家园沟通形式中,网络沟通是幼儿园开展家长工作的一个非常重要的有效途径。教师可以通过手机、计算机等载体,第一时间向家长传达信息,家长通过网络,可以了解幼儿教育的方法,了解孩子在幼儿园的表现,了解幼儿园教育活动情况。例如,通过短信收发班级通知,通过博客晒一晒班级活动照片,通过微信传递实时文字图片信息,通过群聊展开话题讨论等,对家长来说这些沟通途径打破了时间与空间的界限,拉近了与教师、幼儿园的距离,能够切实解决上班族家长与教师沟通的困境。

　　目前,家园网络互动工具主要有幼儿园网站、微信公众平台、微信(群)、QQ(群)、电子调查问卷、二维码、协同编辑、博客、微博、电子邮件、飞信、短信、校讯通、专题活动报道(美篇、初页等 App 的使用)等。

一、 幼儿园网站

幼儿园网站是家园沟通好助手,一个健康、丰富多彩的幼儿园网站发挥的不仅仅是对外宣传的作用,更重要的是建立了虚拟家园共育社区,为教师和家长在网络上进行家园互动提供了平台。通常幼儿园网站包括以下部分:

(1)展示平台。展示平台包括公告栏、本园概况、园内资讯、教育教学、家教沙龙、健康列车等版块。

(2)互动平台。互动平台包括留言本、教师信箱、班级主页、家长论坛等版块。家长论坛设有"论坛"和"专栏",让家长各抒己见。"论坛"主要由园内有经验的教师发表论点,定期提供育儿话题,让家长踊跃阐述自己的观点。"专栏"可以是"建议专栏""对话专栏"等。

二、 微信公众平台

智能手机的使用使手机的网络应用更加大众化。幼儿家长们日常更多地使用手机进行工作、娱乐和生活,随着幼儿家长中微信用户的增多,微信公众平台成为幼儿园进行宣传和家园互动的一种途径,拉近家园之间的距离。微信公众平台,简称公众号。该平台是基于互联网、移动社交网、移动智能终端所搭建起来的集网络信息资源交流、共享、共建的新媒体平台。利用公众平台进行一对多的媒体性行为活动,如幼儿园通过申请公众微信服务号,可以向订阅者群体发布图文、资讯、音视频等讯息,展示幼儿园微官网、微推送、微活动、微报名、微分享等,形成一种线上线下微信互动方式。对家长来说,不仅填补了家园沟通上的不足,为家长提供了方便,也拉近了家长与幼儿园、教师的联系,促使家长更快、更好地了解幼儿园、班级活动以及幼儿情况等,以此促进幼儿全面发展。

三、 微信

随着"互联网＋"时代的到来,微信成为人们主要的沟通方式。微信是一款通过网络快速发送语音、信息、视频、图片和文字,支持多人群聊的手机聊天软件。因为是通过网络传送,所以微信不存在距离的限制,即使是在国外的好友,也可以使用微信进行沟通。这种沟通方式运用于家园沟通中,同样可以起到快捷、便利和及时的效果,有利于教师和家长在幼儿教育中协作,微信已经成为家园联系的主要渠道。微信沟通的方式很多,可以与家长一对一沟通,也可以借助于微信群,教师和家长集体沟通。在此过程中,老师和家长在平等交流的基础上,可以对家长进行日常幼教指导和建议,让家长第一时间了解园方的教学方向和理念。

一方面,教师可以通过微信群发一些幼儿们上课、游戏、户外活动等图片或视频,实时展示幼儿园活动过程,让家长们更直观地了解到每个幼儿在活动中的表现,随时了解孩子在幼儿园的情况。相比网站，微信的这些功能更有时效性、及时性，更好地将家园共育落到实处。

另一方面，微信也可以满足家长的个性需求，如刚入园幼儿的家长想了解孩子在园情绪如何，平时在家午睡困难的幼儿家长想了解孩子中午是否睡觉，自我管理能力较弱的幼儿家长想了解孩子能否和老师小朋友一起活动等，教师可以通过微信将日常活动中拍摄的照片、小视频以单独发送的形式反馈给家长，让家长了解孩子的实际情况。

另外，微信群的"群公告"功能也是教师发布通知并收集家长是否收到的常用工具。微信还可以根据活动需要建立不同的微信圈，让同组的家长不用见面就能共同讨论活动内容，合理分工做好相关准备。这不仅进一步提高了向家长展示活动的效率，扩展了向家长宣教的内容，而且更及时地了解了家长的困惑和关注点，使家园的教育能够有效对接。

网络家访是家访的一种新形式，通过微信和QQ都可以实现。教师在进行网络家访时，应提前告知重点交流的内容并做相应的准备等。教师可以通过在线聊天的形式，也可以通过摄像头进行面对面的交流。

借助于微信沟通方式，教师树立起做家长工作的新观念，建立与家长的新型关系，在网络交流沟通中变教师教育家长的单向活动为主动与家长联系、沟通，共商育儿方法的平等的双向活动。幼儿教师的工作涉及孩子学习、生活的方方面面，不管如何细心，难免会有疏忽和瑕疵，一旦出现这样的问题，微信聊天就发挥了重要的作用。

四、QQ

QQ家园沟通的优势主要有及时、便捷、互动、免费，图、文、声融合，信息量无限，不受时空限制等。需要注意的是，微信和QQ都可以即时发送照片和视频，但是它们在视频发送方面还是有区别的，微信适用于短视频，QQ可以传送时间较长的视频文件。

(1) QQ好友。即时传递文档，对方在线时，可以用来进行即时文字、语音聊天，传输文字、图片、音频、视频材料，可以有针对性地与家长进行个别交流和传送材料。

(2) 班级QQ群。QQ群有即时群聊功能，可用来进行专题交流、即时讨论等；它的"公告"可用来上传班级各项通知，供家长们下载；它的"相册"可以上传近期班级活动照片，供家长们下载；它的"文件"可以用来上传好文章、音频资料、视频资料，供家长们观看和下载。

(3) QQ信箱。不管对方是否在线，都可以用来给家长个人或群体发送各种电子材料。

(4) QQ留言板。家长和老师都可以在上面留言，可以提问、建议等，家长和老师都可以在上面做出回应。

(5) QQ音乐。家长和老师都可以上传自己感觉不错的音频材料，如儿歌、幼儿故事等。

(6) QQ相册。家长和老师都可以上传孩子在家或在园活动的照片材料。

（7）QQ 视频。家长和老师都可以上传孩子在家或在园活动的视频材料。

（8）QQ 说说。家长和老师都可以通过 QQ 说说发送文字、图片、视频、音频材料，让家长们分享和讨论。

（9）QQ 日志。可以用来分享各种教育孩子的信息资料，可以是自己写的，也可以是转发其他作者的。可以利用它的"管理"工具，将日志分成子栏目，如家长学校、经验分享、亲子游戏、幼儿园教育、孩子作品、孩子趣事、教育智慧、热点讨论等。

五、 电子调查问卷

问卷调查也是家园沟通的一种常用方式，目前，电子调查问卷是普遍采用的一种方式。如在家长会活动前，老师会采用电子问卷调查的形式，收集家长关注的问题，通过分析问卷，并结合往年经验，制定家长会或家长学校讲座方案。然后制作家长满意度调查表或家园问卷调查表等电子问卷，在家长会开展过程中使用，收集家长意见。还有可以不定期进行的幼儿园家访问卷调查表等。

六、 二维码

二维码又称二维条码，是一个近几年来移动设备上流行的一种编码方式，它比传统的 Bar Code 条形码能存更多的信息，也能表示更多的数据类型。它具有信息容量大、编码范围广、成本低、易制作的特点，可以把图片、声音、文字、签字、指纹等可以数字化的信息进行编码，用条码表示出来，可以表示多种语言文字，可以表示图像数据。在家园互动中，幼儿老师可以采用二维码的方式向家长们进行资料传输、信息收集。例如，幼儿园的家长开放日活动时，家长可以在幼儿园走廊或教室墙壁等环境中观看幼儿作品，这些作品旁边会呈现二维码，家长通过手机扫一扫就可以查看幼儿作品产生过程的相关视频等资料。

七、 协同编辑

多人协同编辑是通过在线文档产品实现两人或两人以上同时编辑同一个文件，双方编辑操作互不干扰且能够自动解决冲突，支持多人在线实时协作编辑，实时自动保存。目前能够支持协同编辑的软件很多，如腾讯文档、金山文档、石墨文档等，常用的有协同电子表格、Word 文档等。在幼儿教师的日常工作中经常需要家长配合收集信息，例如，收集班级幼儿的家庭成员信息和联系方式等，就可以在微信或 QQ 中使用协同编辑功能实现。

八、 班级博客

立足于网络平台的班级博客也成为家园沟通的渠道，博客（Blog）是 Weblog 的缩写，意为"网络日志"，是一种基于主题的交流工具。一个典型的博客结合了文字、图像、其他博客或网站的链接及其他与主题相关的媒体，能够让读者以互动的方式留下意见。

通过博客可以系统地展示班级活动内容,可以与家长分享大量的活动照片,可以将班级的活动过程、幼儿的生活故事、科学的育儿方法、活动中的精彩照片、教师的教育笔记、家长的教育心得及时记录和发布,还可以提供互联网中有价值的信息、相关的知识与资源。教师和家长都可以在自己方便的时间和地点阅读、发表或者回复班级留言,既可以满足家长自由表达想法的愿望,也可以让家长以博客为载体与教师、其他家长进行深度的交流沟通。

例如,一次在教师分享了关于阅读活动的内容后,家长在认可幼儿园通过多种方式培养孩子阅读习惯的同时,还相互分享了在家同孩子的阅读活动及感受。通过交流,家长们不仅对亲子阅读活动越来越重视,也使孩子的阅读兴趣越来越浓厚,阅读范围越来越广泛。再如,教师可以借助于博客上的"热点探讨"栏目,组织家长与教师进行有关幼儿教育方面的热点主题讨论,解决家长对孩子的教育困惑,加深家园共育的有效沟通。

除了上面的问题可以用博客的方式,教师还可以把幼儿园最新的儿歌、故事、幼儿绘画作品、手工作品等一一上传,不仅是文字的,还可以是图片的、视频的。这样一来,就为家长育儿提供了素材。教师还可以发表一些关于育儿方法的博文,对年轻爸爸妈妈的育儿方式进行指导;还可以在博客中开展育儿沙龙,引导家长讨论育儿的科学方法,互相学习,共同成长。

网络已经影响并且深刻地改变着大家的生活,它在教师的现实生活和工作之中创造了一个新的空间——虚拟空间。在未来,虚拟空间与现实空间的互动性不断增强,相互作用、相互影响,教师所采用的各种互动方式会介入家长们的常态生活中,相信教师未来的家长工作会变得更加方便、快捷、有效。现代信息技术在家园沟通中扮演了极其重要的角色,它正焕发出勃勃生机,发挥其方便、快捷、长期保存的独特功能,并逐渐成为家长了解幼儿园,获得幼儿在园成长信息的主要途径,也成为家园共育不可或缺的重要手段与工具。

实践活动

活动一 利用问卷星做问卷调查

问卷星是一个专业的在线问卷调查、测评、投票平台,专注于为用户提供功能强大、人性化的在线设计问卷、采集数据、自定义报表、调查结果分析系列服务。问卷星平台在 PC 端和移动端都可以使用,PC 端有问卷星官网,移动端有微信公众号和小程序。问卷星微信小程序共有六大应用场景:调查、考试、表单、360 度评估、投票、测评。

活动目标:

幼儿期是孩子生长发育的关键时期,在园吃得饱不饱、好不好、营养全不全面是家长们普遍关心的问题。为了进一步提高幼儿园营养膳食管理水平,徐州市公园巷幼儿园组织全园家长开展营养膳食质量问卷调查,广泛征求家长朋友们对幼儿园食堂工作的意见和建议，以此提升幼儿园的膳食管理水平。

1. 掌握利用"问卷星"微信小程序制作和分享问卷的方法。

2. 掌握问卷调查结果的查看、下载。

活动准备：

1. 安装微信的智能手机。

2. 家长问卷的具体调查内容。

活动过程：

1. 制作"幼儿伙食情况家长问卷"

（1）打开微信，点击右上角放大镜搜索"问卷星"，如图 5 - 3 - 1 所示。

（2）在新页面中点击微信登录，如图 5 - 3 - 2 所示。

（3）在问卷星主页面上点击创建新问卷，如图 5 - 3 - 3 所示。

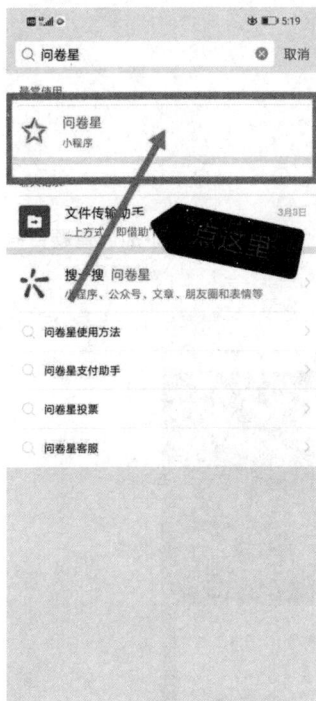

图 5 - 3 - 1　搜索"问卷星"小程序　　　图 5 - 3 - 2　微信登录　　　图 5 - 3 - 3　创建新问卷

（4）出现选择问卷类型的页面，点击你想创建的问卷类型——以问卷调查为例，如图 5 - 3 - 4 所示。

（5）输入调查名称和调查说明后点击"创建调查"，如图 5 - 3 - 5 所示。

（6）添加所需要调查的题目，如图 5 - 3 - 6 所示。

（7）点击你要编辑的题目，可以重新编辑，替换位置、删除等，如图 5 - 3 - 7 所示。

（8）编辑完内容后点击右下角的"保存"，再点击"发布调查"，如图 5 - 3 - 8 所示。

图 5-3-4　选择问卷类型　　　图 5-3-5　输入调查名称　　　图 5-3-6　添加调查题目

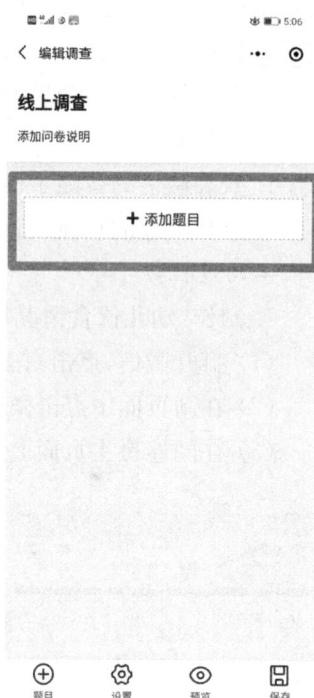

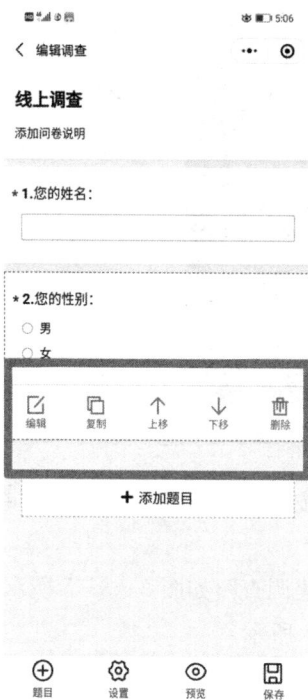

图 5-3-7　编辑题目　　　　　图 5-3-8　发布调查

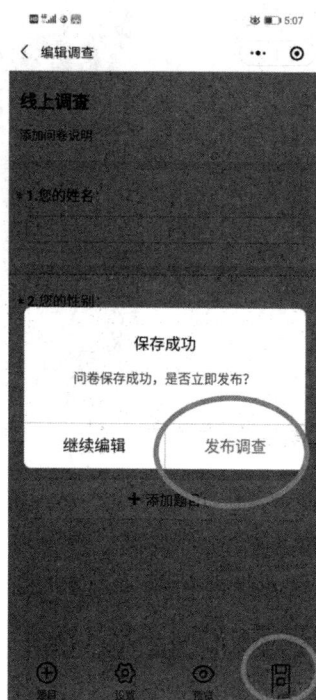

2. 分享调查问卷
将生成的问卷以二维码形式发至微信群，如图 5－3－9 所示。

图 5－3－9　分享调查问卷

3. 问卷调查结果的查看、下载和分析
通过此次营养膳食问卷调查活动（见图 5－3－10），家长们不仅对幼儿园的膳食工作给予了充分的肯定，满意度高达 99％以上，同时也提出了宝贵的意见和建议。

图 5－3－10　幼儿园伙食调查问卷

活动二　利用金山文档进行协同编辑

金山办公是国内一家科技公司，金山文档是新一代云端在线 Office，通过"WPS＋云办公"实现文档的多人协同编辑。多个系统平台都可以下载 WPS，电脑、手机、平板设

备无缝办公。云空间文档备份,无须下载,无须 U 盘,随时共享。某幼儿园要建立家园联系手册,需要每个班级老师统计本班家长的信息和住址等,中一班的刘老师就通过电脑建立 Excel 表格,然后分享到班级微信群,让家长分别填写,从而很好地提高了工作效率。

活动目标:

1. 掌握多人在线编辑文档的方法。

2. 能够在班级工作中合理有效地使用协同编辑功能。

活动准备:

在电脑上安装 WPS Office 并使用微信账号注册。

活动过程:

1. 创建一个空白 Excel 文档,制作表格,保存文档为"中一班家园联系手册",如图 5-3-11 所示。

图 5-3-11　创建表格

2. 点击协作按钮,选择"使用金山文档在线编辑",切换到协作模式,如图 5-3-12 所示。

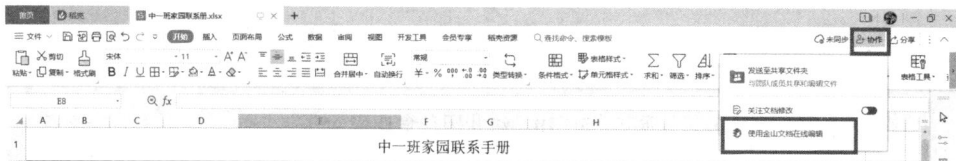

图 5-3-12　点击协作

3. 上传文档,协作文档需要上传至云端才可被其他成员访问、编辑,上传完毕后,进入协作编辑页面,如图 5-3-13 所示。

图5-3-13　另存云端开启"加入多人编辑"

4. 点击右上角"分享",点击"创建并分享",在打开的对话框中,邀请他人加入分享,选择微信,在弹出的对话框中,通过小程序发送给微信好友。也可以将分享链接发给成员,成员收到链接后点击进入,可以一同编辑文档。如图5-3-14至图5-3-17所示。

图5-3-14　分享

图5-3-15　创建分享

图5-3-16　分享对象

图5-3-17　微信分享

活动三　草料二维码的使用

草料二维码能实现电话、文本、短信、邮件、名片等的二维码生成,还通过云技术,实现文件、图片、视频、音频的二维码生成。草料绝大部分的功能均为长期免费使用,保证用户的基础需求可以零成本解决,生成二维码数量长期有效和不限扫码数量,表单不限制提交总条数。同时也提供了付费版本,可以获得更多容量和流量及更强大的协同功能。

草料二维码可以显示图片、文件、音频、视频等丰富的多媒体内容,并且可以编辑内容,越来越多出现在幼儿园、早教机构中,用于展示学生作品,以往展示的几乎都是美术、手工、书法作品;现在,讲故事、唱儿歌、跳舞等更多音视频形式的幼儿作品都可以通过二维码记录并展示。幼儿园课堂和课外教学中,涉及大量的跟学内容,比如,绘画、写字、舞蹈、折纸、科学小实验,老师可以将跟学课件做成二维码,分发给家长,指导家长在家与孩子进行高质量的亲子互动和教学。幼儿园教师也可以把优秀教学案例做成二维码,在公开课现场向听课的嘉宾实时分享教案。

活动目标:

1. 掌握草料二维码的制作方法。

2. 能够在幼儿园工作场景中灵活使用二维码。

活动准备:

《中秋节手工制作》视频。

活动过程:

1. 打开草料二维码网页,微信扫码登录,新建空白二维码模板,如图 5-3-18 所示。

图 5-3-18　新建空白二维码模板

2. 选择"有声图书"二维码模板,如图 5－3－19 所示。

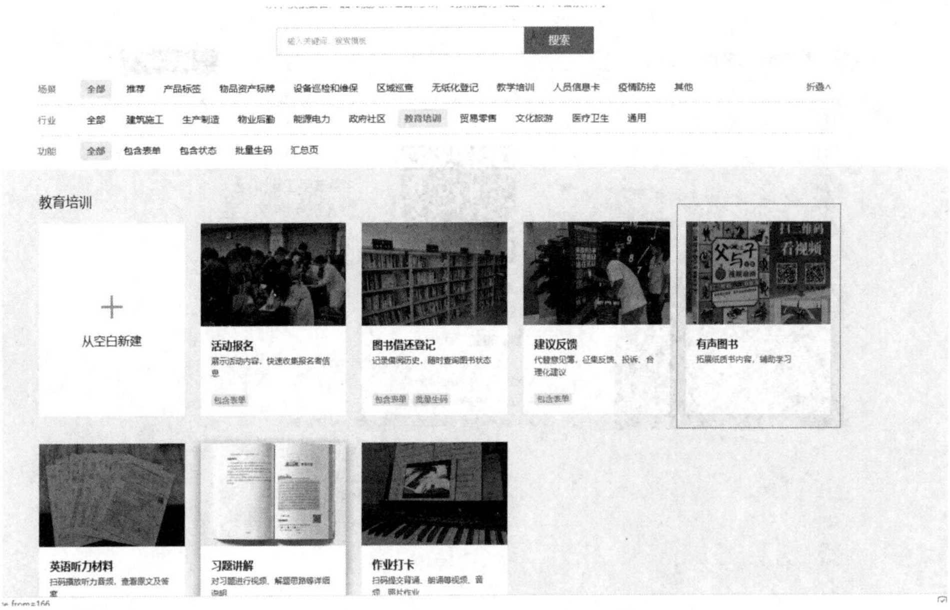

图 5－3－19　选择"有声图书"二维码模板

3. 新建空白内容,在编辑框中添加文本。单击左侧目录中的"视频",上传视频,如图 5－3－20 所示。

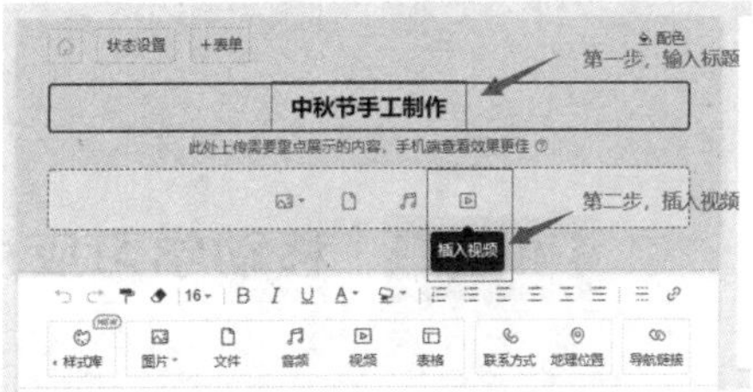

图 5－3－20　添加文本和视频

4. 单击右侧"开始生码"按钮,即可生成二维码,如图 5－3－21 所示。

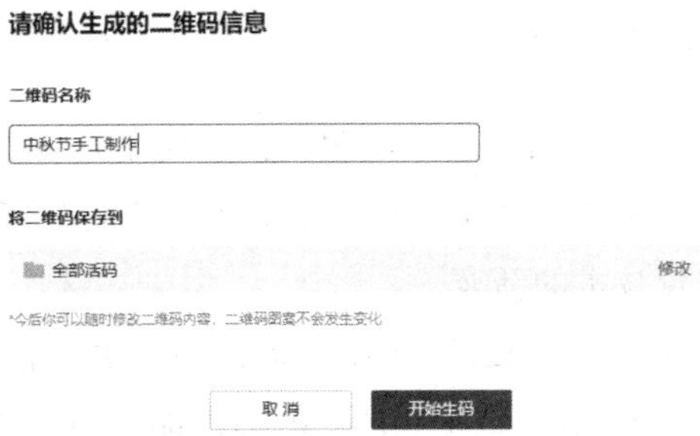

图 5－3－21　生成二维码

5. 二维码生成后,根据需求美化二维码,如图 5 - 3 - 22 所示。

图 5 - 3 - 22　美化二维码

第四讲　移动学习应用

一、移动学习概述

(一)移动学习的基本概念

随着移动通信技术的快速发展,以及智能型移动终端设备的普及,移动学习成为一种新型学习模式,因为其使用时间和空间的可移动性、自主性、交互性等特点而受到广泛关注,正在逐渐成为教育技术的新宠。

所谓移动学习(Mobile Learning)是指在移动设备帮助下能够在任何时间、任何地点发生的学习,移动学习所使用的移动终端设备必须能够有效地呈现学习内容并且提供教师与学习者之间的双向交流。

（二）移动学习的特点

移动学习实现的技术基础是移动互联技术，实现的工具是小型化的移动计算设备，所以从移动学习实现的设备上看，移动学习的基本特点就是可携带性（portability），即设备形状小、重量轻，便于随身携带；无线性（wireless），即设备无须连线；移动性（mobility），指使用者在移动中也可以很好地使用。

（1）学习的随时随地性。学习者可以在任何地点进行学习，不受传统教学固定场所和有线网络固定接入点的限制，学习者可以在步行中、行驶的汽车上学习。学习者同样不受时间的限制，可以在任何时间下学习，不必按固定的时间学习。移动学习使学习者随时随地获取学习资料，并利用一切空闲时间进行学习成为可能。教学者也可以在移动中进行教学。

（2）学习的及时性。学习者可以在需要某些知识的时候马上学习，及时解决学习中的问题。教师同样也可以及时通过移动终端对学生进行辅导。

（3）学习的交互性。当前学习者使用最多的移动学习设备是手机，而对于手机来说，交互是手机基础的功能。手机的交互可以实现信息及时双向流通，可以在学习中进行直接对话和信息交流，可以激发学习者的学习动机，能在较短的时间内保持较高的注意力水平，从而更好地进行信息流通和语言交流。

（4）学习的个性化。移动学习可以根据学习者的特点和要求进行专有的、个性化的教育服务，更好地实现自助服务。学习者可以根据自己的兴趣爱好，通过移动互联网得到许多新的知识。

（5）教育的普及性。移动终端的大量普及为移动学习的普及打下坚实的基础，任何持有移动终端的人都可以成为移动学习的普及者和教育者，即使在偏远地区的人也可以通过移动终端进行学习，从而使教育得到普及。

（6）学习内容的超媒体性。移动学习的数字化内容以多种媒体形式呈现，包括文本、图形、图像、音频、视频、动画等，因此具有超媒体性。

（7）学习的泛在性。这是移动学习区别数字化学习的一个根本特征。泛在性是指任何人（anyone）在任何时间（anytime）、任何地点（anywhere）学习任何信息（anything）。它极大满足了"总在线"的学习需求。

二、 移动学习中常见的学习应用

从广义上讲，各种获取资讯的活动都可以算作学习活动，从这个意义上来看 QQ、MSN、微信等即时通信工具和社交工具都可以成为移动学习的主要方式。从狭义上说，带有一定目的性的获取知识的活动才是学习活动。各大手机的应用市场上可以看到很多的学习类的 App，有丰富的公开课，如网易公开课、学堂在线等；有外语学习类，如百词斩、多纳学英语等；有专门针对中小学作业的"一起作业"；有专门针对移动互动教学的"雨课堂"和"UMU 学习平台";还有针对某一个学科或者技能的各种各样的 App。

在这里给大家介绍几个典型的 App。

1. 多纳学英语

"多纳学英语"是为 3～7 岁中国儿童精心设计的一款寓教于乐的英语教学产品,以培养孩子的英文学习习惯及系统高效学习英语为目的而设计,让孩子在轻松有趣的双语游戏中自然地喜欢英文,提高英语水平。内含丰富的双语视频资源、有趣的亲子口语游戏以及亲子对战游戏。帮助家长营造家庭双语学习氛围,养成孩子每日学习英文、练习英文、使用英文的好习惯。让孩子在家完成自学提高。

主要有以下几个特点:

(1) 养成习惯:每周一个英文学习主题,覆盖看、听、练、玩,全方位英文学习启蒙。

(2) 双语环境:亲子口语对练＋趣味亲子游戏,全家参与双语环境创建,亲子互动,充满乐趣。

(3) 阶梯课程:覆盖幼儿园至小学一年级英语学习大纲,提供"学、练、用、测"科学系统的自学课程,让孩子脚踏实地、逐步进阶,轻松完成幼小衔接。

"多纳学英语"适合学生和家长自己学习,没法组建班级,没有老师的线上指导。

图 5-4-1　多纳学英语——首页

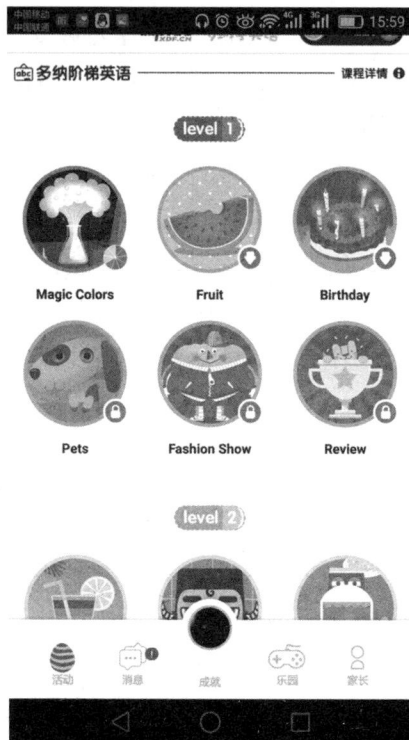

图 5-4-2　多纳学英语——阶梯英语

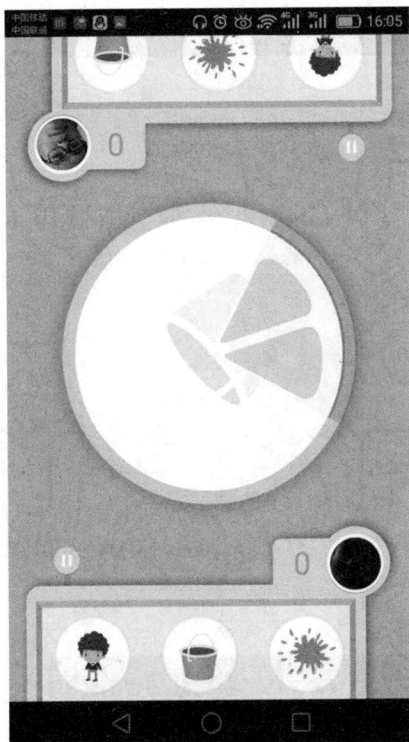

图 5-4-3　多纳学英语——亲子游戏

图 5-4-4　多纳学英语——双语视频

2. 一起作业

"一起作业"是一款免费学习工具,是一个学生、老师和家长三方互动的作业平台,老师轻松布置作业,学生快乐做作业,家长可以定期查看孩子的学习进度及报告。平台所有学习资源均与各学科对应的数十种教材同步,方便老师和学生使用。一起作业分为学生端、教师端和家长端。

学生端是为学生提供在线做作业的学习工具,内容包含中小学英语、数学、语文科目,功能支持跟读录音、自动批改、错题重做等。课外还可以互动,教师点评、同学点赞。通过游戏化的学习方式,激发学习主动性,让学与玩相结合,强化学生的能力,在潜移默化中提高能力。

教师端可以轻松创建网上班级,并实现一键布置和检查全班作业;免费使用来自全国重点名校的最新真题题库,实现个性化的班级组卷,提升学生应试能力;智能生成班级成绩报告,知识点掌握情况一目了然。

家长端可以随时在线查看与教学同步学习记录、作业报告、错题本等同步课堂内容,更有专家讲座、家长经验交流等家庭教育内容;让家长随时在线了解和陪伴孩子学习成长。

一起作业适合组建班级进行学习,教师可以自由选择题库知识点进行推送,可以在线进行点评指导。

图 5-4-5　布置作业

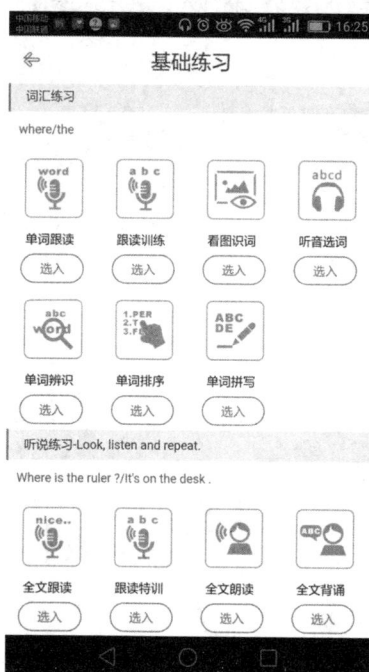

图 5-4-6　添加练习题1

图 5-4-7　添加练习题2

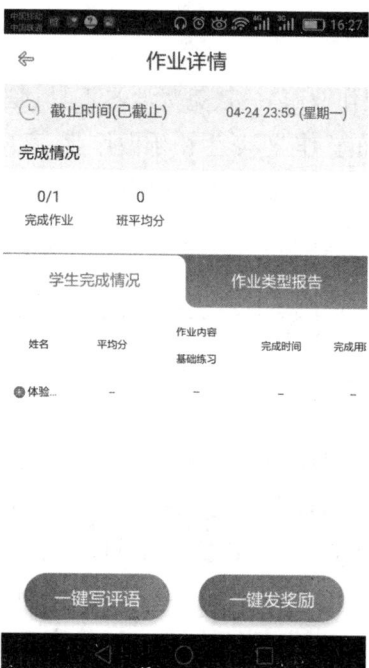

图 5-4-8　学生作业完成统计

3. 雨课堂

"雨课堂"是清华大学和清华旗下在线教育品牌学堂在线共同推出的智慧教学工具,致力将前沿的教育理念与互联网技术巧妙融合,旨在连接师生的智能终端,将课前－课上－课后的每一个环节都赋予全新的体验,最大限度地释放教与学的能量,推动教学改革。

雨课堂将复杂的信息技术手段融入 PowerPoint 和微信,在课外预习与课堂教学间建立沟通桥梁。使用雨课堂,教师可以将带有 MOOC 视频、习题、语音的 PPT 课前预习课件推送到学生手机;课堂上通过扫码签到、实时答题、答疑弹幕、数据分析,增强了师生互动,提高了课堂教学质量。后台为师生提供完整立体的数据支持、个性化报表、自动任务提醒,让教与学更明了。

雨课堂方便易用,只需要 PPT 的插件和微信,并不需要增加任何新的设备。内含的课堂小测和课堂签到使用方便。除了课堂教学,还可以在讲座或者某些课程做展示使用。

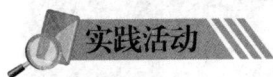

实践活动

利用雨课堂开展教学《PPT 设计——理念篇》

活动目标:

1. 掌握下载及安装雨课堂的方法。

2. 掌握利用雨课堂＋微信进行课堂教学。

活动准备:

上课用电脑(Windows 7 及以上操作系统;Office 2010 及以上版本)。

讲课用 PPT 课件、智能手机(安装微信)。

活动过程:

1. 在上课用的电脑上安装雨课堂插件。访问 http://ykt.io/download,点击下载最新版的雨课堂。下载完毕,在确认联网和满足软硬件要求的情况下,使用管理员身份运行雨课堂,如图 5－4－9 所示。

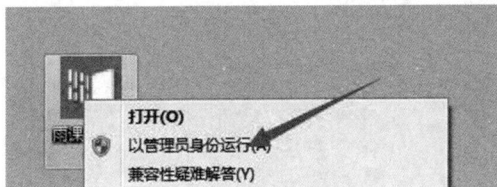

图 5－4－9 雨课堂的下载及安装

2. 打开上课用的 PPT 课件,此时在 PPT 软件的上方会出现雨课堂的标签,如图 5－4－10 所示。

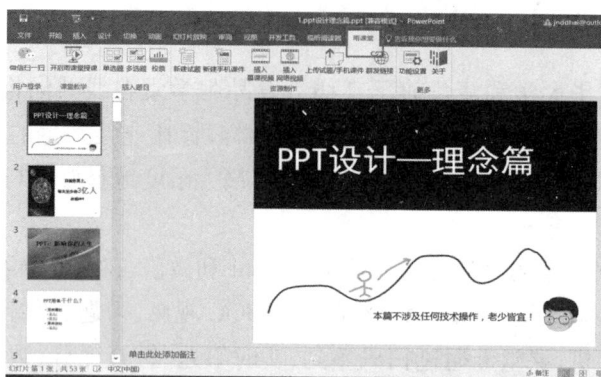

图 5-4-10　PPT 中雨课堂插件

点击左上角的"微信扫一扫",弹出二维码,打开手机微信,扫一扫,用微信账号登录雨课堂(首次使用雨课堂需要先关注),并自动成为教师,如图 5-4-11 所示。

图 5-4-11　使用微信账号登录后成为教师

3. 还可以在 PPT 中插入选择题、投票等直接在课堂上检测学生的学习效果。如点击"单选题",自动插入新的页面。老师可以在页面上直接编写题目和选项,右侧的"编辑习题"窗格可以设置分值、正确选项和答案解析,如图 5-4-12 所示。

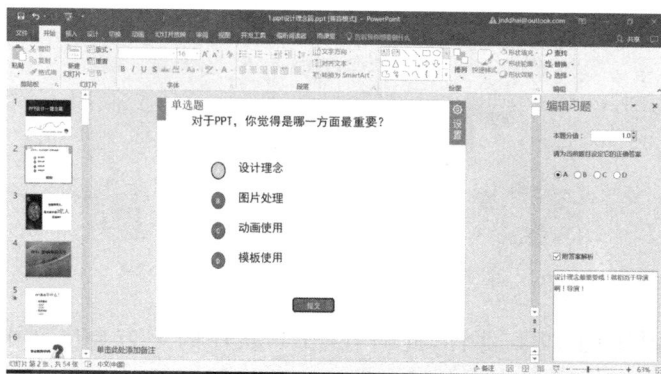

图 5-4-12　插入选择题

4.在课前的预习课件中,还可以插入学堂在线的慕课视频和网络视频,如图 5-4-13 所示。

图 5-4-13　插入慕课视频

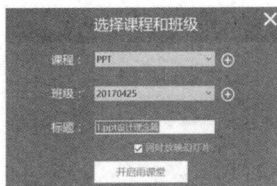

图 5-4-14　课堂设置

5.课件准备就绪,就可以点击 PPT 软件的左上角"开启雨课堂授课",进行简单设置,如图 5-4-14 所示,此时弹出本节课的二维码,如图 5-4-15 所示。

图 5-4-15　课堂二维码

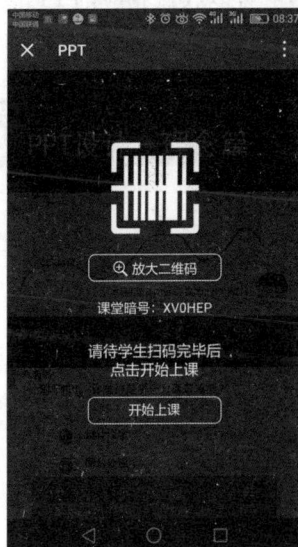

图 5-4-16　教师手机成为遥控器

6.此时教师手机即可变成遥控器,可以控制课堂开始,也可以控制 PPT 的播放。如图 5-4-16 所示,点击"开始上课"

7.学生可以拿出手机,扫码进入课堂(首次使用需要关注),进行个人信息的设置后,如图 5-4-17 所示,便可以看到老师正在放映的 PPT,如图 5-4-18 所示。

图 5 - 4 - 17 学生个人信息设置   图 5 - 4 - 18 学生端学习教师的 PPT 课件

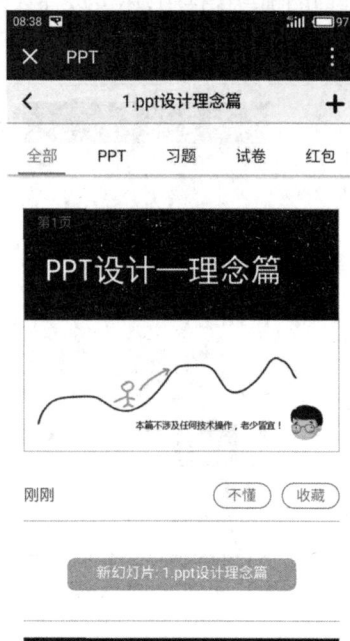

8. 学生可以收藏相应的 PPT 页面,也可以点击"不懂"进行反馈,还可以完成教师发放的测试题或者投票,如图 5 - 4 - 19 所示。

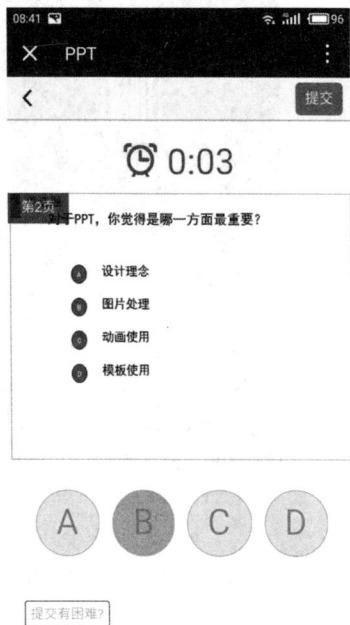

图 5 - 4 - 19 学生端做题互动   图 5 - 4 - 20 课堂数据查看

9. 教师讲授完毕后,可以通过手机或者 PC 结束课程。可以查看上课的数据,如学生数、习题情况、学生标记不懂的 PPT 页面等,如图 5 - 4 - 20 所示。

第五讲　MOOC 在线学习

基础知识

一、MOOC 简介

随着多媒体计算机和网络技术在教育领域的应用,大规模在线开放课程(Massive Open Online Courses,简称"慕课")迅速崛起。2012 年被《纽约时报》称为"慕课元年",美国的 Coursera、edX 和 Udacity 是最有影响力的三大慕课平台。

2013 年 5 月,北京大学、清华大学率先加入 edX;同年 7 月,上海交通大学和复旦大学则同时加入 Coursera。此后,慕课在全球风靡开来。2013 年 10 月,清华大学在 edX 平台的基础上进行了本土化改造,推出第一个中文 MOOC 平台"学堂在线",其合作伙伴包括北京大学、浙江大学、南京大学、上海交通大学等部分 C9 联盟高校。

2014 年 4 月,上海交通大学自主研发的中文慕课平台"好大学在线"(www.cnmooc.org)上线,实现上海西南片 19 所高校的慕课学分互认,学生可借此平台跨校辅修第二学位。2014 年 5 月,"爱课程"网与网易云课堂合作推出"中国大学 MOOC"平台,全国高校均可通过该平台进行 MOOC 建设和应用。2014 年 9 月,"中国大学 MOOC"平台上线 SPOC 功能,面向校内教学提供服务。

MOOC 学习基本流程为:教师每周定时发布教学视频,布置练习或作业,部分课程还会组织话题讨论。学生自主进行视频观看,但要在规定时间内完成课堂测试和作业、参加话题讨论,大部分作业要求在半个月内提交,课程结束后需参加结业考试,获得修课证书。

下面以"学堂在线"为例具体介绍 MOOC 学习的功能与流程:

课程介绍:包括课程简介、教学团队简介、课程章节目录、选课人数、教学大纲、课程预告视频等。

课程学习方面主要包括:

一是慕课视频学习。教学视频是慕课学习最重要的资源,大部分视频长度在 5～15 分钟,充分满足了用户碎片化

图 5 - 5 - 1　学堂在线 Logo

学习的需要。部分课程还在视频重要知识点处嵌入交互式问题,答题后方能继续观看。

"学堂在线"中的教学视频可以下载,调节播放速度,且配发字幕,同时提供独立字幕,使用户可以根据字幕快速跳转到相应的视频位置。此外,"学堂在线"设有教师上传文档的模块。

二是互动讨论。学生有疑问的地方可以去论坛发帖提问，授课教师和学习者一起讨论。"学堂在线"提供对帖子及回复的投票点赞功能，可以根据票数排序，便于用户快速发现有价值的好评贴。由于讨论区的互动是非实时的且受到平台的限制，许多课程都设置了QQ群便于学员实时交流，有些课程的教师还会定期在QQ群上进行答疑。也有部分课程开设了微博和微信公众号，用于发布课程动态信息或推荐相关阅读资料。

三是成绩评定。平时成绩通常由课堂测验、单元作业和同学互评作业等组成。"学堂在线"课程视频目录中，可设置习题与作业。

四是结业认证。慕课的认证分为证书和学分两种认证方式。"学堂在线"提供免费的电子版结业证书，部分课堂提供学分认证。

"慕课"作为现代信息技术与高等教育相结合的新生事物，以没有学位门槛、任何人都可以随时随地学习、大量免费的优质课程等优势，吸引着越来越多的人参与学习。一方面，慕课打破了地域和时间的限制，大幅扩大了优质教育资源的受众范围，提高了教育公平性。另一方面，慕课将课程学习与学分挂钩，实现学分互认，有效整合与促进了各类资源要素在校际的流动和共享。此外，慕课的出现既根植于学习模式创新的需要，同时也推动了高校课程建设与教学模式的改革，顺应了自主学习和终身学习的教育价值取向。

MOOC不单是教育技术的革新，更是一种全新的教育模式和学习方式，带来教育观念、教育体制、教学方式和人才培养过程等方面的深刻变化。但是，由于不设先修条件，学生注册数急剧增长，MOOC存在着一些亟待解决的问题。如MOOC注册率高、完成率低，课程制作负担大，课程学习不够深入等。同时，MOOC的发展面临着如何与学校教学有效结合的机遇与挑战，正因如此，一种小而精的课程类型——SPOC应运而生。

二、SPOC简介

SPOC是英文Small Private Online Course的简称，即"小规模限制性在线课程"。与MOOC中的massive和open相对而言，small和private是指对学生规模以及学习准入条件进行了限定。SPOC模式是一种结合了课堂教学与在线教学的混合学习模式，是在大学校园课堂实施翻转课堂教学。SPOC创建的混合教学环境，既融合了MOOC在线学习的优点，又弥补了传统教室课程的不足，创新了教学模式。由于SPOC只针对小规模的特定人群，学生人数较少，因此教师有可能与学生开展充分的交流答疑和讨论，并在学生的整个学习过程中给予个性化的指导，提高了教学质量。

1. 基于SPOC的翻转课堂模式

翻转课堂（Flipped Classroom）是对传统课堂教学的一种逆序创新，指的是将知识传授和知识内化进行颠倒，将传统课堂中知识的传授转移至课前完成，知识的内化则由原先课后做作业的活动转移至课堂中的学习活动。翻转课堂的实施从学生观看教学视频到在线学习环境的构建都需要信息技术的应用。而基于SPOC的翻转课堂教学模式正是SPOC线上学习与面对面课堂教学模式的融合创新，实现了信息技术与教育的深度融合。

基于SPOC的翻转课堂基本流程为：

（1）课前学习阶段。在SPOC模式中，学生的课外自主学习是必要环节，以微视频为主体的SPOC教学视频也是该阶段中不可缺少的部分。学生在课前观看课程的教学视频和资料，自行安排学习进度，了解课程学习内容并形成初步理解。在自主学习过程中，学生还可完成作业并根据系统自动评分反馈的结果来检验学习效果。教师也可以在课前设置问卷调查以了解学生对知识点的掌握情况，有针对性地在课堂进行重点讲解与探讨。

（2）课堂学习阶段。教师根据课前了解的重难点和问题，组织学生进行问题讨论，小组合作，协作完成作业，达到对课程内容的深入理解。在课堂中，教师也可借助教学小工具进行签到、抢答、互评、课堂小测、问卷等教学互动。

基于SPOC的翻转课堂，首要考虑的是为学生提供一个自主学习平台，支撑学生进行课前课后学习，支持翻转课堂的实现。一般SPOC平台实现以下功能：

一是教师端。教师账号的功能权限一般包括新建课程（包括课程基本信息、教学大纲、课程要求等）、课程建设（上传教学视频、组织课程内容与活动）、班级管理、学生管理、作业与考试管理、问题解答与互动、进度跟踪与成绩评定、通知公告等功能。

二是学生端。学生账号的功能权限一般包括在线课程学习、课程作业与考试、问题答疑与互动、查看学习记录等功能。

此外，在线学习平台还可通过大数据分析，全方位地了解每个学生的学习情况，开展个性化的交互辅导，在相互协作的学习过程中全程提供学习支持。

由此可见，翻转课堂对教学理念、教学组织形式、课堂结构、教学设计、教学评价方式等都产生了巨大的变革，在翻转课堂中，学生是知识的主动建构者，学生要进行自主学习、探究学习和合作学习，既赋予了学生更多的自由，也促进了同学之间、师生之间形成更多的沟通和交流。

2. 辅助教学工具

相比于传统课堂教学，翻转课堂的实现既需要网络学习平台支撑课前阶段的学习，在课堂教学阶段也需要辅助教学工具的支持。辅助教学工具的应用，对于调动学生课堂积极性、实现大班教学中的互动、提高学生学习效率等方面十分有效。课堂中，通过课上扫码签到、实时答题、答疑弹幕、数据分析，增强了师生互动，提高了课堂教学质量。目前，辅助教学的工具很多，如学堂在线推出的"雨课堂"、南京大学开发的"课立方"、蓝墨云班课等工具与平台，为混合式学习提供了高效率的教与学平台、互动及测评功能，辅助课堂教学。

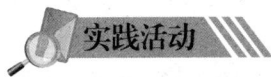

实践活动

如何使用中国大学慕课进行课程学习

第一步，注册/登录。支持网易邮箱账号、爱课程网账号注册，也可使用微信、QQ等第三方账号快速登录。

第二步,浏览/搜索课程(以网页端为例)。可以按照"课程"或"名校"来浏览,也可以按学科类目、上课进度(正在进行、即将开始、已结束)、敲入关键词等方式进行筛选和搜索。如图5-5-2所示。

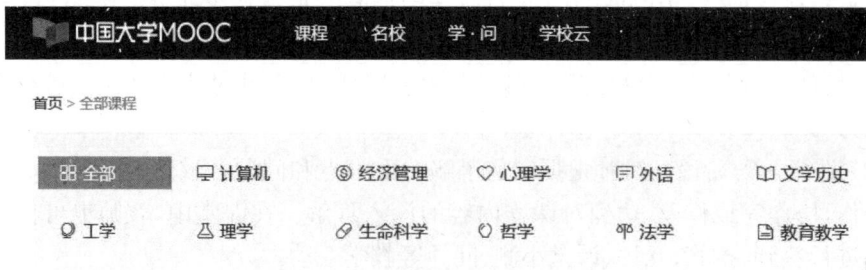

图 5-5-2   中国大学 MOOC 学科分类

第三步,进入课程页面(以网页端为例)。点击选择的课程进入报名页面。查看课程概述、授课大纲、证书要求等。如果已开课,则点击"立即参加"进入课程页面,如果未开课会显示"报名参加"。如图5-5-3所示。

图 5-5-3   学前儿童游戏课程

第四步,课程学习(以移动终端为例展示)。课程功能包括公告、课件、考核和讨论。

(1)"公告"显示的是老师发布的课程信息及通知。

(2)"课件"则为学习主体部分,显示的是每个单元的教学设计,包括微课、文本资源及测验、讨论活动等。课程资源可以下载进行离线学习。如图5-5-4所示。

(3)考核:学习者可以查看本门课程的评分标准,点击"进入测验"进行测试。如图5-5-5所示。

(4)讨论区分为教师答疑区、课堂交流区和综合讨论区。如图5-5-6所示。

老师答疑区,学习者可以向老师提问,发起主题;也可以查看别人的提问,并进行回复、点赞与分享。课堂交流区是指老师在课堂发布的随堂讨论,学生只能回复、点赞与分享,不能发布主题。综合讨论区,学习者可以发表关于本课程、学习、工作、生活等一般性话题的想法及经验等。

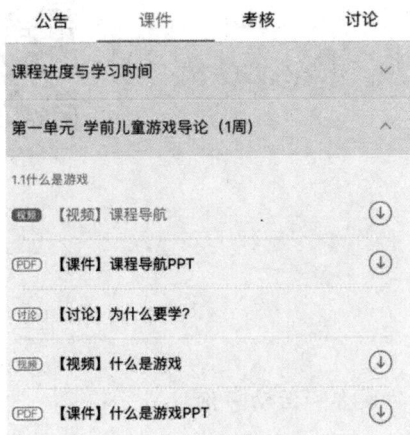

图 5-5-4　课程课件

图 5-5-5　课程考核

慕课的学习很大程度上依赖学习者的时间管理、学习动机、学习自觉性等。选课后建议学习者合理分配学习时间,完成课程基本要求,养成记录的学习习惯,记录你的学习目标、课堂笔记、作业内容等,透过写日志,你可以掌握自己的学习进度,了解自己有哪些不足,日后也可以回看你到底学到了什么。同时,多参与论坛讨论,积极提问。一些课程会让同学们根据教师设计的评分表进行互评,在互评的过程中,评论者和被评论者都能提升批判思考能力。

图 5-5-6　讨论区

探究与思考

1. 就某一主题,利用 Xmind 设计一个思维导图,对文字大小、色彩、线条的粗细、形状、主题的外部框架形式等进行个性化设置,并思考思维导图的优势及其作用有哪些。

2. 比较常用的家园互动工具 QQ、博客、微信,其优缺点有哪些? 还可以在哪些方面进行家园互动?

3. 除了本书介绍的移动学习的应用案例外,你还了解哪些比较好的应用?

4. 选择一个 MOOC 平台,在线学习学前教育领域的课程。

第六章

信息化幼儿教育活动设计

微信扫码

本章配套资源

学习目标

1. 了解信息化幼儿园教学的有关理论、活动策略和活动评价。

2. 掌握信息化环境下幼儿园教育活动设计的一般过程和方法。

3. 能在给定的信息化环境下,针对幼儿园教育的五大领域的发展目标,有效选择活动策略和教学媒体,进行幼儿园教育活动设计。

思维导图

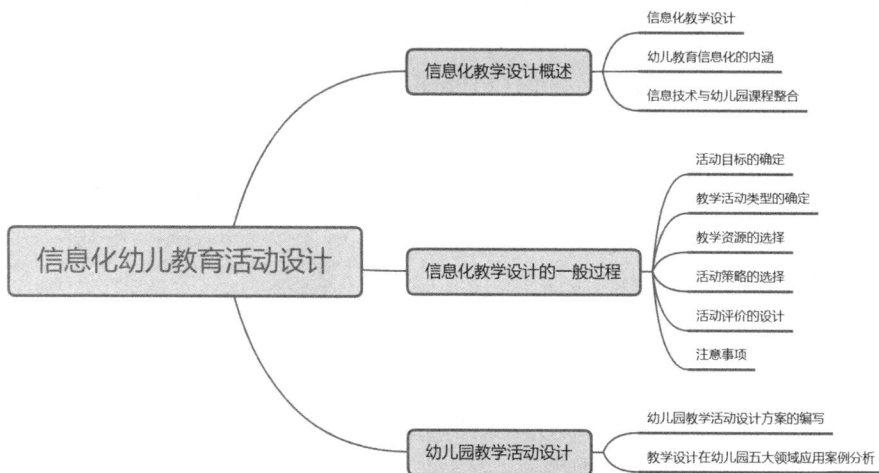

第一讲 信息化教学设计概述

基础知识

从我国教育发展的趋势看,在新一代人身上塑造信息时代所必需的思维与行为方式、进行智力与能力开发,是培育未来人才适应时代变化发展的需要。因为随着网络的广泛使用,信息已经成为人们走向世界、了解世界,以及与世界沟通的重要渠道和窗口,作为担负着为国家培养未来人才历史使命的幼儿园,必须在幼儿接受人生知识启蒙的过程中,把握时代发展脉搏,关注信息化教育的前沿动态,结合我国幼儿的实际情况,大力开展信息化教育的基础研究及应用,为培养适应新世纪需要的高素质人才做准备。

教学是一项有明确目的的活动,是教师教、学生学的统一活动。在实际教学中影响教学活动的因素是多方面的,如何协调各因素之间的关系,达到教学最优化则是教学设计着力考虑的问题。本章所讨论的信息化幼儿教学,是与传统幼儿教学相对而言的现代教学的一种表现形态。

一、 信息化教学设计

(一) 概念

教学设计是指运用系统方法,将学习理论与教学理论的原理转换成对教学目标、教学条件、教学方法、教学评价等教学环节进行具体计划的系统化过程。它应用整体优化论的观点和系统科学方法,对教学系统的核心要素(即学习过程和学习资源)进行系统设计与安排,从而促进学习、解决教育教学问题,使教学绩效得到提高。教学设计的任务是提出解决问题的最佳设计方案。

信息化教学设计就是运用系统方法,以教与学的理论为指导,综合运用各种策略和方法,充分地、恰当地利用现代信息技术和信息资源,科学地安排教与学过程的各个环节和要素,提高学生学习效果的过程与方法。

信息技术的发展引起教学条件和环境的变化,增加了教学设计要考虑的因素,加上时代发展对教学提出了更高的要求,促使传统教学设计向信息化教学设计的转变。与传统的教学设计相比,信息化环境下的教学设计更加重视学习者的主体作用,通过各种新颖的学习方式,充分利用信息技术和信息资源,科学地安排教学过程中的各个要素,为学习者提供良好的信息化学习环境。信息化教学设计的目标是帮助教师在日常课堂教学中充分利用信息技术和信息资源,培养学生的信息素养、创新精神和解决问题的能力,从而增强学生的学习能力,提高他们的学业成就。

（二）基本原则

信息化环境下的教学设计是在传统的教学设计基础上的发展，是在综合把握现代教育、教学理念的基础上，充分利用现代信息技术和信息资源，科学安排教、学过程的各个环节和要素，为学生提供良好的信息化学习条件，实现教学过程最优化的系统方法。信息化环境下教学设计的基本原则可以归纳为以下几点：

1. 以学为中心，注重学习者学习能力的培养

以学为中心是信息化环境下教学设计的首要原则。明确"以学生为中心"，对于教学设计有至关重要的指导意义，因为从"以学生为中心"出发和从"以教师为中心"出发将得出两种不同的设计结果。

至于如何体现以学生为中心，信息化环境下的教学设计可以从三个方面努力：① 要在学习过程中充分发挥学生的主动性，要能体现出学生的创新精神；② 要让学生有多种机会在不同的情境下去应用他们所学的知识（将知识"外化"）；③ 要让学生能根据自身行动的反馈信息来形成对客观事物的认识和解决实际问题的方案（实现自我反馈）。

2. 充分利用各种信息资源来支持学习

为了支持学习者的主动探索和意义建构，在学习过程中要为学习者提供各种信息资源（包括各种类型的教学媒体和教学资料）。在信息化幼儿园教学中，媒体和资料既用于辅助教师的讲解和演示，也用于支持幼儿的自主学习和协作探索。既要根据幼儿的认知心理和年龄特征对媒体的呈现做精心设计，也要对信息资源的获取方法、获取途径以及有效利用等问题提供帮助。

3. 在与活动内容相关的、有具体意义的情境中确定和教授学习策略与技能

信息化环境下的教学设计认为，学习总是与一定的社会文化背景即"情境"相联系的，在实际情境下进行学习，可以使学习者能利用自己原有认知结构中的有关经验去"同化"当前学习到的新知识，从而赋予新知识以某种意义。如果原有经验不能同化新知识，则要引起"顺应"过程，即对原有认知结构进行改造与重组。总之，通过"同化"与"顺应"才能达到对新知识意义的建构。在传统的课堂讲授中，由于不能提供实际情境所具有的生动性、丰富性，因而使得学习者对知识的意义建构发生困难。

4. 强调针对学习过程的评价

信息化环境下的教学设计有着全新的评价观，教学评价的目的除了检验教学活动的结果，更主要的是具有激励功能。学生有权对自己的作品做出合理的评价，教师这时并不是作为一个标准的掌握者，而是作为一个引路人出现，他更多的是鼓励学生的创造，尊重学生的不同见解，以促进学生创新精神的养成，培养学生独立的人格。

（三）基本策略

（1）利用信息化学习环境和资源创设情境，培养学生的观察、思维能力。

（2）利用信息化学习环境和资源，借助其内容丰富、多媒体呈现、具有联想结构的特点，培养学生自主发现、探索学习的能力。

（3）利用信息化学习环境和资源，建立虚拟学习环境，培养学生积极参与、不断探索的精神和科学研究方法。

（4）利用信息化学习环境和资源，组织协商活动，培养合作学习的精神。

（5）利用信息化学习环境和资源，创造机会让学生运用语言、文字表述观点、思想，形成个性化的知识结构。

（6）利用信息化学习环境和资源，借助信息工具平台，尝试创造性实践，培养学生的信息加工处理和表达交流能力。

（7）利用信息化学习环境和资源，为学习者提供自我评价反馈的机会，通过形成性学习、作品评价方式获得学习反馈，调整学习的起点和路径。

二、 幼儿教育信息化的内涵

幼儿教育活动是教师以多种形式有目的、有计划地引导幼儿生动、活泼、主动活动的教育过程。幼儿教育活动以儿童为主体，教师通过创设环境和利用材料引发儿童积极主动地探索，在相互交流的作用下促进儿童身心的全面发展。

幼儿园教育活动特点：

（1）广泛性和启蒙性。幼儿园教育涉及幼儿生活中接触的方方面面，包括自然环境和社会环境，具有广泛性和丰富性，而幼儿所能接受理解的教育内容又是粗浅、初步、简单的，具有启蒙性。在教育中并不严格强调内容的系统性和逻辑性，更注重激发幼儿对事物的认识兴趣，形成良好的学习态度和习惯。

（2）趣味性和游戏化。《幼儿园工作规程》指出：游戏是对幼儿进行全面发展教育的重要形式。教师在安排幼儿活动时要注意其趣味性、游戏化的特点。

（3）综合性和整合性。《幼儿园教育指导纲要（试行）》指出，教育活动内容的选择要考虑幼儿感兴趣的事物和问题，各领域的内容要有机连接、相互渗透，注重综合性、趣味性、活动性，从不同角度促进幼儿情感、态度、能力、知识、技能等方面的发展。

（4）随机性和潜在性。教师要善于发现幼儿感兴趣的事物、游戏和偶发事件中所隐含的教育价值，把握时机，积极引导。教师要及时发现教育契机，主动挖掘其潜在的教育价值，不断生成新的教学内容。

幼儿教育信息化是指在幼儿教育领域（教育管理、教育教学和教育科研）运用计算机多媒体和网络信息技术促进幼儿教育全面改革与发展的过程。其技术特点是数字化、网络化、智能化和多媒体化，基本特征是开放、共享、交互、协作。

幼儿教育信息化是国家信息化的重要组成部分，对于转变教育思想和观念，深化教育改革，提高教育质量和效益，培养创新人才具有深远意义，是实现教育跨越式发展的必然选择。以教育信息化促进教育现代化，用信息技术改变传统模式，在数字化时代的今天，应紧紧把握时代契机，不断前行、探索，让数字化产品走进幼儿园，服务幼儿园，为幼儿教育事业贡献力量。

三、 信息技术与幼儿园课程整合

（一）含义

信息技术与幼儿园课程的整合是指将信息技术以工具的形式融合到幼儿园的各种活动,特别是游戏和教学活动,使信息技术与幼儿园课程的各个部分彼此融合且成为幼儿学习和游戏的一个有机组成部分,形成一个新的统一体。信息技术与幼儿园课程的整合,是在课程教学过程中把信息技术、信息资源、信息方法、人力资源和课程内容有机结合,共同完成教育教学目标和任务的一种新型的教学方式。

我们可以从三个方面来理解信息技术与幼儿园课程的整合。① 要整合的首先是幼儿学习资源——这是整合的内容,强调将课程内容经信息技术处理后成为幼儿的学习资源;② 整合要利用信息技术——这是整合的途径,强调通过多媒体和网络技术实施教育教学活动;③ 整合是为了改变幼儿的学习方式——这是整合的目标,强调使信息技术真正成为幼儿认知、探究和解决问题的工具,培养幼儿自主探究、解决问题的能力。信息技术与课程的整合不是简单地将信息技术与课程叠加在一起,而是将信息技术有机地融合到课程中,在融合的过程中,主体是幼儿园课程,不是信息技术。

（二）原则

首先,以建构主义理论为代表的教育理论为指导。没有理论指导的实践是盲目的实践,信息技术与幼儿园课程整合的过程必须有适宜的理论做指导,否则就会事倍功半,事与愿违,甚至适得其反。

其次,充分运用"学教并重"的理论方法进行教学设计。信息技术与幼儿园课程的整合既要发挥教师的主导作用,又要充分体现幼儿的主体作用。教师在进行教学设计时,既要密切注意教学系统的四大要素,即教师、儿童、教材和教学媒体的地位和作用,又要充分考虑信息技术并不仅仅是辅助教师"教"的工具,而更应该是促进幼儿自主探索与学习的认知工具和情感激励工具。

再次,重视信息化学习资源的搜集与开发。这是实现信息技术与幼儿园课程整合的必要前提,丰富多彩的课程资源有利于提高幼儿主动学习的兴趣,让幼儿在自主发现和自主探索中学到感兴趣的知识。重视课程资源的开发,并非只要求教师去开发多媒体素材,更多的是强调教师之间、教育机构之间的协作与分享。

（三）实现方式

目前以计算机为核心的信息技术在幼儿园课程整合中较常见的实现方式主要有两种:从课程到软件、从软件到课程。

1. 从课程到软件的整合方式

从课程到软件的整合,其目的是促进课程目标的达成。近几年随着计算机软件的普及,我们发现相比于其他学习媒介,计算机软件具有独特的优势,如鲜艳的色彩、生动的形象和丰富的动画等。通过这些逼真的画面再现某些事件的过程,为幼儿的学习提供了一种新颖的方法。另外,一些发展适应性软件,能根据幼儿的操作情况自动地调整所提供的操作内容的难度,也便于幼儿个别化学习。因此,在开展主题活动或者是进行某一领域的教学时,教师可以有针对性地选择一些与该主题相关的软件,供幼儿探索,在探索过程中,可以丰富幼儿的经验。

2. 从软件到课程的整合方式

许多发展适应性软件本身就包含一系列的学习主题,涉及面很广。幼儿在操作软件的过程中就会获得相关的概念和经验,而且能从中生成一些可以进行更深入探究的主题。如果教师能够注重引导幼儿利用一些常规的活动材料进一步进行探究和实践,将有利于所选主题的深入和扩展。

从课程到软件、从软件到课程是信息技术与幼儿园课程整合的两种主要的实现形式,二者不是截然分开的。通常的关系是你中有我,我中有你。只要教师具有整合的意识,认真地分析计算机软件和常规的教育活动各自的优缺点,在具体活动中扬长避短,就能做到相辅相成,相得益彰。

第二讲 信息化教学设计的一般过程

基础知识

信息化幼儿教学设计,从操作过程看,实际上是对课程的基本要素,即目标、内容、学习活动、媒介、空间和环境、活动策略、评价等,按一定的方式方法进行编制和处理。

信息化幼儿教学设计的一般过程如图6-2-1所示。

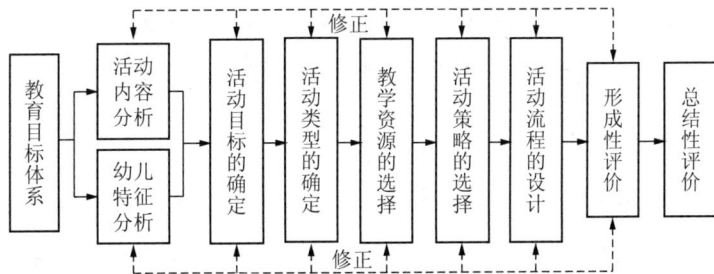

图6-2-1 信息化幼儿教学设计的一般过程

在我国,幼儿园教育有两大指导性文件《幼儿园教育指导纲要(试行)》和《3—6岁儿童学习与发展指南》,它们既是社会需求分析的结果,又是从事教学的依据,两个文件中都有关于各领域教学相应的教学目标,然后根据各领域教学目标进行活动内容的分析和幼儿特征的分析,确定本节课的活动目标和活动重点、难点。再根据活动内容和幼儿特点,确定活动类型,选择教学资源,包括教材的选择分析、环境的创设和教学媒体的选择,必要时还需要对媒体、资源和环境进行设计和开发。然后选择活动策略,包括活动内容的组织策略、传递策略(教学模式、教学方法、活动组织形式)和管理策略。随后进行活动流程的设计,即课堂活动过程结构的设计。再进行形成性评价,根据反馈意见,对活动设计方案进行修正,当整个活动任务完成后,进行总结性评价。

一、 活动目标的确定

(一)幼儿园教育目标体系的结构框架

在国家教育目的的指导下,《幼儿园工作规程》和《幼儿园教育指导纲要(试行)》(简称《纲要》)分别提出了幼儿园保育和教育目标,以及各领域教学目标,形成了一个完整的目标体系。一般说来,幼儿园教育目标体系包括幼儿园保教目标、幼儿园各领域目标、幼儿园各年龄段及学期目标、幼儿园教育活动目标等。其结构层次如图6-2-2所示。

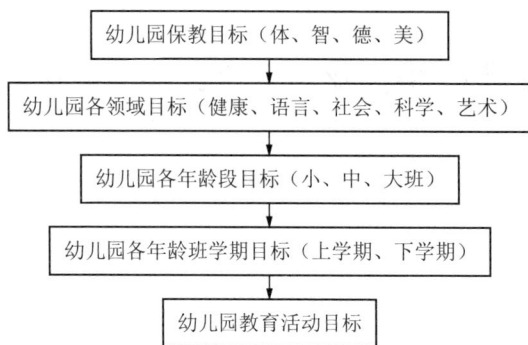

图6-2-2 幼儿园教育目标体系的结构框架

从上图可以看出,幼儿园教育活动目标是各教育领域目标最下位的概念,它是幼儿园教育目标体系中最为具体的目标。因为幼儿园不同年龄段不同学期的某一领域的教育目标需要通过一系列的教育活动的设计和实施才能逐步完成。

(二)活动内容分析

幼儿园教育活动内容是为实现教育目标,通过创设各种各样的环境使幼儿获得知识、技能和行为经验的总和。换言之,幼儿园教育活动内容是实现幼儿教育活动目标的载体和对象。活动内容通常包含认知、技能、情感三方面。其中,认知主要涉及知识概念的学习,其特点是知识的获得和应用。技能主要是一种习得的能力,不同领域有不同的内涵和表述,如社会领域表述为"社会行为",音乐领域将其理解为"学习与掌握音乐知识与技能,可以帮助幼儿更好地感受、表现、创造音乐美",而语言领域将其理解为"组词成句的能力和在具体语境中运用语言的能力"。情感是对于事物的看法和采取的行为,主要包括兴趣、态度和价值观等的变化。

判断幼儿园教育内容是否恰当,可以从三方面进行考察,以便做出合理决策。① 教育内容所具有的教育潜能。教育内容范围广泛,能包容较多的教育目标,可以促进幼儿体、智、德、美各方面的发展,同时包含着多样化的教学活动资源,这些都是教育潜能较大的教育内容。② 教育内容的发展适宜性。所谓发展适宜性,是指教育内容是否符合本班幼儿学习与发展的需要,是否与幼儿已有的经验和能力相匹配。③ 教育内容的本地和本园适宜性。开展教育活动应考虑到教育内容是否适宜当地和本园的实际情况,包括当地的风土人情、文化传统和本园教育资源(师资水平、教学设备、材料等),尽可能利用当地的环境资源等。

总之,几乎所有的教育内容都可以按照认知、技能、情感等分类,然后根据各种学习类型的特点创设学习的必要条件。

(三) 幼儿特征分析

活动设计的最终目的是有效促进幼儿的学习,而幼儿是学习活动的主体,学习者具有的认知的、情感的、社会的等特征都会对学习的信息加工过程产生影响。因此,设计的活动是否与幼儿的特点相适应或在多大程度上能很好地适应幼儿特征,是衡量一个活动设计成功与否的重要指标。

教育活动总是为特定的幼儿群体或班级而设计。在设计具体教学活动之前,应根据本班幼儿发展的情况与特点,把《幼儿园工作规程》提出的保教目标具体化,即确定帮助幼儿学会什么。这种目标的确定,是在了解幼儿已有知识经验的基础之上提出的进一步要求。幼儿的发展不能理解为自然的、自发的发展,而必须把教育影响这一因素考虑进去,体现教育参与发展、引导发展,而不仅仅是让幼儿自然发展。教育影响要考虑儿童的最近发展区,一方面是儿童在适宜的教育影响下可以做到的,另一方面要注意不要人为地加速儿童的发展。

对幼儿特征的分析可以分为三个方面:一般特征、初始能力和信息素养。

1. 一般特征

幼儿的一般特征指影响幼儿学习有关领域内容的心理特点和社会特点,主要有年龄特征和个性差异,个性差异包括智力差异、认知方式与认知结构的差异。对于3~6岁幼儿来讲,其认知特点主要有:感知觉逐渐完善,对生动、形象的事物和现象容易认识,对较复杂的空间、时间的认识较差;注意力很不稳定,对感兴趣的事物注意力较易集中,但时间不长;记忆带有很大的不随意和直观形象的特点;想象以再造想象为主,创造想象正在发展,想象主题易变化,并常常有夸张性;思维在直接感知和具体行动中进行,以后逐渐向具体思维过渡,并成为幼儿期思维的主要形式,六岁左右的幼儿抽象逻辑思维开始发展。

2. 初始能力

幼儿的初始能力指幼儿学习特定领域内容时,已经具备的知识和技能基础,以及对有关教学内容的认识与态度,可以从预备技能、目标技能和学习态度三方面进行。

3. 信息素养

信息素养是幼儿运用信息技术的知识和技能,解决生活中实际问题的能力和对技术的意识、态度。对幼儿信息能力的分析包括了解幼儿对信息技术基本知识和基本技能掌握的程度;了解幼儿运用信息技术解决问题的能力;了解幼儿的信息意识、态度。

(四)活动目标的确定

活动目标反映了幼儿教育的重点和主要的价值取向,从《纲要》中各领域目标表述上可以看出,目标较多地使用了"喜欢""乐意""体验""感受"等词汇,突出了对情感、兴趣、态度、个性等方面的关注。如"语言"和"社会"目标中描述的"乐意与人交谈,讲话礼貌""乐意与人交往,学习互助、合作和分享,有同情心";"艺术"领域中的目标规定"能初步感受并喜爱环境、生活和艺术中的美"等。在确定教育目标时要"知、情、意、行"相结合,为幼儿的终身学习提供基础和动力。

活动目标的分类有两种方式。

第一,根据教育内容的不同类型,活动目标分为认知目标、技能目标和情感目标,有时也包括创造目标。如大班社会活动"投票"的活动目标,包括以下三方面:① 理解并认同少数服从多数的原则(社会情感);② 了解投票和举手表决等简单的选举方法(社会认知);③ 学会合作统计票数(社会行为)。

第二,根据取向不同分为行为性目标、生成性目标和表现性目标。

行为性目标是用一种具体的、可观察或测量的幼儿行为来表示对教育效果的预期,指向的是教育活动实施后幼儿所发生的行为变化,其关注的是可观察到的行为结果。行为性目标具有客观性和可操作性等特点。列出的是一系列可以观察到的幼儿学习行为辩护的结果,如"学会发生火灾时简单的自救方法,增强自我保护意识"。在设计幼儿园教育活动目标时,对于期望通过活动传授某些知识和技能,可以运用行为性目标的方式表述,让绝大部分幼儿都能够发生行为性目标所期望的行为变化。

生成性目标是在教育情境中随着教育过程的展开而自然生成的活动目标,如果说行为性目标关注的是结果,那么生成性目标注重的就是过程,它重视幼儿的参与和体验。生成性目标也被称为过程性目标、展开性目标。生成性目标不像行为性目标那样强加给幼儿一些知识或技能,而是通过幼儿自己的自主活动,促进其个性完善地发展,其目的是让幼儿获得经验,并以此为出发点构建目标。生成性目标关注幼儿在学习过程中各种能力和学习兴趣的培养,如"尝试与人合作包饺子""激发幼儿对图画内容的喜爱,启发他们对动词的理解"。

表现性目标是指每一位幼儿在具体教育情境中的个性化表现,追求的是幼儿反应的多元化,而不是反应的同质性,具有不可预测性和不可控制性。在本质上,表现性目标把教育活动视为幼儿个性发展和创造性表现的过程,如"讨论怎样使自己高兴起来"。

活动目标表示幼儿通过活动后,他的行为和能力的变化,应使用可以观察或测量的行为术语来描述。通常,编写活动目标包括对象、行为、条件、标准四个要素,但是,在日常的活动目标编写过程中不一定要把四个要素全部表述出来,一些约定俗成的或大家都能明白的内容不必一一列出,通常写出行为和标准即可。

二、 教学活动类型的确定

幼儿园的教育活动就是教学活动,包括一日生活活动、游戏活动和作业教学活动,其中作业教学活动还可以再分为集体教学活动、分组教学活动和项目教学活动。

幼儿园教育活动性质分析图如图 6-2-3 所示。各种性质与类型的教学活动应根据幼儿年龄、学习内容的性质合理安排。

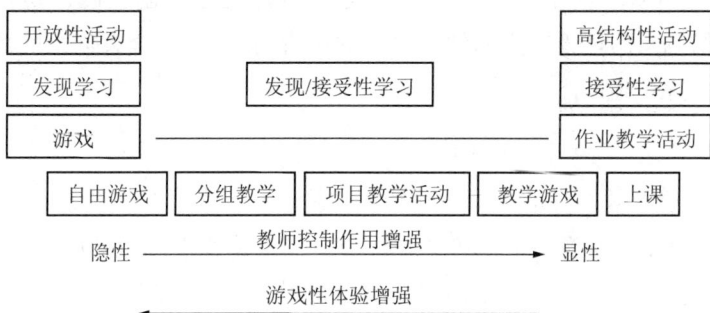

图 6-2-3　幼儿园教育活动性质分析图

三、 教学资源的选择

教学资源的选择包括教材的选择分析、环境的创设、教学媒体的选择。

教学资源是指能够支持教学活动的各种人力和物质条件,由人力资源和物力资源组成。人力资源包括教师和幼儿,物力资源包括教学材料和教学环境,教学材料包括教材等软资源和教学媒体,本部分主要讲述物力资源的选择。

(一)教材的选择分析

把能够找到的、想到的和看到的以及与教育内容有关的教材,包括儿歌、诗歌、谜语、手指游戏、规则游戏、创造性游戏、故事、小实验、观察活动、舞蹈等记录下来,然后识别教材的教育价值或课程潜能,找出它和教育目标之间的联系,将没有联系的教材删除。多种资源也有利于个别化教学,满足不同儿童的需要和兴趣。

（二）环境的创设

幼儿园环境是指在幼儿园内对幼儿身心发展所提供的一切物质条件和精神条件的总和。幼儿园环境按组成性质可以分为物质环境和精神环境，物质环境主要包括设施设备、活动场地、教学器材、玩具学具等有形的东西，精神环境主要包括集体氛围、园风、师幼关系等一些无形的东西。下面分别讲述其环境创设的要求。

1. 幼儿园物质环境创设的要求

（1）创设多种形式相结合的活动环境。幼儿园环境的创设应结合多种形式，既有平面的，也有立体的；既有满幅式的，也有填充式的；既有展览式的，也有记录式的；既有教师的作品，也有幼儿的成果；既有纸质的，也有数字化的。

（2）创设与主题内容相符合的活动环境。主题环境的创设体现了教师对幼儿兴趣、爱好、学习经验的获得、同伴间的交流的关注。主题活动与环境创设是相依相随的，环境为主题而创设，主题依靠环境而更加深入、具体地展开。

（3）创设富有教育性、创意性的活动环境。教育性是幼儿园室内环境的首要特征，幼儿园将各种条件加以优化，把教育意图渗透在环境之中。创意性是幼儿园室内环境的生命特征，幼儿园的环境应充满幼儿自己的声音与表现，一个有创意的环境往往能激发幼儿的想象力和创造力。

2. 幼儿园精神环境创设的要求

（1）构建积极有效的师幼互动。师幼互动是幼儿园人际互动的核心，贯穿于幼儿园的教学活动、生活活动和游戏活动等各个环节。要构建积极有效的师幼互动，教师必须树立正确的教育观念。首先，要正确定位自己的角色，即教师既是幼儿发展的指导者、参与者和合作者，又是环境的创设者、积极互动活动的组织者和引导者；其次，教师应该尊重和关爱幼儿；最后，建立新型的师幼关系，即创设和谐、民主、平等、对话的师幼关系。

（2）帮助幼儿建立友好的同伴关系。同伴交往对幼儿的认知、社会化、情感等都有着积极的作用。首先，教师应鼓励和重视幼儿的同伴交往，为幼儿创设交往的有利条件和宽松的心理氛围；其次，教师要引导幼儿与同伴交流，在交流中学会观察他人的表情，了解同伴的想法，从而逐渐地认识到他人的特征以及自己在他人心目中的地位；最后，教师要引导幼儿与同伴合作，让幼儿在与同伴互助的过程中，通过与他人共同参与活动，学会如何处理与同伴的矛盾，学会如何坚持自己的主张和放弃自己的意见。

（3）创设安全、自由的心理环境。在心理安全、自由的环境中，幼儿的心情愉快，无压抑感，会对周围环境进行积极的探索。首先，教师对幼儿应持肯定、支持的态度，这样才能使幼儿产生愉悦的心情、积极的心态；其次，教师应多接纳、多欣赏幼儿，因为每个幼儿都希望自己的想法、努力、尝试、优点等被他人欣赏，以获得自尊和自信。

（三）教学媒体的选择

1. 确定教学媒体的使用目标

依据活动目标，认真分析活动内容，确定教学媒体的使用目标，即确定在完成该活动目标中媒体在教学中的作用。

由于教学过程是复杂的、动态的，随着活动内容、活动对象、活动程序的不同，教学媒体所起的作用不是固定不变的。而且，同一种媒体随着使用方式的不同，对实现教学目标的作用也是不同的。为此，可把媒体在教学中的作用概括如下：① 提供事实，建立经验；② 创设情境，引发动机；③ 举例验证，建立概念；④ 提供示范，正确操作；⑤ 呈现过程，形成表象；⑥ 演绎原理，启发思维；⑦ 设难置疑，引起思辨；⑧ 展示事例，开阔视野；⑨ 欣赏审美，陶冶情操；⑩ 归纳总结，复习巩固；⑪ 其他。

2. 确定教学媒体的内容

媒体内容是指把教学信息转化为学习者的感官产生有效刺激的符号。如果现有的媒体内容合适，则可在活动中使用，否则可通过选编、修改、新制等方法来确定内容合适的媒体。

3. 教学媒体的使用方式

教学媒体使用的方式概括如下：① 设疑—演示—讲解；② 设疑—演示—讨论；③ 讲解—演示—概括；④ 讲解—演示—举例（或幼儿讨论）；⑤ 演示—提问—讲解；⑥ 演示—讨论—总结；⑦ 边演示、边讲解；⑧ 边演示、边议论；⑨ 学习者自己操作媒体进行学习；⑩ 其他。

当然，媒体的使用方式远远不止上述几种。教师可以在教学中根据自己的设计创造出更多更好的使用方式。教学媒体不但选择合适，而且要使用得当，才能发挥其应有的作用。

4. 教学媒体的出示时机

一般来说，教学媒体出示的最佳时机有：① 幼儿的心理状态由无意识向有意识转化时；② 幼儿的心理状态在有意注意与无意注意互相转换时；③ 幼儿的心理状态由抑制向兴奋转化时；④ 幼儿的心理状态由平静向活跃转化时；⑤ 幼儿的心理状态由兴奋向理性升华时；⑥ 幼儿的心理状态进入"最近发展区"，树立更高学习目标时；⑦ 鼓励与激励幼儿的求知欲望时；⑧ 鼓励幼儿克服畏难心理、增强信心时；⑨ 满足幼儿表现成功的欲望时。

掌握好媒体出示的最佳时机，教学媒体的作用将更加突出。

四、活动策略的选择

活动策略是指教师通过采用何种方式去干预和影响幼儿的学习活动。教师对幼儿学习活动的不同程度的控制，主要通过不同性质的干预策略来体现。所以，我们可以按"间接→隐性"到"直接→显性"的维度，把教师的行为看作一个连续体，在这个连续体上，教师的各种不同的干预方法都可以找到自己的位置，如图 6－2－4 所示。

间接/隐性 　　　　　　　　　　　　　　　　　　　　　　　直接/显性

不注意	注视	微笑不语	身体接触	身体力行	提供材料	平行游戏	角色参与	言语提示	讲解	演示	示范	言语强化	物质强化

图 6－2－4　教师教学策略性质区分图

具体采用哪种性质的干预方法取决于以下三个方面：① 活动的不同内容；② 幼儿学习与发展的不同水平；③ 活动开展时所处的具体情境。

五、 活动评价的设计

活动评价是活动设计的组成部分，它以活动目标为依据，制订科学的标准，运用一切有效的技术手段，对活动过程及结果进行测量，并给以价值判断。活动评价是了解活动的适宜性与有效性，调整和改进工作，促进每一个幼儿发展，提高教育质量的必要手段。

幼儿活动评价要注意评价的发展性、合作性、标准的多元性以及在评价方法上强调多角度、多主体、多方法、重过程、重差异、重质性评价的原则。

作为幼儿教师，对教育活动进行评价的目的主要包括三个方面：

一是了解幼儿的学习与发展水平与状况。

二是考察教育活动是否设计合理，从评价中得到反馈信息，及时调整和修改活动计划与安排（包括目标、内容、环境与空间、时间、教学策略等）。

三是与家长交流幼儿的学习与发展情况，共同确定教育的方案。

常用的教学评价种类有诊断性评价、形成性评价和总结性评价。诊断性评价在活动设计的同时进行，其结果反映在"幼儿特征分析"中。形成性评价是在活动过程中，为了更好地达到活动目标的要求，取得更佳效果而不断进行的评价，它能及时了解阶段活动的结果和幼儿学习的进展情况及存在的问题，也称为现场评价。现场评价有记录式与直觉式两种方式，记录式可采用事先设计好的表格进行，直觉式是在头脑中进行的一种快速判断，直觉式评价往往与教师的工作经验有关。总结性评价一般是在整个课程结束后进行，根据测试结果进行活动效果分析。形成性评价在活动过程中使用最频繁，活动过程中进行的评价主要是形成性评价。

信息化教学设计的评价可从以下几个方面着手：

1. 是否有利于提高幼儿的活动效果

（1）活动目标是否明确，表述是否清楚。

（2）是否所有的活动目标都符合相关的指南或规程要求。

（3）教学设计中是否考虑到幼儿的个体差异，并明确说明如何调整标准以适合不同的幼儿。

（4）教学设计是否能激发幼儿的兴趣，符合幼儿的年龄特征，并有利于幼儿的学习以及高级思维能力的培养,是否有利于幼儿在信息处理能力方面的培养。

2. 技术与教学的整合是否合理

(1) 技术的应用和幼儿的学习之间是否有明显的关联。

(2) 技术是否为使活动计划成功的必不可少的一部分。

(3) 把现代化教学手段作为演示和交互的工具是否有助于活动计划的实施。

3. 活动计划的实施是否简单易行

(1) 活动计划是否可以根据具体活动情况的差异很容易地进行修改,以便应用到不同的班级。

(2) 教师是否可以比较轻松地应用活动计划中所涉及的技术,并获得相应的软硬件支持。

4. 是否能够有效评价幼儿的学习

(1) 活动计划中是否包括一些评价工具,用于务实的评价和评估。

(2) 幼儿的活动目标和成果评估标准之间是否有明确的关系。

六、 注意事项

在幼儿园中,教学活动是必不可少的,它不仅为幼儿系统地提供新的学习经验,而且还帮助幼儿将学习经验系统化,它是引导幼儿心理水平向更高层次提升的重要手段。教学活动是由教师组织的,教师在教学活动设计中应该注意以下几个方面:

1. 注意合理选择教学内容

教学内容的选择应以本班阶段性的保教目标及幼儿现有的经验和能力为依据,灵活采用多种形式加以编排,为幼儿提供各种不同的学习经验,以利于幼儿接受。

2. 注重教学活动过程,重视幼儿的主动参与

幼儿主动参与改变了由教师包揽教育过程、幼儿接受教育结果的做法。重视教学过程既是对遵循幼儿学习特点的重视,也是对教学过程各要素影响幼儿全面发展的重视。

3. 灵活运用集体活动与个别活动的教学形式

幼儿园教学活动的形式一般有三种,即班级的、小组的和个别的。在教学活动中不宜一律采取全班性的教学活动形式,也不宜无目的地变换活动形式。要因时、因地、因内容和因幼儿的需要灵活选择教学形式。

4. 注重创设适当的教学情境

在设计信息化教学方案过程中,要创设与当前主题相关的、尽可能真实的学习情境,引导幼儿进入学习情境,去唤起幼儿原有认知结构中有关的知识、经验及表象,从而使幼儿利用新信息去整合知识。因此,在信息化教学设计中,要充分发挥多媒体计算机具有的综合处理图形、图像、动画、视频以及声音、文字和语言、符号等多种信息的功能,从声音、色彩、形象、情节、过程等方面,设计出具有某种"情境"的学习情境,使幼儿在这

种"情境"中探索实践,激发幼儿联想、判断,从而加深对问题的理解。

5. 注重与其他课程的整合

信息化教学设计通常以各种各样的主题"任务"驱动教学,有意义地开展各领域相互整合,这些"任务"总是把多领域的知识和技能要求作为一个整体,有机地结合在一起,强调将各种信息服务于具体的任务,信息化教学设计就成为幼儿获取信息、探索问题、协作解决问题的工具。所以,教师进行教学设计时,要注意体现领域整合的思想,使幼儿在潜移默化中得到锻炼,培养幼儿综合处理问题的能力。

第三讲 幼儿园教学活动设计

基础知识

一、 幼儿园教学活动设计方案的编写

通过上一讲一系列活动设计工作的实施,教师在进行教学之前就会对其各个环节及其影响因素有一个全面、深刻的认识,为编写高质量的活动设计方案创造了有利条件。活动设计方案不同于一般的教案,它是建立在对活动过程和教学资源的系统分析基础上,因此更科学、更系统、更详细、更具体。

活动设计方案主要有表格式和叙述式两种编写格式,它们都包括活动目标、活动内容、幼儿的活动、教师的活动、教学媒体等方面的描述。这里着重介绍表格式活动设计方案的编写,叙述式活动设计方案的编写与表格式活动设计方案编写的过程类似。

表格式活动设计方案由活动名称、所属领域、活动内容分析、依据标准、活动目标、幼儿特征分析、活动重点和难点、课前对幼儿的要求、教学媒体(资源)选择、活动策略选择的阐述和活动环境设计、活动过程结构设计、活动流程图、个性化教学、形成性评价等部分组成。活动设计表如表6-3-1所示。

表6-3-1 活动设计表

活动名称					
所属领域		年级		活动时数	
设计者		所属幼儿园			
活动内容分析					

依据标准
指南标准：
纲要标准：
活动目标
认知目标：
技能目标：
情感目标：
幼儿特征分析（可以不按照三方面填写，视具体情况而定）
一般特征：
初始能力：
信息素养：
活动类型
□一日生活活动　□游戏活动　□集体教学活动　□分组教学活动　□项目教学活动
活动前对幼儿的要求
教材的选择
环境的创设
□投影仪　□电子白板　□交互电视　□手持数码设备　□其他：

教学媒体(资源)选择

序号	媒体类型	媒体内容要点	教学作用	使用方式	所得结论	占用时间	媒体来源

① 媒体在教学中的作用分为：A. 提供事实，建立经验；B. 创设情境，引发动机；C. 举例验证，建立概念；D. 提供示范，正确操作；E. 呈现过程，形成表象；F. 演绎原理，启发思维；G. 设难置疑，引起思辨；H. 展示事例，开阔视野；I. 欣赏审美，陶冶情操；J. 归纳总结，复习巩固；K. 自定义。
② 媒体的使用方式包括：A. 设疑—播放—讲解；B. 设疑—播放—讨论；C. 讲解—播放—概括；D. 讲解—播放—举例；E. 播放—提问—讲解；F. 播放—讨论—总结；G. 边播放、边讲解；H. 边播放、边议论；I. 学习者自己操作媒体进行学习；J. 自定义。

关于活动策略选择的阐述

活动过程结构设计(活动环节可根据具体活动内容和模式自行取舍)

活动环节	活动过程(包括教师和幼儿的活动)	教学媒体(资源)的作用和运用	设计意图、依据

活动流程图

□ 活动内容和教师的活动　　活动媒体的应用　　▱ 幼儿的活动　　◇ 教师进行逻辑判断　　⬡ 开始或结束

个性化教学

为学有余力的幼儿所做的调整：

为需要帮助的幼儿所做的调整：

续　表

评价量表
形成性评价
教学反思
感谢、其他

在填写活动设计表时,应注意以下几点:

1. 活动名称

按照教材上的课题名称填写。

一般情况下,是以教材上的一课为单位进行活动设计的。如果教材上的一课在实际教学时需要两堂以上的课才能完成,那么在进行活动设计时,既可以统一设计、分段教学,也可以按学时分别设计、各成体系。

2. 活动内容分析

概要介绍本次活动的主要内容,重点描述本次活动知识点的划分以及它们之间的关系。一般情况下,是根据已完成的活动设计中与本次活动相关的内容进行介绍,同时表明本次活动中各知识点之间的关系,以及它们和其他章节相关知识点之间的关系。

3. 依据标准

这里只选择、填写标准中与本次活动有关的具体要求。当需要填写的内容较多时,可以只填写标准中与本册教材相关条文的编号。

4. 活动目标

应根据《纲要》和《指南》中本领域的要求,认真研究活动内容和分析幼儿特点,提出活动目标。

活动目标的编写一般包括认知、技能和情感三个方面的内容，尤其是情感目标，应在深入分析活动内容的基础上，挖掘、提炼对幼儿思想、品德发展有积极意义的方面，因势利导、自然贴切。

活动目标的叙述应简洁、准确、精炼，概括性强，包括主体、行为、条件和标准四个要素。

5. 与活动相关的幼儿特征分析

重点填写幼儿在学习本活动时有影响的心理状态、知识结构特点、学习准备情况和幼儿现在所具备的信息素养状况，作为解决教学重点、难点，选择教学策略，设计活动过程的依据。

6. 活动类型

活动类型主要包括一日生活活动、游戏活动、集体教学活动、分组教学活动和项目教学活动。

7. 活动前对幼儿的要求

为了保证活动顺利进行，填写需要准备的内容，考虑的问题，收集的资料等。

8. 教材的选择

本栏是列举和描述与教育内容有关的教材，包括儿歌、诗歌、谜语、手指游戏、规则游戏、创造性游戏、故事、小实验、观察活动、舞蹈等。

9. 环境的创设

环境的创设包括物质环境和精神环境，物质环境主要包括数字教学媒体、设施设备、活动场地、教学器材、玩具学具等，精神环境主要包括集体氛围、园风、师幼关系等。本栏主要是对物质环境进行描述，其中的数字教学媒体应具体说明。数字教学媒体主要有投影仪、电子白板、交互电视、手持数码设备等。

10. 教学媒体(资源)选择

本栏是对活动设计表中教学媒体(资源)列表的具体落实，此栏共有8项内容。

(1) 序号。教学媒体(资源)列表顺序。

(2) 媒体类型。指选用的教学媒体的物理形态和信息呈现状态。一般常用的媒体有图表、照片、标本、模型、投影、电影、录音、录像、课件、网络等。除此之外，还包括教师和幼儿在教学过程中的活动，如演示、示范、实验等。

(3) 媒体内容要点。指对所选用的教学媒体的主要内容，用一句简洁的话来概括。一般情况下，媒体的名称(题目)大多可以反映它的内容要点。

(4) 教学作用。指媒体在教学中所起的作用。它已经在表中列出，选用时只要把相应的代号 A、B……填入栏内即可。

（5）使用方式。指媒体在活动过程中使用的方法。它也在表中列出，只要把相应的代号 A、B……填入栏内即可。

（6）所得结论。指媒体使用后预期的结果。

（7）占用时间。指媒体在使用过程中所需要的时间（包括媒体播放、师幼互动和幼幼互动时间的总和）。在进行活动设计时，应充分估计到实际活动过程进行中可能出现的情况，计划好媒体使用的时间，这样有利于活动进度及活动各个环节的合理掌握。

（8）媒体来源。包括自制、购入、库存、网上下载等。

11. 活动策略选择的阐述

填写关于为本活动内容所选择的组织策略、传递策略、管理策略的内容和依据。

12. 活动过程结构设计

这是活动设计的关键所在。前面所进行的活动目标、活动内容、幼儿特征分析、教学策略、教学媒体（资源）选择等，都将在活动过程结构的设计中得到体现。活动过程结构的设计分为两部分。

（1）活动过程设计思路。详细叙述活动过程每一步骤的设计依据、活动结构四要素（教师、幼儿、活动内容、教学媒体和资源）的相互关系等。既可以用文字叙述，也可以采用以下表格形式叙述。如果活动设计只是为自己的教学使用，不准备和别人交流，可以不填写此表，只保留流程图即可。

表格样式 1：

活动环节	活动过程 （包括教师和幼儿的活动）	教学媒体（资源）的应用

表格样式 2：

活动环节	活动过程 （包括教师和幼儿的活动）	信息技术的作用

(2) 活动过程结构图。通常称为流程图,按照活动过程设计的思路画出。为了便于教学和交流,规定在活动过程结构设计中统一使用下列图形符号。

内填写活动内容和教师的活动内容;

内填写媒体的类型和媒体的内容要点;

内填写幼儿在活动过程中进行的活动内容;

内填写教师进行逻辑判断的内容;

是活动过程开始或结束的符号。

13. 个性化教学

《纲要》在幼儿园活动的组织与实施中非常强调"尊重幼儿的差异性",如"为每一个儿童,包括有特殊需要的儿童提供积极的支持和帮助""尊重幼儿在发展水平、能力、经验、学习方式等方面的个体差异""关注幼儿的特殊需要,包括各种发展潜能和不同发展障碍"等,这就要求教师在活动设计时对"生理或心理上有缺陷的幼儿"和"超常儿童"的发展有所考虑,尊重幼儿的发展水平和个性特征,因此,在本部分中主要设计了"为学有余力的幼儿所做的调整"和"为需要帮助的幼儿所做的调整"两方面内容。

14. 评价量表

在课堂教学活动中,如果需要对幼儿进行过程性评价和成果评价,应该设计相应的评价量表。此栏可根据需要确定大小;如果不需要,可将此栏删去。

15. 形成性评价

形成性评价是对每次活动情况的评价,在本栏中应填写以下内容:

(1) 形成性检测的检测结果。

(2) 活动过程中的反馈信息。

(3) 幼儿作品中发现的问题。

(4) 遇到有测验时,记录其评价结果。

此栏应在每次活动后及时填写。对上述反馈信息中发现的问题,应在后续活动中及时解决,以保证活动效果最优化。

二、教学设计在幼儿园五大领域应用案例分析

（一）健康领域应用案例

表 6-3-2 健康领域应用案例

活动名称	一颗超级顽固的牙				
所属领域	健康	年级	大班	活动时数	1
设计者	王伟	所属幼儿园	徐州幼师天成幼儿园		

活动内容分析

换牙是每个孩子在成长过程中都会经历的事情。而大班幼儿正处在换牙的这个时期。本次活动将图文并茂的绘本《一颗超级顽固的牙》，通过生动形象的 PPT 设计与展示，让幼儿了解换牙的过程以及在换牙过程中需要注意的事项，帮助幼儿认识到换牙期间不需要过度紧张和恐惧，能够正确对待换牙，能够积极保护牙齿。

依据标准

指南标准：
动作发展：能使用简单的劳动工具或用具。
生活习惯与生活能力：每天早晚主动刷牙，饭前便后主动洗手，方法正确。
纲要标准：
生活、卫生习惯良好，有基本的生活自理能力。

活动目标

认知目标：
欣赏绘本《一颗超级顽固的牙》，了解故事中塔比莎在换牙过程中发生的趣事。
技能目标：
在讨论和交流中，了解换牙的过程以及保护牙齿的方法。
情感目标：
通过欣赏绘本中的故事图片，知道换牙是一种常见的生理现象，消除换牙时的恐惧。

幼儿特征分析

学前后期的儿童对周围世界有着积极的求知探索态度，爱学、好问，有极强的求知欲望。精细动作机能得到较大提高，能较自如地控制手腕和手指，灵活地使用一些工具。无意注意能力进一步发展，能主动观察周围感兴趣的事物，喜欢动脑筋和富有创造性的活动，如猜谜等。

活动类型

□一日生活活动 □游戏活动 ☑集体教学活动 □分组教学活动 □项目教学活动

活动前对幼儿的要求

部分幼儿有换牙的经历，知道换牙；带牙刷。

教材的选择

绘本《一颗超级顽固的牙》

环境的创设

牙齿的模型,牙刷,牙膏。
☑投影仪　□电子白板　□交互电视　□手持数码设备　□其他:

教学媒体(资源)选择

序号	媒体类型	媒体内容要点	教学作用	使用方式	所得结论	占用时间	媒体来源
1	PPT	绘本内容	A	H	了解故事	10 min	自制
2	音乐	《刷牙歌》	B	J	请孩子们为娃娃刷牙	3 min	网络

① 媒体在教学中的作用分为:A. 提供事实,建立经验;B. 创设情境,引发动机;C. 举例验证,建立概念;D. 提供示范,正确操作;E. 呈现过程,形成表象;F. 演绎原理,启发思维;G. 设难置疑,引起思辨;H. 展示事例,开阔视野;I. 欣赏审美,陶冶情操;J. 归纳总结,复习巩固;K. 自定义。
② 媒体的使用方式包括:A. 设疑—播放—讲解;B. 设疑—播放—讨论;C. 讲解—播放—概括;D. 讲解—播放—举例;E. 播放—提问—讲解;F. 播放—讨论—总结;G. 边播放、边讲解;H. 边播放、边议论;I. 学习者自己操作媒体进行学习;J. 自定义。

关于活动策略选择的阐述

讨论;幼儿个别活动;示范。

活动过程结构设计

活动环节	活动过程(包括教师和幼儿的活动)	教学媒体(资源)的运用和作用
一、谜语导入,激发兴趣	1. 师:健康卫士穿白衣,上下两排真整齐,口中饭菜它磨碎,早晚用刷把澡洗。(猜谜语)	
	2. 引导幼儿讲述为什么谜底是牙齿。(巩固幼儿对于牙齿的常识了解)	
	3. 导入绘本:今天,老师就要给大家讲一个关于牙齿的神奇故事,让我们一起来听听吧。	

	1. 出示牙齿模型,引导幼儿讨论:牙齿是我们每个人都不可缺少的,那它有哪些本领你们知道吗?(激发幼儿的已有经验,请幼儿用语言简述牙齿的功能)	
	2. 教师小结:牙齿是我们人体中最重要的消化器官之一,它不仅可以帮助我们咀嚼食物,而且还可以让我们发出最美妙的声音。	
二、结合课件,阅读、理解绘本	3. 观察阅读画面,尝试说说自己对画面的理解。 (1) 让我们来看看神奇的故事书里,发生哪些奇妙的趣事吧。 提问:牙齿会掉吗? 你们掉牙了吗? 它又是怎样掉下来的呢? 讨论:幼儿自由讨论掉牙的经历,并用语言进行表述。 (2) 播放 PPT,引导幼儿观看绘本,猜猜看塔比莎一口咬下苹果后会发生什么事情呢?(第一、二幅图片) (3) 孩子们自由讨论。 (4) 塔比莎爸爸告诉她一件奇妙的事情,会是什么呢?(播放第三幅图片) 师:你们猜猜看,塔比莎的爸爸说的事情能成真吗? 幼儿自由讨论交流。 (5) 观看绘本,知道塔比莎为了让牙齿掉下来分别做了哪些事情?(播放第四幅到第七幅图片)塔比莎用了这么多方法,不知最后成功了吗? 为什么呢? (6) 最后,塔比莎累了,接下来奇妙的事情发生了?(播放第八、九幅图片) 师:塔比莎之前想了这么多的办法都没有成功,最后为什么打个哈欠,牙齿就掉下来了呢? 幼儿自由讨论交流。 师:如果你们是塔比莎,你们会怎么处理这颗牙齿呢? 请有过掉牙经历的孩子,讲述自己怎样处理掉下来的牙齿。 师:牙齿是我们每个人都不可缺少的器官之一,在换牙期间,我们应该注意哪些问题呢?如果你们的牙齿晃动了,你们会害怕吗?	PPT 绘本

三、延伸活动	1. 幼儿自由讨论后,教师进行小结。 换牙是我们每个小朋友在成长过程中都会经历的,把旧的牙齿换掉,这样新的牙齿才能发挥它的功能。因此,换牙并不可怕。在换牙期间,要坚持早晚刷牙,少吃糖果,饭后要用温水或盐水漱口,在牙齿即将掉下来时,避免做剧烈运动,不要用手去摇动它,这样我们才能长出白白的漂亮的牙齿。	音乐《刷牙歌》
	2. 放音乐《刷牙歌》,请孩子们为娃娃刷牙。 今天,老师为你们每个人都准备了一个牙刷,请你们来当回牙科医生,为你们的小病人刷个白白的牙齿吧。	
形成性评价		
教学反思		

(二)社会领域应用案例

表 6-3-3　社会领域应用案例

活动名称	有趣的吆喝			
所属领域	社会	年级	大班	活动时数	1
设计者	张玉凤	所属幼儿园	徐州市泉山区御景湾幼师幼儿园	

活动内容分析

在繁华的商业街上,吆喝声随处可以听到。吆喝虽然听起来很平常,却需要勇气、胆量和语言艺术。社会活动《有趣的吆喝》以吆喝为内容,旨在锻炼幼儿能在公众场合大胆地、大声地说话,并能尝试说得更好更有吸引力,同时还能突出中华文化的精髓,引导幼儿在轻松的氛围中快乐地表达。

依据标准

指南标准:
人际交往:活动时能与同伴分工合作,遇到困难能一起克服。能在活动中出主意、想办法。
社会适应:在群体活动中积极、快乐。能认真负责地完成自己所接受的任务。
纲要标准:
1. 能主动地参与各项活动,有自信心。
2. 乐意与人交往,学习互助、合作和分享,有同情心。

活动目标

认知目标:
能在教师的引导下,总结出吆喝的特点,并能自己创编吆喝。
技能目标:
1. 善于捕捉周围的事物,有敏锐的观察力;并能运用恰当的语言大胆地表现。
2. 在活动中能友好地与同伴分工合作,并大胆与人友好交往。

情感目标: 热爱各行各业的劳动人民,体会生活给我们带来的快乐,感受中华传统文化的精髓。

幼儿特征分析

一般特征:幼儿思维的形象性;活动方式的游戏性。
初始能力:语言表达流畅。
信息素养:会使用录音机进行录音;会使用简单的扩音设备。

活动类型

□一日生活活动　□游戏活动　☑集体教学活动　□分组教学活动　□项目教学活动

活动前对幼儿的要求

知识准备:带幼儿到市场中观察商贩买卖物品。

环境的创设

1. 物品准备:
(1) 录音机、音响、液晶多媒体电视、影片片段、VGA 连接线。
(2) 冰糖葫芦、各种水果、羊肉串、臭豆腐、凉粉、玉米、烧饼等。
2. 情景创设:美食街。

教学媒体(资源)选择

序号	媒体类型	媒体内容要点	教学作用	使用方式	所得结论	占用时间	媒体来源
1	声音	卖冰糖葫芦的吆喝声	B	B	引起幼儿兴趣	2 min	网络
2	声音	录制自己吆喝冰糖葫芦的声音	E	H	录音并回放	8 min	自制
3	影片	各种吆喝的场景	F	C	启发思维,加深印象	8 min	网络
4	视频	三种吆喝的方式	A	G	观察比较,归纳特点	6 min	网络

① 媒体在教学中的作用分为:A. 提供事实,建立经验;B. 创设情境,引发动机;C. 举例验证,建立概念;D. 提供示范,正确操作;E. 呈现过程,形成表象;F. 演绎原理,启发思维;G. 设难置疑,引起思辨;H. 展示事例,开阔视野;I. 欣赏审美,陶冶情操;J. 归纳总结,复习巩固;K. 自定义。
② 媒体的使用方式包括:A. 设疑—播放—讲解;B. 设疑—播放—讨论;C. 讲解—播放—概括;D. 讲解—播放—举例;E. 播放—提问—讲解;F. 播放—讨论—总结;G. 边播放、边讲解;H. 边播放、边议论;I. 学习者自己操作媒体进行学习;J. 自定义。

关于活动策略选择的阐述

讨论;示范;个别表演;创编;情景表演;小组活动。

活动过程结构设计

活动环节	活动过程 （包括教师和幼儿的活动）	教学媒体（资源） 的运用和作用	设计意图、依据
一、听声音 导入，引出 话题	1. 老师播放卖冰糖葫芦的吆喝声，引导幼儿猜猜他们在干什么？为什么要这样做？	音响：吸引幼儿并引起幼儿兴趣。	1. 让幼儿明白什么是吆喝，为什么要吆喝。 2. 本环节运用现代技术设备录音机和音响，用声音吸引幼儿并引起幼儿兴趣，从而达到让孩子跟随课堂环节进行思考。
	2. 老师示范简单的吆喝，让幼儿进行判断这样的吆喝好听吗？引导幼儿自己尝试创编吆喝，并进行个别表演。		
	3. 幼儿自由录制自己吆喝冰糖葫芦的声音。	录音喇叭：吸引幼儿参与，加深幼儿对吆喝的印象和体验，为后面的回放环节奠定基础。	
	4. 请幼儿听一听录音，自己说说吆喝冰糖葫芦的过程，让别的小朋友做出评价。同时再请配班老师总结（由一名老师到幼儿面前根据刚才幼儿吆喝的情况，共同讨论出幼儿吆喝的不足，比如声音要大一点，语言要更生动，语言应更丰富，将你的东西说得更好，让人一听就想买等）。	音响：听录音后进行讲解。	
	5. 老师小结：吆喝是生意人在出售商品时，对自己的商品的一种宣传，目的是把自己的商品说得棒棒的，让自己的商品卖出去。		
二、观看影片比较，探询吆喝的形式与特点	1. 提问：小朋友，你们在影片中听到过哪些吆喝？	通过计算机和电视观看影片，主要是各种街景吆喝的场景。	启发孩子们的思维，加深对吆喝的印象，为后面的创编吆喝奠定基础。
	2. 幼儿回忆模仿各种形式的吆喝。		让幼儿说说生活中听到过的吆喝。
	3. 观察比较：引导幼儿在吆喝的形式上进行观察比较，逐步归纳出吆喝的特点。 教师向幼儿展现三种吆喝：普通话的，方言的，唱的。让幼儿比较哪一种更有趣，然后以鞋子为例，让幼儿选择三种方式中的一种进行自由吆喝，最后选择三个幼儿分别以不同的方式上台吆喝，幼儿评价：你听了以后想买谁的鞋子。	观看视频，主要是三种吆喝的方式。	

续　表

三、创编展示	1. 幼儿自由选择教师准备好的物品,引导幼儿从物品的特点入手,邀请同伴进行讨论、创编。		幼儿根据所学知识,自由创编吆喝。 本环节主要让幼儿感受一个人吆喝和结伴吆喝的不同。
	2. 老师引导幼儿对比,让幼儿发现哪种吆喝更有趣,更有创意。可设计这样的游戏:同样卖一种东西比如玉米,一个幼儿在一边独自吆喝,另几个幼儿结伴吆喝,其他幼儿当顾客。		
	3. 展示创编结果,评价小结。让幼儿谈谈自己的感觉。		
四、自由表现	1.介绍美食街。		让幼儿和老师共同总结出吆喝的特点、形式、内容,引导幼儿加以创造想象,创编各种吆喝,从而发展幼儿的语言表达能力和大胆地与人交往的能力。
	2. 请幼儿自由结伴选择摊位,分工讨论怎样吆喝。		
	3. 美食街开张,吸引顾客,吆喝美食。	喇叭的录音放置、扩音器的使用、拉杆音响的使用。	
	4. 小结、结束活动。		

个性化教学

为需要帮助的幼儿所做的调整:从吆喝语言、语调、肢体动作等启发其创编吆喝。

形成性评价

教学反思

(三)科学领域应用案例

表6-3-4　科学领域应用案例

课题名称	图图水果店				
课程领域	数学	授课对象	大班	授课课时	1
执教	赵筱培	所属幼儿园	徐州市第一实验幼儿园		

设计意图	设计依据	《3—6 岁儿童学习与发展指南》中提出："运用数学解决幼儿实际生活问题过程中,不仅获得丰富的感性经验,充分发展形象思维,而且在感知具体事物基础上初步尝试归类、排序、概括、抽象,逐步发展逻辑思维能力,为其他领域的深入学习奠定基础。" 张俊老师在《幼儿园数学领域教育精要——关键经验与活动指导》一书中,提到数学过程性能力是指获得和运用数学知识、技能所需的能力。按照美国国家研究理事会幼儿数学委员会在 2009 年出版的《早期幼儿数学学习:通向卓越与公平》一书中的界定,数学过程性能力包括一般过程性能力和特殊过程性能力两大类。特殊过程性能力具体包括发现与创造、分解与组合、比较与排序、发现模式与结构和组织信息五个方面。 "模式"是指按一定规律排列的图案、颜色、形状、声音、身体动作等,在幼儿日常生活中随处可见,它重复出现,有规律。模式学习的核心是,发现模式中的单位并按照规律重复下去。
	学情分析	大班幼儿已经积累了以一定模式排序的经验,具有识别、复制、创造模式等能力,但认知模式的能力存在差异,对于生活中排列有序的现象还不够敏感,不会主动将两者结合,迁移、转换等能力比较欠缺。
	设计思路	本次活动以图图水果店为引子,选择生活中最常见的三种水果按照横行和竖列不重复摆放的模式,开展了水果拼盘的游戏活动。 活动设计中从完成三个空格—完成五个空格—独立设计九宫格果盘,环环相扣,难度逐渐加大,幼儿运用平板电脑进行情景化的操作,生动有趣的活动形式,使幼儿在主动探索的学习过程中,自己发现问题、提出问题、解决问题,养成对待智力活动良好的态度和主观愿望。 幼儿通过与老师的积极互动和交流,在感性体验、问题冲突、多元表征中促进抽象思维能力和推理能力的发展,对以后的学习和成长起到积极的作用。
信息化手段的使用		1. 首先通过视频营造整个活动的游戏情景,幼儿愉快地投入游戏的角色状态中。 2. 教师利用互动白板展示九宫格排序的要求,直观、明了。 3. 幼儿通过平板电脑进行水果拼盘拼摆,实现个性化学习,便于教师根据幼儿的不同情况进行有针对性的指导。 4. 水果拼盘软件系统能够自动记录幼儿的拼摆情况,提升幼儿完成操作任务的成就感。 5. 投屏软件轻松实现幼儿操作成果的展示和经验分享。 6. 两位幼儿进行大比拼,其他幼儿通过投屏软件可以实时清晰地观战,分享经验,进一步激发幼儿对于排序活动的兴趣。
教学目标		1. 通过观察感知九宫格排序的规律,探索排序的乐趣。 2. 在排序的过程中,能够灵活地思考问题和解决问题。 3. 能够根据自己的意愿,运用材料和形式,设计出不同的几种规律排序组,并与同伴分享。
教学重点		掌握九宫格模式排序的规律,使每个横排和竖列摆放的三样水果不重复。
教学难点		能够通过逻辑推理进行排序,尝试运用相同的材料表现多种排序组合并用语言表述。

教学资源	1. 幼儿人手一台平板电脑。 2. 九宫格水果拼盘的游戏软件。 3. 交互式电子白板。 4. 视频。 5. 教学课件。

学习环节	教师活动	幼儿活动	设计意图	信息化运用
情景导入 （时间大约 1分钟）	1播放图片。 2. 介绍活动内容。	知道需要帮助图图家水果店拼摆果盘任务。	小朋友都喜爱和熟悉动画片《大耳朵图图》，通过情景充分激发幼儿的活动兴趣。	交互式电子白板
初步认知九宫格的结构 （时间大约 2分钟）	引导幼儿认识九宫格的结构。 	1. 知道九宫格由九个格子组成。 2. 知道九宫格有三行和三列。	认识九宫格的行与列，为下一步的活动做铺垫。	交互式电子白板；九宫格图片
初级任务挑战 （时间大约 5分钟）	1. 宣布第一个活动任务要求。 2. 提醒幼儿完成后先自己检查，再相互检查。如发现错误，按撤回键重新完成。 3. 巡回观察幼儿个别化学习的情况，进行有针对性的指导。 4. 任务完成后进行小结评价。 	1. 完成九宫格果盘中三个空格的拼摆任务。 2. 完成后自我检查，先横着一行行地看，再竖着一列列地看，三种水果摆放不重复。 3. 相互检查、交流拼摆结果。	1. 第一个任务设置的三个空格难度小，便于幼儿通过操作熟悉本次活动模式规律。 2. 通过检查环节，教师可了解幼儿对规则的运用情况。	交互式电子白板；幼儿平板电脑；互动游戏软件；视频

学习环节	教师活动	幼儿活动	设计意图	信息化运用
中级任务反馈（时间大约**6分钟**）	1. 通过视频提出两个活动任务。 2. 引导幼儿思考如何完成多个空格的办法。 3. 请小朋友完成后先自我检查再相互检查。 4. 教师小结评价。 5. 播放视频。	1. 能够寻找到行或列中唯一一空格先填，依次完成五个空格的拼摆任务。 2. 完成后能够逐行、逐列进行检查。 3. 愿意在拼摆中跟老师和同伴分享自己的好方法。	第二个游戏任务是引导幼儿运用优先的思维策略，找到行或列中唯一的空格作为突破口，再依次完成其他空格，再次熟悉排序模式。	交互式电子白板；有五个空格的果盘图片；幼儿平板电脑；互动游戏软件；视频
升级任务挑战（时间大约**10分钟**）	1. 通过视频提出升级挑战任务。 2. 强调按照行和列摆放的水果不重复的模式排序。 3. 教师巡回指导，引导幼儿按照先行再列或者先列再行的方法拼摆。	1. 自己独立拼摆全部空白的九宫格果盘。 2. 知道完成后如何提交和再进行新的拼摆。 3. 知道不成功及时调整。 4. 愿意尝试多种方案进行拼摆。 5. 摆好后检查、调整。	在前两次拼摆经验的基础上，幼儿已经对本次模式排序规律比较熟悉，在此基础上幼儿进行自主拼摆，能充分、自主地尝试多种排序组合的方式，体验数独模式带来的排序变化乐趣。	交互式电子白板；九宫格空格空白果盘图片；幼儿平板电脑；互动游戏软件；希沃投屏；提交、正确、错误、重复的提醒图片
集体分享发现规律（时间大约**3分钟**）	1. 集体分享。 2. 引导幼儿说出自己拼摆水果拼盘的方法。 3. 播放视频。	幼儿说出自己拼摆的果盘数量以及自己拼摆的方法。	通过希沃投屏展示幼儿的成果，便于幼儿讲解和分享。	交互式电子白板；幼儿平板电脑；互动游戏软件；希沃投屏；视频

学习环节	教师活动	幼儿活动	设计意图	信息化运用
终极对抗 （时间大约 2分钟）	1. 讲解水果拼盘大比拼的比赛规则。 2. 组织其他幼儿观战。	1. 选手积极参加对抗赛。 2. 观众认真观看对抗赛，分享经验。	在熟练拼摆的基础上，通过对抗赛，激发幼儿积极动脑、参与数独活动的热情。	交互式电子白板；幼儿平板电脑；互动游戏软件；希沃投屏；视频
归纳总结 （时间大约 1分钟）	播放视频。 进行活动总结。 	知道今天游戏的名称，愿意继续尝试各种数独活动。	激发幼儿探索更多的数独活动的兴趣。	视频

实践活动

制作幼儿电子档案袋

活动目标：

1. 理解电子档案袋的概念及作用。

2. 掌握电子档案袋的制作方法。

活动准备：

一、了解电子档案袋

1. 电子档案袋概述

电子档案袋是储存电子档案的载体（主要是电子计算机）的俗称。电子档案袋是由数字电子计算机处理的档案。虚拟档案是用来区别于一些客观存在的档案实体，是将实体档案信息以字节、比特方式表示并使之在电脑网络上流动，只有引入正确的软件、硬件与足够的背景细节，这些字节与比特方可随机定位到用户所在的网络终端，以可被理解的文字、数字、图像、图表、符号等方式显示用户所需求的档案实体的真实信息。著名电子档案袋研究专家巴雷特（Helen C. Barrett）博士认为：电子档案袋是开发者应用电子技术，以多种媒体形式收集、组织的档案内容（音频、视频、图片和文本）。基本标准的档案袋采用数据库或超级链接将标准或者目标典型作业和反思之间的关系清晰地显示出来。学习者的反思是将特定的作业作为完成规定标准或目标的证据所做出的推论。

2. 电子档案袋的优点

传统的档案对幼儿日常信息的收集、展示和判断有一定的难度，限制了一般档案评价在实际教学中的应用。但是随着教育技术的发展,通过电子档案记录幼儿的生活作品及各种生活信息,评价者(教师、家长、参观者)可通过教育技术查阅收集到的信息,并对幼儿的一日生活过程进行评价,能全面地对幼儿的成长做出判断。电子档案的建立使得学习档案袋评价成为现实,实现了档案评价的可操作性。

(1) 数据库、超级链接等信息技术,为电子化档案的资料收集、归档与管理提供了方便。数字化的个人信息使检索寻找电子化档案信息更加轻松随意。

(2) 网络提供了展示电子档案袋的空间,个人资料可以被他人阅读、共享和评论,促进了幼儿教师和家长之间的交流与相互学习。电子档案袋不仅能使幼儿了解自己的发展,而且可以从随时随地的相互学习中受到启发,同时提供了终身学习技能的机会。

(3) 电子档案袋能够将幼儿的学习情况及成长过程真实地再现。通过电子档案袋不仅可以使教师对幼儿的生活情况和成长过程有整体的把握,而且还可以使家长全面地了解自己的孩子。

(4) 电子档案袋评价充分地利用了 IT 应用的三大潜势:网络化,资源的分配与共享,管理信息与知识的数字化。它能够超越时空限制,增加接触获取信息的广度与随意性,激发幼儿兴趣。

(5) 电子档案评价法可以方便、快捷地保存幼儿的成长信息,能够对幼儿的成长过程进行全面的评价。

(6) 电子档案袋评价法有利于把教学过程和评价过程结合在一起,教师在教学过程中完成对幼儿的评价,并对学习过程和评价结果进行记录,使教学和评价形成一个统一的整体,更好地促进幼儿的发展。

(7) 电子档案袋评价法有益于向幼儿家长展示幼儿的学习作品,家长可以方便地浏览幼儿的学习情况,了解幼儿的不足,为家长对幼儿学习计划的安排提供依据。因此它成为一种学校和家长沟通、交流的有效方式。

二、电子档案袋的设计

电子档案袋体现了"学习是个过程,学习评价也应有过程评价"的思想,教师持续地收集反映幼儿成长过程所做的努力、取得进步、最终成果以及教师自我反思的一整套材料。通常,一个幼儿教师电子档案袋包含以下几个组成部分,如图 6-3-1 所示。

1. 任务及策略

该部分的主要功能是明确学习目标,了解学习任务、作业要求和评价标准,提供可选择的学习策略和教师指导。

(1) 教学目标。幼儿的一日生活包括一日生活活动、游戏活动和作业教学活动。教学目标由教师根据学科的具体特点结合幼儿实际情况提出。

(2) 游戏教学任务。主要包括活动任务的内容、要求、性质及任务的评价标准,由教师单独制定或者教师与家长协商制定。

(3) 学习策略。主要包括教师根据学科特点提供的学习方法和学生总结自身学习

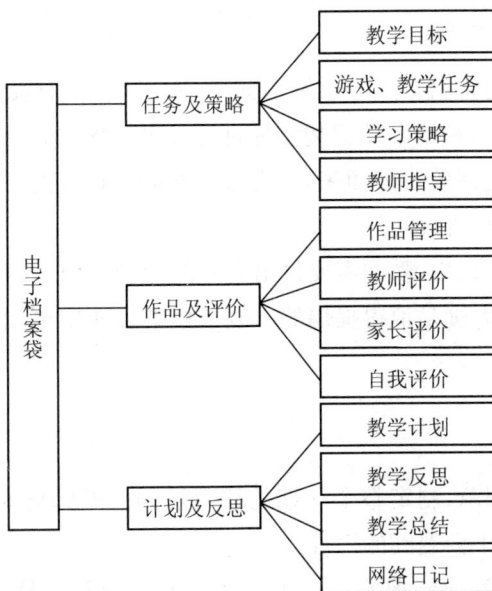

图 6 - 3 - 1　幼儿教师电子档案袋组成

经验提出的具体学习方法两部分,提供学习方法的选择和指导。

（4）教师指导。教师就经常出现的典型问题或者学生提出的个别问题进行讲解和辅导,提供集体或个别辅导的空间和平台。

2. 作品及评价

该模块主要收集、记录幼儿上传的学习作品,并实现对作品的多元评价。

（1）作品管理。可实现学习作品上传、修改、删除等一般操作功能,可以方便地实现作品的管理。

（2）教师评价。教师参照评价量规对幼儿的作品进行分数或等级评定,同时提出修改意见和学习建议,并进行学习方法的指导。

（3）家长评价。家长对幼儿的作业进行评价,鼓励幼儿发散性思考问题,帮助幼儿开阔思维。

（4）自我评价。要求幼儿根据自己的认识对自己的作品进行评价,使幼儿进一步明确学习任务的要求和自己的学习效果。

3. 计划及反思

该模块主要包括教师制订的教学计划和教学过程的反思、评价和总结。

（1）教学计划。教师上传自己制订的教学计划,以加强教学的计划性、目的性,同时还可为自我反思和评价提供参考依据。

（2）教学反思。由教师自行设计,定期填写自检表,对自己的教学态度、教学方法、教学成效等进行反思,发现存在问题,提出改进措施,调整教学策略。

（3）教学总结。教师定期对教学和幼儿的成长做出总结。

（4）网络日记。即教师的个性化学习空间。

三、电子档案袋的使用

电子学习档案袋的使用方法比电子档案袋的结构更具有灵活性和可操作性，恰当的教学策略和使用方法，是电子档案袋发挥良好效果的保证，这种电子档案袋评价方式由传统意义上的档案袋评价发展而来，它带来了新的评价理念，使期末考试的分数不再是鉴定学习者成绩的唯一标准。

为幼儿建立电子档案袋，教师需要付出大量的劳动。但是对于好奇心强、愿意探索新事物的幼儿而言，这无疑是值得提倡的。电子档案袋使用更加灵活和方便，便于携带和保存。

活动过程：

1. 确定目标

选择可以利用的资源，制定整个学期的评价计划。教师要对整个评价过程做出预计，并预见在这个过程中会遇到的困难。

在幼儿初入学时，教师要把使用电子档案袋的目的和具体要求告诉家长，给出范例，获得家长和园长的支持，并说明具体要求，让家长有思想准备。

2. 建立框架

教师以幼儿的名字创建文件夹，在这个文件夹中创建几个子文件夹，分别用于存放不同类型的内容。

以给李家树小朋友制作电子档案袋的框架为例，如图 6-3-2 所示。首先，创建文件夹"李家树"，进入这个空文件夹，再创建四个子文件夹，具体如下：

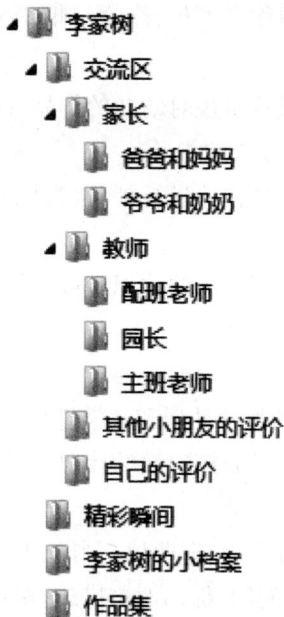

图 6-3-2　电子档案袋框架案例

（1）"交流区"。进入这个文件夹后，再创立四个子文件夹，包括：① 教师。包括老师课堂及课外对幼儿的表现或幼儿作品的评价。② 家长。包括爷爷奶奶和爸爸妈妈对幼儿的成长和作品等的评价。③ 幼儿自己的评价。幼儿对自己的评价和感受，幼儿自己想表达的所有想法。④ 其他小朋友的评价。包括其他小朋友对幼儿的表现或幼儿作品等的评价。

（2）"我的小档案"。用于存放幼儿姓名、年龄、性别、班级、兴趣爱好及形象照。

（3）"我的精彩瞬间"。包括幼儿一日生活中的精彩照片。

（4）"我的作品"。包括幼儿的绘画、剪纸等创作以及其他所有作品。

3. 添加内容

电子档案袋的框架创立之后，教师要定期为幼儿的档案袋进行添加。对于数码作品和文档等资料可以直接拷贝、粘贴到相应的文件夹中。而对于非数字的手工制作或者实践活动，则需要用相机将其拍摄下来，上传到文件夹中。教师要对整个拍摄过程进行必要的指导和监督。在电子档案袋里，教师可以根据家长的建议设计存储的版式，也可以插入音频、视频等一些多媒体文件，或对原作进行再创作或图像处理。

4. 评价与交流

在电子档案袋评价中，教师采用幼儿自评、教师互评和家长评价相结合的方式。在幼儿自我评价方面，教师除了指导幼儿对自己的作品进行评价外，还鼓励幼儿进行发散性思考。在互评方面，教师应该关注幼儿学习过程中的表现，包括学习能力、学习态度、情感和价值观等方面的发展，突出评价的整体性和综合性。教师在对幼儿进行评价时，随时给幼儿鼓舞性的评价，使他们产生成就感，增强幼儿的信心和兴趣。

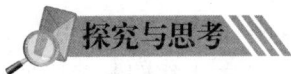

探究与思考

1. 简述信息化教学设计的一般过程。

2. 在五大领域中任选一个领域，结合幼儿园的一次具体课例，对其进行信息化教学设计。

附　录

微信扫码

阅读更多文件

附录一　中小学教师信息技术应用能力标准（试行）

　　信息技术应用能力是信息化社会教师必备专业能力。为全面提升中小学教师的信息技术应用能力，促进信息技术与教育教学深度融合，特制定《中小学教师信息技术应用能力标准（试行）》（以下简称《能力标准》）。

一、总则

　　（一）《能力标准》是规范与引领中小学教师在教育教学和专业发展中有效应用信息技术的准则，是各地开展教师信息技术应用能力培养、培训和测评等工作的基本依据。幼儿园、中等职业学校教师参照执行。

　　（二）《能力标准》根据我国中小学校信息技术实际条件的不同、师生信息技术应用情境的差异，对教师在教育教学和专业发展中应用信息技术提出了基本要求和发展性要求。其中，Ⅰ.应用信息技术优化课堂教学的能力为基本要求，主要包括教师利用信息技术进行讲解、启发、示范、指导、评价等教学活动应具备的能力；Ⅱ.应用信息技术转变学习方式的能力为发展性要求，主要针对教师在学生具备网络学习环境或相应设备的条件下，利用信息技术支持学生开展自主、合作、探究等学习活动所应具有的能力。本标准根据教师教育教学工作与专业发展主线，将信息技术应用能力区分为技术素养、计划与准备、组织与管理、评估与诊断、学习与发展五个维度。

二、基本内容

维度	Ⅰ.应用信息技术优化课堂教学	Ⅱ.应用信息技术转变学习方式
技术素养	1. 理解信息技术对改进课堂教学的作用,具有主动运用信息技术优化课堂教学的意识。	1. 了解信息时代对人才培养的新要求,具有主动探索和运用信息技术变革学生学习方式的意识。
	2. 了解多媒体教学环境的类型与功能,熟练操作常用设备。	2. 掌握互联网、移动设备及其他新技术的常用操作,了解其对教育教学的支持作用。
	3. 了解与教学相关的通用软件及学科软件的功能及特点,并能熟练应用。	3. 探索使用支持学生自主、合作、探究学习的网络教学平台等技术资源。
	4. 通过多种途径获取数字教育资源,掌握加工、制作和管理数字教育资源的工具与方法。	4. 利用技术手段整合多方资源,实现学校、家庭、社会相连接,拓展学生的学习空间。
	5. 具备信息道德与信息安全意识,能够以身示范。	5. 帮助学生树立信息道德与信息安全意识,培养学生良好行为习惯。
计划与准备	6. 依据课程标准、学习目标、学生特征和技术条件,选择适当的教学方法,找准运用信息技术解决教学问题的契合点。	6. 依据课程标准、学习目标、学生特征和技术条件,选择适当的教学方法,确定运用信息技术培养学生综合能力的契合点。
	7. 设计有效实现学习目标的信息化教学过程。	7. 设计有助于学生进行自主、合作、探究学习的信息化教学过程与学习活动。
	8. 根据教学需要,合理选择与使用技术资源。	8. 合理选择与使用技术资源,为学生提供丰富的学习机会和个性化的学习体验。
	9. 加工制作有效支持课堂教学的数字教育资源。	9. 设计学习指导策略与方法,促进学生的合作、交流、探索、反思与创造。
	10. 确保相关设备与技术资源在课堂教学环境中正常使用。	10. 确保学生便捷、安全地访问网络和利用资源。
	11. 预见信息技术应用过程中可能出现的问题,制订应对方案。	11. 预见学生在信息化环境中进行自主、合作、探究学习可能遇到的问题,制订应对方案。
组织与管理	12. 利用技术支持,改进教学方式,有效实施课堂教学。	12. 利用技术支持,转变学习方式,有效开展学生自主、合作、探究学习。
	13. 让每个学生平等地接触技术资源,激发学生学习兴趣,保持学生学习注意力。	13. 让学生在集体、小组和个别学习中平等获得技术资源和参与学习活动的机会。
	14. 在信息化教学过程中,观察和收集学生的课堂反馈,对教学行为进行有效调整。	14. 有效使用技术工具收集学生学习反馈,对学习活动进行及时指导和适当干预。
	15. 灵活处置课堂教学中因技术故障引发的意外状况。	15. 灵活处置学生在信息化环境中开展学习活动发生的意外状况。
	16. 鼓励学生参与教学过程,引导学生提升技术素养并发挥其技术优势。	16. 支持学生积极探索使用新的技术资源,创造性地开展学习活动。

维度	Ⅰ. 应用信息技术优化课堂教学	Ⅱ. 应用信息技术转变学习方式
评估与诊断	17. 根据学习目标科学设计并实施信息化教学评价方案。	17. 根据学习目标科学设计并实施信息化教学评价方案，并合理选取或加工利用评价工具。
	18. 尝试利用技术工具收集学生学习过程信息，并能整理与分析，发现教学问题，提出针对性的改进措施。	18. 综合利用技术手段进行学情分析，为促进学生的个性化学习提供依据。
	19. 尝试利用技术工具开展测验、练习等工作，提高评价工作效率。	19. 引导学生利用评价工具开展自评与互评，做好过程性和终结性评价。
	20. 尝试建立学生学习电子档案，为学生综合素质评价提供支持。	20. 利用技术手段持续收集学生学习过程及结果的关键信息，建立学生学习电子档案，为学生综合素质评价提供支持。
学习与发展	21. 理解信息技术对教师专业发展的作用，具备主动运用信息技术促进自我反思与发展的意识。	
	22. 利用教师网络研修社区，积极参与技术支持的专业发展活动，养成网络学习的习惯，不断提升教育教学能力。	
	23. 利用信息技术与专家和同行建立并保持业务联系，依托学习共同体，促进自身专业成长。	
	24. 掌握专业发展所需的技术手段和方法，提升信息技术环境下的自主学习能力。	
	25. 有效参与信息技术支持下的校本研修，实现学用结合。	

三、实施要求

（一）地方各级教育行政部门要将《能力标准》作为加强中小学教师队伍建设的重要依据，充分发挥《能力标准》的引领和导向作用，将信息技术应用能力提升纳入教师全员培训，开展教师信息技术应用能力测评，建立并完善推动教师主动应用信息技术的机制，切实提升广大教师信息技术应用能力，为全面推动教育信息化，深化课程改革，实现教师专业自主发展奠定坚实基础。

（二）有关高等学校和教师培训机构要将《能力标准》作为教师培养培训工作的重要依据，加强相关学科专业建设，完善培养培训方案，科学设置培养培训课程，创新培养培训模式，加强师资队伍和课程资源建设，开展相关研究，促进教师专业发展。

（三）中小学校要将《能力标准》作为推动教师专业发展和教师管理的重要依据。制订教师信息技术应用能力提升规划，整合利用校内外培训资源，做好校本研修，为教师提升信息技术应用能力提供有效支持。要完善教师岗位职责和考核评价制度，推动教师在教育教学和日常工作中主动应用信息技术。

（四）中小学教师要将《能力标准》作为自身专业发展的重要依据。要主动适应信息化社会的挑战，充分利用各种学习机会，更新观念、补充知识、提升技能，不断增强信息技术应用能力。要养成良好的应用习惯，积极反思，勇于探索，将信息技术融于教学和师生交流等各个环节,转变教育教学方式,促进学生有效学习和个性化发展。要善于利用信息技术,拓宽成长路径,实现专业自主发展,做终身学习的典范。

附录二 幼儿园教师专业标准(试行)

2011 年教育部公布

为促进幼儿园教师专业发展,建设高素质幼儿园教师队伍,根据《中华人民共和国教师法》,特制定《幼儿园教师专业标准(试行)》(以下简称《专业标准》)。

幼儿园教师是履行幼儿园教育工作职责的专业人员,需要经过严格的培养与培训,具有良好的职业道德,掌握系统的专业知识和专业技能。《专业标准》是国家对合格幼儿园教师专业素质的基本要求,是幼儿园教师开展保教活动的基本规范,是引领幼儿园教师专业发展的基本准则,是幼儿园教师培养、准入、培训、考核等工作的重要依据。

扫描附录二维码,阅读《幼儿园教师专业标准》全文。

附录三 中小学和幼儿园教师资格考试标准(试行)

教育部师范教育司 教育部考试中心
2011 年 7 月

为加强中小学和幼儿园教师队伍建设,提高教师队伍整体素质,完善教师资格制度,严把教师入口关,促进教师专业化,根据《中华人民共和国教师法》《教师资格条例》和《〈教师资格条例〉实施办法》,制定中小学和幼儿园教师资格考试标准。中小学和幼儿园教师资格考试标准是教师职业准入的国家标准,是从事中小学和幼儿园教师职业的最基本要求,是进行中小学和幼儿园教师资格考试的基本依据。

扫描附录二维码,阅读"教师资格考试标准"全文。

参考文献

[1] 谢忠新.学前教育现代教育技术[M].上海:复旦大学出版社,2013.

[2] 南国农.信息化教育概论[M].2 版.北京:高等教育出版社,2011.

[3] 李兆军.现代教育技术[M].北京:高等教育出版社,2004.

[4] 张齐.学习理论[M].武汉:湖北教育出版社,1999.

[5] 李芒.信息化学习方式[M].北京:北京师范大学出版社,2006.

[6] 张德成.现代教育技术[M].杭州:浙江大学出版社,2014.

[7] 谢忠新.学前教育现代教育技术[M].上海:复旦大学出版社,2013.

[8] 伍福军,张珈瑞.Flash 8.0 动画设计案例教程[M].北京:北京大学出版社,2010.

[9] 贾居坚,秦旭芳.现代教育技术在学前教育中的应用[M].北京:高等教育出版社,2012.

[10] 张莉.现代教育技术[M].上海:复旦大学出版社,2014.

[11] 何克抗,吴娟.信息技术与课程整合[M].北京:高等教育出版社,2007.

[12] 许卓娅.幼儿园健康教育与活动设计[M].长春:长春出版社,2013.

[13] 严仲连.幼儿园社会教育与活动设计[M].长春:长春出版社,2013.

[14] 田燕.幼儿园美术教育与活动设计[M].长春:长春出版社,2013.

[15] 陈金华.基于数字化学习现代教育技术教程[M].北京:北京师范大学出版社,2011.

[16] 曾陈萍,吴军.现代教育技术实用教程[M].北京:北京师范大学出版社,2011.

[17] 杨上影.微课设计与制作[M].北京:高等教育出版社,2017.

[18] 纪亚梅.浅谈电子白板的应用优势——以幼儿园教学为例[J].中国信息技术教育,2012(5).

[19] 雷利军.运用交互白板,挑战传统黑板[J].中小学信息技术教育,2004(12).

[20] 张伟.Flash 动画在网页中的应用[J].电脑开发与应用,2012,25(11).

[21] 张莹莹.Authorware 课件制作探讨[J].科技信息,2010(35).

[22] 范姣莲.IT 技术与远程网络课程的设计应用[J].中国电化教育,2003(8).

[23] 胡铁生.中小学微课建设与应用难点问题透析[J].中小学信息技术教育,2013(4).

[24] 胡铁生,黄晓燕,李民.我国微课发展的三阶段及其启示[J].远程教育杂志,2013(4).

[25] 关中客.微课程[J].中国信息技术教育,2011(17).

[26] 刘小晶.教学视频微型化改造与应用的新探索[J].中国电化教育,2013(3).

[27] 希沃白板基本功能以及特点[EB/OL].https://www.jianshu.com/p/3e55959a84a6.

[28] 陆燕.Camtasia Studio 视频制作技术[EB/OL].https://www.icourse163.org/course/HNEVC-1003317006? from=searchPage&outVendor=zw_mooc_pcssjg_.